Ferdinand Mentz

Bibliographie der deutschen Mundartenforschung

für die Zeit vom Beginn des 18. Jahrhunderts bis zum Ende des Jahres 1889

Ferdinand Mentz

Bibliographie der deutschen Mundartenforschung
für die Zeit vom Beginn des 18. Jahrhunderts bis zum Ende des Jahres 1889

ISBN/EAN: 9783742850522

Hergestellt in Europa, USA, Kanada, Australien, Japan

Cover: Foto ©Thomas Meinert / pixelio.de

Manufactured and distributed by brebook publishing software (www.brebook.com)

Ferdinand Mentz

Bibliographie der deutschen Mundartenforschung

SAMMLUNG

KURZER

GRAMMATIKEN DEUTSCHER MUNDARTEN

HERAUSGEGEBEN

VON

OTTO BREMER.

BAND II.
BIBLIOGRAPHIE DER DEUTSCHEN MUNDARTENFORSCHUNG.

LEIPZIG

DRUCK UND VERLAG VON BREITKOPF & HÄRTEL

1892.

BIBLIOGRAPHIE

DER

DEUTSCHEN MUNDARTENFORSCHUNG

FÜR DIE ZEIT

VOM BEGINN DES 18. JAHRHUNDERTS
BIS ZUM ENDE DES JAHRES 1889

ZUSAMMENGESTELLT

VON

FERDINAND MENTZ
DR. PHIL.

LEIPZIG
DRUCK UND VERLAG VON BREITKOPF & HÄRTEL
1892.

VORWORT.

Über Plan und Grenzen dieser Bibliographie, deren Berechtigung jeder anerkennen wird, der das in den letzten Jahren sich stets steigernde Anwachsen der Literatur auf dem Gebiete der deutschen Mundartenforschung beobachtet hat, sei folgendes bemerkt:

Dieselbe sollte ursprünglich die Titel nicht nur der Schriften über deutsche Mundarten, sondern auch die der in einer jeden Mundart abgefassten Literaturerzeugnisse enthalten. Da es jedoch mein Wunsch war, meine Arbeit in der von Herrn Privatdozenten Dr. Bremer in Halle herauszugebenden Sammlung kurzer Grammatiken deutscher Mundarten erscheinen zu sehen, musste ich in Rücksicht darauf, dass durch Hinzunahme der erwähnten Titel die Bibliographie für diesen Zweck viel zu umfangreich geworden wäre, diese Absicht fallen lassen und mich auf die Schriften über die deutschen Mundarten beschränken. Nur diejenigen Dialektproben sind selbstverständlich erwähnt, welche durch grammatische Einleitungen oder Glossare von wissenschaftlichem Werte zugleich zu den Schriften über deutsche Mundarten gehören. Gerade hierin ist jedoch Vollständigkeit fast unmöglich zu erreichen, und ich muss im voraus für etwaige Lücken um Nachsicht bitten.

Weggelassen habe ich auf Wunsch des Herrn Herausgebers die Literatur über die friesischen Mundarten, dagegen diejenige über die niederländischen, deren Aufnahme ursprünglich nicht in meinem Plane lag, mit eingeschlossen. Ich betone ausdrücklich, dass ich nur die Schriften über die lebenden Mundarten berücksichtigt habe, dass also die Titel solcher Arbeiten, welche an der Hand eines Schriftstellers oder einer Urkunde über Dialekte vergangener Zeiten handeln, in meinem Verzeichnisse nicht zu finden sind, es sei denn, dass sie ihrer ganzen Anlage nach in Beziehung zur Gegenwart gesetzt sind. Man wird diese Beschränkung erklärlich finden, wenn man bedenkt, dass ich andernfalls fast sämmtliche Schriften über die Sprache der mhd. Klassiker, der Meistersinger u. s. w., überhaupt alle Werke über Geschichte der deutschen Sprache hätte erwähnen müssen. Abhandlungen, welche etwa im 17. Jahrhundert über eine Mundart ihrer Zeit handelten, sind natürlich berücksichtigt, denn damals betrafen sie ja die lebende Mundart. —

Die systematische Einteilung, nach welcher die einzelnen Dialekte angeordnet sind, ist das Werk des Herrn Dr. Bremer in Halle *), dem ich dafür, sowie für zahlreiche

---

*) (Die der Anordnung dieses Buches zu Grunde liegende Gruppierung der deutschen Mundarten, für welche ich die Verantwortung trage, hat sich insofern nach dem vorliegenden Stoffe mundartlicher Literatur richten müssen, als bei der einen Mundart Unterabteilungen gemacht worden sind, bei einer anderen nicht, ohne dass diese ungleichmässige Behandlung durch etwas anderes als eben durch die Fülle der Literatur in dem einen, durch den Mangel einer solchen in dem anderen Falle geboten wäre. So mussten z. B. die Schweizer und die schwäbischen Mundarten in eine Anzahl von kleineren Gruppen zerlegt werden, während bei den ostniederdeutschen Mundarten entsprechend kleine Unterabteilungen nicht statthaft waren. Da wo ein klares Bild von der Gruppierung der Mundarten nicht zu gewinnen war, habe ich (z. B. bei den österreichischen Mundarten) dieselben einfach nach den

freundliche Mitteilungen, zu grossem Danke verpflichtet bin. Möglichste Vollständigkeit ist selbstverständlich erstrebt worden; es wurden deshalb auch populäre Schriften und solche, über deren wissenschaftlichen Wert man im Zweifel sein könnte, mit aufgenommen: die Bibliographie soll zugleich, so weit wie es durch die blosse Titelangabe möglich ist, einen Überblick über die Ausbreitung und Entwickelung der mundartlichen Studien gewähren, sie möchte am liebsten das Material zu einer Geschichte der deutschen Mundartenforschung in dem genannten Zeitraume bieten.

Für jede Benachrichtigung über Fehler und Fehlendes, sowie jede Mitteilung über neuerscheinende Schriften für etwaige Nachträge werde ich stets sehr dankbar sein.

---

heutigen Landschaften geordnet. Die Inhaltsübersicht giebt also durchaus nicht das von mir entworfene Schema wieder. Gleichwohl glaube ich auf Grund eingehender Studien behaupten zu dürfen, dass meine Einteilung im grossen und ganzen den Sprachverhältnissen entspricht. Ich würde heute nur in folgenden Punkten eine andere Gruppierung vorziehen: Schweizerisch: 1) Burgundisch-alem., 2) Ma. der Urkantone, 3) Zürich-Glarner Ma., 4) Nordostalem. (incl. Klett- und Hegau), 5) Basel-Breisgauer Ma. Die Konzession, welche ich der herschenden Ansicht mit der Einteilung in hoch- und niederalemannisch gemacht habe, halte ich nicht mehr für gerechtfertigt. Dann ist es mir jetzt zweifelhaft, ob die pfälzisch-schwäb. Grenzmundart am Neckar nicht richtiger zum Rhein- statt zum Ostfränkischen zu stellen wäre. Ferner wäre Zeeuwsch wohl richtiger dem Holländischen zu koordinieren statt zu subordinieren. Ob endlich die Mundart der Grafschaft Diepholz mit Recht zum Westfälischen gerechnet worden ist, desgl. die des südlichen Hoya zum Engrischen, darüber bin ich noch im unklaren. Meine Einteilung beruht auf einer Dialektkarte, welche ich zunächst für meine Vorlesungen entworfen habe. Ich hoffe dieselbe in dieser Sammlung zu veröffentlichen, sobald ich die Zeit finde einen Kommentar auszuarbeiten, welcher die einzelnen Sprachgrenzen rechtfertigt. Mit einem solchen Werke bis zum Erscheinen des Sprachatlas zu warten scheint mir nicht geboten. Nach meinen Erfahrungen, welche mir von einer Reihe von Gelehrten bestätigt werden, sind die Wenker'schen Linien zum grossen Teil nicht zuverlässig und daher nur mit äusserster Vorsicht für die Gruppierung der deutschen Mundarten zu benutzen.

Otto Bremer.]

Nachzutragen ist: LATENDORF, FR., Niederdeutsch und Neudeutsch. Offener Brief an Edmund Hoefer. Poesneck 1879 8°. 1 Bl., 27 S. Ferner ist in Nr. 1645 zu lesen: S. 227—386.

Zum Schlusse bleibt mir die angenehme Pflicht, allen, welche mich bei meiner Arbeit mit Rat und Tat unterstützt haben, meinen verbindlichsten Dank auszusprechen.

Strassburg i. Elsass, im März 1892.

Dr. F. Mentz.

Verzeichnis der gebrauchten Zeichen und Abkürzungen,
welche einer Erkläruug bedürfen.

Eine eckige Klammer [ ] um einen Verfassernamen bedeutet, dass das betr. Werk anonym erschienen oder der Verfasser nicht sofort aus dem Titel ersichtlich ist. Eine eckige Klammer um einen ganzen Titel bezeichnet, dass der angeführte Aufsatz — in der Regel Teil eines grösseren Werkes — keinen selbständigen Titel hat, sondern dass der angegebene Titel zur Bezeichnung des Inhaltes von mir erfunden ist. Überhaupt sind alle zu den Titeln von mir gemachten Zusätze in eckige Klammern eingeschlossen.

Die in runde Klammer ( ) gesetzten Titel geben die grösseren Werke (Zeitschriften, Sammelwerke u. dergl.) an, aus welchen einzelne Arbeiten namhaft gemacht werden.

Petit gedruckt sind die Rezensionen.

Ein Stern (*) hinter einem Titel oder einer sonstigen Angabe bedeutet, dass ich dieselben weder selbst controliert noch durch zuverlässige Gewährsmänner habe vergleichen lassen, sondern lediglich Citaten, Bücherlexicis u. dergl. verdanke.

---

a. = auch.
Abdr. = Abdruck.
Abhdlg. = Abhandlung.
Abt(h)l.. Abt(h)lg. = Abt(h)eilung.
Ak. = Akademie.
Alem. = Alemannia. Zeitschrift für Sprache, Litteratur und Volkskunde des Elsasses, Oberrheins und Schwabens herausgegeben von A. BIRLINGER. 1873 ff.
Alm. = Almanach, Almanak.
Alpenver. = Alpenverein.
Als. = Alsatia, Jahrbuch für elsässische Geschichte ... herausgegeben von A. STÖBER. 1850 ff.
Alt. = Altert(h)um.
Alt.-K. = Altertumskunde.
ant. = antiquarisch.
Anthr. = Anthropologie.
Anz. = Anzeiger.
Anz. f. dt. Alt. = Anzeiger für deutsches Altertum, Berlin 1876 ff.
Gött. gel. Anz. = Göttinger gelehrte Anzeigen.
Münch. gel. Anz. = Gelehrte Anzeigen. Herausgegeben von Mitgliedern der k. bair. Akademie der Wissenschaften.
Arch. = Arch.
Arch. glottol. ital. = Archivio glottologico italiano.

Herrig's Arch. = Archiv für das Studium der neueren Sprachen und Literaturen. Herausgegeben von L. HERRIG und H. VIEHOFF. Elberfeld 1846 ff.
Oberbayer. Arch. = Oberbayerisches Archiv für vaterländische Geschichte. Herausgegeben von dem Historischen Vereine von Oberbayern. 1839 ff.
Atl. = Atlas.
Ausl. = Auslandes.
Bd., Bde. = Band, Bände.
beh. = behandelt.
Beibl. = Beiblatt.
Beil. = Beilage.
Beitr. = Beiträge zur Geschichte der deutschen Sprache und Literatur hrsg. von H. PAUL und W. BRAUNE. Halle 1873 ff.
Bezzenbergers Beitr. = Beiträge zur Kunde der indogermanischen Sprachen, herausgegeben von A. BEZZENBERGER. Göttingen 1876 ff.
bes. = besonders, -em, -er.
Beschr. = Beschreibung.
Taalk. Bijdr. = Taalkundige Bijdragen.
Bl. Bll. = Blatt, Blätter.
Bur. = Bureau.

Verzeichnis der gebrauchten Zeichen und Abkürzungen.

Cbl. = Literarisches Centralblatt für Deutschland.
Coll.-Bl. = Collectaneenblatt.
Corrbl. = Correspondenzblatt.
Ctlorg. f. d. Realschw. = Centralorgan für die Interessen des Realschulwesens ... hrsg. von M. STRACK. Berlin 1873 ff.
Dialecticon = J. WINKLERS algemeen Nederduitsch en Vriesch dialecticon. 's Gravenhage 1874.
Diss. = Dissertation.
dt. = deutscher, -e, -es, -em, -en.
Dtschl. = Deutschland.
Els. = Elsass, elsässisch.
enth. = enthält.
Erdk. = Erdkunde.
ersch. = erschienen.
erw. = erweiterte.
Erzgeb.-V. = Erzgebirgsverein.
ev. = evangelisch.
Extr. = Extrait.
Ferd. = Ferdinandeum.
Fg. = Forschung.
gef. = gefaltet.
Germ. = Germania, Vierteljahrsschrift für deutsche Altertumskunde. Stuttg. und Wien 1855 ff.
Strickers Germania = Germania. Archiv zur Kenntniss des deutschen Elements in allen Ländern der Erde ... herausgegeben von W. STRICKER. 1847 ff.
Ges. = Gesellschaft.
Gesch. = Geschichte.
Gramm. = Grammatik.
Gymn.-W. = Gymnasial-Wesen.
Handel. = Handelingen.
Hann. = Hannover, Hannöversch, etc.
Heimatsk. = Heimatskunde.
hist. = historisch, -en.
hrsg. = herausgegeben.
J. = Jahr.
Jahrb. Jb. = Jahrbuch.
Brem. Jahrb. = Bremisches Jahrbuch. Herausgegeben von der historischen Gesellschaft des Künstlervereins 1863 ff.
Ndd. Jb. = Jahrbuch des Vereins für niederdeutsche Sprachforschung. Bremen > Norden und Lpz. 1876 ff.
Jbb. = Jahrbücher.
Jber. = Jahresbericht über die Erscheinungen auf dem Gebiete der germanischen Philologie. Berlin 1880 ff.
Id. = Idiotikon.
Int. = Interessen.
Intell.-Bl. = Intelligenzblatt.
intern. = international.
Journ. = Journal.
jur. = juristisch.
Kde. = Kunde.
Kl. = Klasse.
Korrbl. = Korrespondenzblatt.
Ndd. Korrbl. = Korrespondenzblatt des Vereins für niederdeutsche Sprachforschung. Hamburg (Bremen > Norden und Lpz.) 1877 ff.
Siebenb. Korr.-Bl. = Korrespondenzblatt des Vereins für siebenbürgische Landeskunde.
Kr. = Kreis.
Ldskde. = Landeskunde.
Letterk. = Letterkunde, letterkundig.
Letteroef. = Letteroefeningen.
Lit. = Literarisch, Literatur etc.
Litbl. = Literaturblatt für germanische u. romanische Philologie.
Litztg. = Deutsche Literaturzeitung.
m. = mit.
M.-A. = Mittelalter.
Ma. Maa. = Mundart, Mundarten.
Dt. Maa. = Die deutschen Mundarten. Eine Monatsschrift für Dichtung, Forschung u. Kritik. Begründet von J. A. PANGKOFER, fortgesetzt von G. K. FROMMANN I—VII. 1854—1877.
Maatsch. = Maatschappij.
Mag. = Magazin, Magazijn.
Büschings Mag. = Magazin für die neue Historie und Geographie, angelegt von A. F. BÜSCHING. 1767 ff.
Taalk. Mag. = Taalkundig Magazijn, of gemengde bijdragen tot de kennis der nederduitsche taal; bijeenverzameld door A. de JAGER. 1835 ff.
Mittl. = Mitteilungen.
Peterm. Mittl. = Mittheilungen aus Justus Perthes geographischer Anstalt.
Monschr., Mschr. = Monatsschrift.
Mtsbll. = Monatsblätter.
Mus. = Museum.
naturf. = naturforschend.

Verzeichnis der gebrauchten Zeichen und Abkürzungen.

Ndd. = Niederdeutsch, Nederduitsch.
Ndld., Ned., Nederl. = Nederlandsch.
N. F. = Neue Folge.
N. = Neuwe, Neue.
O.-A. = Ober-Amt.
Obd. = oberdeutsch.
Oberg. = Obergymnasium.
Progr. = Programm.
Prov. = Provinz.
Päd. = Pädagogik.
Prov.-Bll. oder Provbll. = Provinzialblätter.
N. pr. Prov.-Bl. = Neue preussische Provinzialblätter.
Realsch. = Realschule.
Realschw. = Realschulwesen.
S. = Seite.
Wiener S.-B. = Sitzungsberichte der philos.-histor. Kl. der kais. Akademie der Wissenschaften. Wien.
Siebb., Siebenb., Siebenbg. = Siebenbürgisch.
Sitzber. = Sitzungsberichte.
Soc. = Societät.
Sp. = Spalte.
Spr. = Sprache.
Sprachf. = Sprachforscher.
Sprachw. = Sprachwissenschaft.
Sprwt. = Sprachwart.
St. = Stück.
stat. = statistisch.
Taal-en letterb. = Taal-en letterbode.
Taalk. = Taalkunde, taalkundig.
Teutschkdl. = Teutschkundlich.

Tijdschr. = Tijdschrift.
Tit. = Titel.
top. = topographisch.
Trans. = Transactions.
u. = und, unter.
Unterh. = Unterhaltung.
Urg. = Urgeschichte.
V., Ver. = Verein.
Verhdl. = Verhandlungen.
Vers. = Versammlung, Versuch, -e.
Vorz. = Vorzeit.
Wb., Wtbch. = Wörterbuch.
Westf. = Westfalen, westfälisch.
Wiss. = Wissenschaft, Wissenschaften.
Wochenschr. = Wochenschrift.
Z. = Zeit.
Zs. = Zeitschrift.
Zs. f. dt. Alt. = Zeitschrift für deutsches Altertum, begr. von M. HAUPT. Leipzig > Berlin 1841 ff.
Zs. f. dt. Phil. = Zeitschrift für deutsche Philologie begr. von E. HÖPFNER und J. ZACHER. Halle 1869 ff.
Zs. f. vgl. Spr. = Zeitschrift für vergleichende Sprachforschung, begr. von A. KUHN, 1852 ff.
Höfers Zs. = Zeitschrift für die Wissenschaft der Sprache. Hrsg. von A. HOEFER. 1845 ff.
Techmers Zs. = Internationale Zeitschrift für allgemeine Sprachwissenschaft ... Hrsg von F. TECHMER. Leipzig 1884—18xx.
Ztg. = Zeitung.
Zuw. = Zuwachs.

INHALTSÜBERSICHT.

	Seite
Vorwort	V—VIII
Verzeichnis der gebrauchten Zeichen und Abkürzungen	IX—X

	Nr.
I. Allgemeines	1—159
1. Bibliographie	1— 17
2. Sprachgebiet	18— 38
3. Allgemein einleitende Schriften	39— 73
Die Mundarten allein	39— 53
Mundart und Schriftsprache	54— 66
Mundart und Theater, Poesie	67— 72
Mundart und Unterricht	73
4. Schriften über Mundartenforschung	74— 98
Allgemeines	74— 82
Über Idiotiken	83— 88
Rechtschreibung	89— 98
5. Grammatische Schriften über alle oder mehrere deutsche Mundarten	99—122
Grammatik im allgemeinen	99—101
Lautlehre	102—113
Wortbildungslehre	114—120
Syntax	121—122
6. Wortschatz	123—159
Allg.-dt. Wörterbücher mit ausdrückl., d. h. auf d. Titel bemerkter Rücksicht auf d. Maa.	123—127
Wörterbücher u. Wörtersammlungen über alle oder mehrere dt. Maa.	128—136
Gattungsnamen	137—159
II. Oberdeutsche Mundarten	160—676
I. Oberdeutsche Mundarten im ganzen	160—174
Sprachgebiet	160—164
Allgemeines	165—166
Grammatik	167—170
Wortschatz	171—173
Synonymik	174
II. Alemannisch-Schwäbische Mundarten	175—391
A. *Im ganzen*	175—183
B. *Alemannisch*	184—316

Inhaltsübersicht. XIII

Nr.
I. Südalemannisch (Schweizerisch) . . . . 184—288
 1. Im ganzen . . . . 184—224
 2. Südwestalemannisch (hochalemannisch) . . . . 225—255
  a) Burgundisch-alemannisch . . . . 225—239
   α) Kanton Luzern und südw. Zipfel d.
    K. Aargau . . . . 225—227
   β) Kanton Bern . . . . 228—231
   γ) Wallisisch am M. Rosa u. in Piemont 232—235
   δ) Walser in Graubünden u. Vorarlberg . 236—239
  b) Echt-alemannisch . . . . 240—255
   α) Kanton Glarus . . . . 240—241
   β) Kanton Zug 242
   γ) Kanton Zürich 243
   δ) Kanton Aargau 244
   ε) Kanton Baselland 245
   ζ) Südlichstes Elsass . . . . 246—247
   η) Südliches Breisgau . . . . 248—253
   ϑ) Klettgau und Hegau . . . . 254—255
 3. Nordostalemannisch (niederalem.) . . 256—288
  a) Im ganzen . . . . 256—260
  b) Echt alemannisch . . . . 261—276
   α) Baselstadt . . . . 261—265
   β) Die Baar . . . . 266—271
   γ) Ravensburg und Allgäu . . . . 272—274
   δ) Kanton Appenzell . . . . 275—276
  c) Rhätisch-alemannisch . . . . 277—288
   α) Vorarlberg . . . . 277—285
   β) Graubünden . . . . 286—288
II. Nordwestalemannisch (frankoalemannisch) . . . 289—316
 1. Elsässisch . . . . 289—314
  a) Im ganzen . . . . 289—306
  b) Südelsässisch . . . . 307—308
  c) Nordelsässisch . . . . 309—313
  d) Ortenau 314
 2. Nördl. Breisgau . . . . 315—316
C. Schwäbisch . . . . 317—391
 1. Im ganzen . . . . 317—348
 2. Schwäb. Unterland (westschwäb.) . . 349—368
  a) Schwäb. Schwarzwald-Kreis . . . . . . 349—361
  b) Schwäb. Neckar-Kreis, Rems- und Lein-Tal 362—368
 3. Schwäb. Oberland westl. d. Iller
  (westschwäbisch) . . . . 369—376
 4. Ostschwäbisch . . . . 377—390
  a) Nördl. d. Donau . . . . 377—381
  b) Südl. d. Donau . . . . 382—389
  c) Lechtal 390
 5. Schwäb. Kolonie in Westpreussen . . . 391
III. Bairisch-Österreichische Mundarten . . 392—676
A. Südbairisch-österreichisch . . . . 392—646
 1. Im ganzen . . . . 392—461
  Baiern im ganzen . . . . 398—425
  Österreich im ganzen . . . . 426—461

Inhaltsübersicht.

Nr.

2. Niederbaiern 462
3. Oberbaiern .... 463—465
4. Tirol .... 466—537
   a) Im ganzen .... 466—479
   b) Nördl. Tirol .... 480—482
   c) Gebiet der Etsch und des Eisak .... 483—488
   d) Puster- und Defereggental .... 489—491
   e) Iseltal 492
   f) Kolonien in Südtirol u. d. angrenzenden
      Italien .... 493—536
      α) Im ganzen .... 493—510
      β) Fersinatal .... 511—512
      γ) Cimbrisch .... 513—535
         Die dreizehn Gemeinden ...... 528—530
         Die sieben Gemeinden .... 531—534
         Luserna 535
      δ) In Friaul 536
   g) Kolonie in Mähren 537
5. Salzburg .... 538—578
   a) Im ganzen .... 538—554
   b) Pinzgau, Pongau und Lungau ..... 555—574
      α) Im ganzen .... 555—556
      β) Pinzgau .... 557—561
      γ) Pongau .... 562—569
      δ) Lungau .... 570—574
   c) Salzburggau .... 575—578
6. Oberösterreich .... 579—583
7. Niederösterreich .... 584—612
   a) Im ganzen .... 584—594
   b) Die einzelnen Mundarten .... 595—612
8. Steiermark .... 613—619
9. Kärnten .... 620—628
   a) Im ganzen .... 620—624
   b) Oberkärnten .... 625—626
   c) Unterkärnten .... 627—628
10. Österreichische Sprachinseln ... 629—646
   a) Im ganzen .... 629—630
   b) Sprachinseln in Krain .... 631—642
   c) Ungarn .... 643—644
   d) Sprachinseln im Banat 645
   e) Sprachinseln in der Bukowina 646

B. *Oberpfälzisch* .... 647—676
  1. Im ganzen .... 647—652
  2. Ansbach .... 653—654
  3. Nürnberg .... 655—664
  4. Oberpfalz 665
  5. Bairisch-Böhmen .... 666—676
    a) Im ganzen 666
    b) Egerland .... 667—672
    c) Tepler Gebirge .... 673—675
    d) Böhmerwald 676

III. **Mitteldeutsche Mundarten** .... 677—1038
 I. Mitteldeutsche Mundarten im ganzen ..... 677—680
 II. Fränkische Mundarten .... 681—895

Inhaltsübersicht. XV

	Nr.
A. Im ganzen	681—684
B. Ostfränkisch	685—737
1. Im ganzen	685—688
2. Oberfränkisch	689—694
a) Das bair. Oberfranken	689
b) Voigtländisch	690—694
3. Grabfeldisch	695—717
a) Itzgründer Mundart	695—703
b) Hennebergisch	704—716
c) Rhön-Mundart	717
4. Unterfränkisch	718—737
a) Der bair. Reg.-Bez. Unterfranken	718—720
b) Hohenlohisch	721—730
c) Pfälzisch-Schwäbische Grenzmundart am Neckar	731—737
C. Rheinfränkisch	738—787
1. Im ganzen	738—740
2. Pfälzisch	741—760
a) Im ganzen	741—745
b) Südpfälzisch (Schwäb. Grenzma.)	746—747
c) Rechtsrhein. Pfalz	748—752
d) Bair. Pfalz und Rheinhessen	753—756
e) Riehnpfälzisch in Amerika (Pennsylvania)	757—760
3. Ostlothringisch	761—769
4. Hessisch-Nassauisch	770—782
a) Im ganzen	770—771
b) Untermain-Mundart	772—773
c) Nassauisch	774—776
d) Wetterauisch	777—778
e) Oberhessisch	779—782
5. Niederhessisch	783—787
D. Moselfränkisch*)	788—878
1. Siegerländisch	788—791
2. Westerwäldisch	792
3. Moselland der Rheinprovinz	793—799
4. Westlothringisch-Luxemburgisch	800—811
a) Im ganzen	800
b) West-Lothringen	801
c) Luxemburg	802—811
5. Eifel-Mundart	812—814
6. Siebenbürgisch	815—878
a) Im ganzen	815—864
Allgemeines	815—823
Grammatik	824—843
Wortschatz	844—864
b) Nösnisch (Nordsiebenbürgisch)	865—873
c) Südsiebenbürgisch	874—878
E. Ripuarisch**)	879—895
III. Thüringisch-obersächsische Mundarten	896—930
A. Thüringisch	896—915
1. Im ganzen	896—899
2. Südwestthüringisch	900—904
3. Südostthüringisch	905—910
4. Nordthüringisch	911—915

*) Im Text versehentlich als C bezeichnet.
**) Im Text versehentlich als D bezeichnet.

Inhaltsübersicht.

	Nr.
G. Geldersch	1335—1354
1. Nordgeldersch	1335—1351
a) Im ganzen, bes. Gelderland	1335—1344
b) Betuwe	1345—1346
c) Veluwe	1347—1351
2. Südgeldersch	1352—1354
a) Cleve	1352—1353
b) Mörs	1354
III. Niedersächsische Mundarten	1355—1669
A. Im ganzen	1355—1382
Sprachgebiet	1355—1356
Allgemeines	1357—1359
Niedersächsisch und Hochdeutsch	1360—1368
Mundartenforschung	1369—1370
Grammatik	1371—1377
Wortschatz	1378—1382
B. Westniedersächsisch	1383—1485
1. Friesisch-westfälisch (Nordwestniedersächsisch)	1383—1405
a) Westfriesisch-westfälisch	1383—1389
α) Urk und Schokland	1383—1386
β) Westfriesland	1387—1389
b) Ostfriesisch-westfälisch. Groningsch	1390—1405
2. Fränkisch-westfälisch	1406—1435
a) Im ganzen	1406
b) Drentsch	1407—1414
α) Stadt Groningen	1407—1408
β) Drenthe	1409—1414
c) Overysselsch	1415—1430
α) Im ganzen	1415—1421
β) Salland	1422—1425
γ) Twenthe	1426—1430
d) Zutfensch	1431—1433
e) Westmünsterländisch	1434—1435
3. Echt westfälische Mundarten	1436—1485
a) Im ganzen	1436—1449
b) Bentheim und Lingen	1450
c) Grafschaft Diepholz	1451
d) Osnabrück	1452—1453
e) Münsterland	1454—1455
f) Südwestfälisch-märkisch einschl. des engr. Teiles	1456—1485
α) Im ganzen	1456—1478
β) Nördl. Mundart	1479
γ) Sauerländisch	1480—1485
C. Engrisch	1486—1510
1. Südengrisch	1486—1504
a) Soest	1486—1487
b) Waldeck	1488
c) Paderborn	1489—1490
d) Grafsch. Ravensberg	1491—1494
e) Lippe-Detmold	1495—1497
f) Göttingen-Grubenhagen	1498—1504

	Nr.
2. Nordengrisch	1505—1510
a) Im ganzen	1505—1506
b) Schaumburg	1507
c) Hoya	1508
d) Calenberg	1509—1510
D. *Ostfälisch*	1511—1534
1. Hildesheimisch	1511—1514
2. Braunschweigisch	1515—1517
3. Niederdeutscher Harz	1518—1525
4. Magdeburgisches Gebiet	1526—1534
E. *Nordniedersächsisch*	1535—1669
1. Im ganzen	1535—1537
2. Wesernordniedersächsisch	1538—1563
a) Nordöstl. Ostfriesisch	1538—1551
b) Oldenburgisch	1552—1557
c) Nördl. Hoya s. Nr. 1508	
d) Bremen	1558—1560
e) Unter-Weser-Mundart	1561—1563
3. Stadisch	1564
4. Lüneburg-Uelzener Mundart	1565—1570
5. Schleswig-Holsteinisch mit Ausn. des östl. Holstein	1571—1620
a) Im ganzen	1571—1574
b) Hamburgisch	1575—1580
c) Mittelholsteinisch	1581—1584
d) Ditmarsch	1585—1596
e) Schleswigisch	1597—1620
6. Nordostniedersächsisch	1621—1669
a) Wagrisch	1621—1622
b) Lübisch	1623
c) Mecklenburgisch-Vorpommersch	1624—1669
α) Im ganzen	1624—1627
β) Mecklenburgisch	1628—1652
Im ganzen	1628—1635
M.-Schwerin	1636—1646
M.-Strelitz	1647—1652
γ) Vorpommersch-Rügisch	1653—1669
IV. Ostniederdeutsche Mundarten	1670—1708
A. *Im ganzen*	1670
B. *Nordmärkisch*	1671—1677
1. Altmärkisch	1671—1673
2. Brandenburgisch	1674—1677
C. *Maa. zw. Elbe u. Havel u. in der nddt. Neumark*	1678—1681
1. Zw. Elbe und Havel	1678—1679
2. Oderbruch	1680—1681
D. *Hinterpommersch-Pomerellische-Netze-Mundarten*	1682—1686
1. Im ganzen	1682
2. Küstenmundarten	1683
3. Binnenmundarten	1684—1686
E. *Preussisch*	1687—1707
1. Im ganzen	1687—1696
2. Westpreussisch	1697—1704
3. Ostpreussisch	1705—1707

	Nr.
F. *Niederdeutsche Maa. der Ostseeprov.*	1708

Anhang.

Mundarten der deutschen Kolonie in Süd-Russland 1709

	Seite
Nachträge und Berichtigungen	165—168
Autoren-Register	169—176
Geographisches Register	177—181

I.

ALLGEMEINES.

1. Bibliographie.

1. ADELUNG, J. C., Litteratur der deutschen Mundarten. (Mag. f. d. dt. Spr. I. 2. St., Lpz. 1782. 8°. S. 44—60 und Mithridates II. Berl. 1809. 8°. S. 201—282.)

2. RÜDIGER, J. C. C., [Ergänzungen zu Adelungs Zusammenstellungen]. (Neuester Zuwachs zur teutschen u. s. w. Sprachkunde, St. II, Lpz. 1783. 8°. S. 204—205. III, ebd. 1784, S. 102—104. IV, ebd. 1785, S. 134—147, 195—196.)

3. Sammlungen von Idiotismen und Dialekten. (Allg. Repert. d. Lit. f. d. J. 1785—1790. I. Jena 1793. 4°. Abthl. II, Nr. 1343—1392. Vgl. dass. f. 1791—1795, I, Weimar 1799, Abtlg. II, Nr. 1509—1514. Dass. 1796—1800, I, ebd. 1807, Abtlg. II, Nr. 1314—1317.)

4. SCHMIDL, M., Uebersicht der neueren Litteratur deutscher Mundarten, verbunden mit der Anzeige gleichartiger neuester Schriften, mit sprachlichen und poetischen Proben und einer historischen Einleitung. (Lit. Anz. 1822, Sp. 393—399, 401—407, 417—421, 681—685, 689—694, 696—700, 713—717, 721—724.)

5. VATER, J. S., [Litteratur der deutschen Dialecte]. (Litteratur der Grammatiken, Lexica und Wörtersammlungen u. s. w. Berlin 1815. 8°. S. 58—60. — 2. Ausg. von B. JÜLG, ebd. 1847, S. 84—98.)

6. HOFFMANN, H., Grammatiken, Wörterbücher und Litteratur der Mundarten. (Deutsche Philologie im Grundriss. Breslau 1836, 8°. S. 171—206.) [Vgl. Nr. 13.]

7. v. D. HAGEN, [Anzeige von Firmenich, Germaniens Völkerstimmen I]. (Germania, Jahrb. d. Berl. Ges. f. dt. Spr. VIII, 1848, S. 206—225.)

8. TRÖMEL, P., Die Litteratur der Deutschen Mundarten. Ein bibliographischer Versuch. (Anz. f. Bibliographie u. Bibliothekswiss. 1854, S. 1—15, 34—44, 67—73, 101—107.) [Auch besonders ersch.] Halle 1854. 8°. 1 Bl. 37 S. Dt. Maa. I, 1854, S. 52—53.

9. TRÖMEL, P., [Ergänzungen zu seiner Litteratur der deutschen Mundarten]. (Dt. Maa. I, 1854, S. 240—242.)
10. FROMMANN, G. K., Fortsetzung und Ergänzungen zu Trömel's Litteratur der deutschen Mundarten. (Dt. Maa. I, 1854, S. 116—119, 238—240. II, 1855, S. 51—52, 141—142, 251—253, 521—523. III, 1856, S. 21—22, 143—144, 385—386, 504—505. IV, 1857, S. 72, 228—229, 366—368, 508—509. V, 1858, S. 77—78, 233—234, 378—379, 490—491. VI, 1859, S. 87—88, 239, 377—380, 495—498.) [Vgl. auch unter »Oesterreich«.]
11. PFEIFFER, FRIEDRICH, Fortsetzungen und Ergänzungen zu P. Trömels Litteratur der deutschen Mundarten. (Dt. Maa. II, 1855, S. 373—375. III, 1856, S. 22—24.)
12. BARTSCH, C., [Uebersicht der deutschen Mundartenforschung und -Litteratur]. (Bibliogr. Uebersicht der Erscheinungen auf dem Gebiete der deutschen Philologie in den Jahren 1862—1884. Germania VIII, 1863 — XXX, 1885.)
13. BAHDER, K. VON, Mundarten. (Die deutsche Philologie im Grundriss. Paderborn 1883. 8°. §87—95 = S. 160—195 = Nr. 1891—2331.) [Vgl. Nr. 6.]
O. BEHAGHEL: Litbl. IV, 1883, Sp. 49—50. STEINMEYER: Litztg. IV, 1883, Sp. 85—86.
14. POTT, A. F., [Litteratur der deutschen Mundartenforschung]. (Intern. Zs. f. allg. Sprachw. Suppl. I, 1887, S. 151—155.)
15. HENRICI, EMIL. KINZEL. BOLTE. KAISER. Dialekte. Dialektforschung. [Mit Ausschluss des Ndd.] (Jahresber. üb. d. erscheinungen auf d. gebiete der germ. phil. I, 1879, Berl. 1880, S. 16—19. II, 1880, ebd. 1881, S. 49—52. III, 1881, ebd. 1882, S. 35—42. IV, 1882, Lpz. 1883, S. 26—33. V, 1883, ebd. 1884, S. 21—26. VI, 1884, ebd. 1885, S. 20—24. VII, 1885, ebd. 1886, S. 24—29. VIII, 1886, ebd. 1887, S. 23—28. IX, 1887, ebd. 1888, S. 21—24. X, 1888, ebd. 1889, S. 31—35. XI, 1889, ebd. 1890, S. 34—38.)
16. KAUFFMANN, F., Litteratur [der Dialektforschung]. (Anleit. z. dt. Landes- und Volksforschung hrsg. von ALFR. KIRCHHOFF, Stuttg. 1889. 8°. S. 424—432.)
17. Die deutschen Mundarten. Eine Monatsschrift für Dichtung, Forschung und Kritik. Begründet von J. A. PANGKOFER, fortgesetzt von G. K. FROMMANN. I—IV, Nürnberg 1854—1857. V—VI, Nördlingen 1858. VII (N. F. I.), Halle 1877. 8°. [Bd. I—VI m. d. T.: Vierteljahrsschrift, Bd. VII m. d. T.: Zeitschrift.]
I—V: DIEFENBACH: Zs. f. vgl. Spr. VIII, 1859, S. 385—395. — VII: SCHRÖER: Germ. XXII, 1877, S. 246—249. — Vgl. auch Grenzboten 1857, I, S. 321—332.

2. Sprachgebiet.

18. Beiträge zu der Abfassung einer allgemeinen Deutschen Sprachenkarte. (Vaterl. Arch. d. hist. Ver. f. Niedersachsen. 1837. S. 160—173.)

19. BERNHARDI, K., Sprachkarte von Deutschland. Als Versuch entworfen und erläutert. Kassel 1844. 8°. 4 Bl. 138 S. 1 Krte. — 2. Aufl., unter Mitwirkung des Verf. besorgt und vervollständigt von Wilh. STRICKER, ebd. 1849. XII, 136 S. 8° u. 1 Krte. in Fol.*

20. SPRUNER, K. v., Europa nach den Völker- und Sprachgrenzen; ethnographisches Bild des Welttheiles. (Spruner, Hist.-geogr. Atl. z. Gesch. d. Staaten Eur. Gotha 1846, Fol. Nr. 64.)

21. BERGHAUS, H., Karte der National-, Sprach-, Dialect-Verschiedenheit in Deutschland, Niederlande, Belgien u. d. Schweiz. (Physik. Atl. 8. Abtlg. Ethnographie. 1. Aufl., Gotha 1847. Nr. 9*. — 2. Aufl., ebd. 1852. Fol.)

22. GUTBIER, A., Dt. Sprachbuch als Grundlage des vergl. Sprach-Unterrichts enthaltend Lesestücke in hd. Spr. und in den dt. Maa. nebst einem Sprachkärtchen von Deutschland. Augsb. 1853. 8°. XI, 252 S. u. 1 Krte.*

23. KIEPERT, H., Völker- und Sprachen-Karte von Deutschland und den Nachbarländern im J. 1867. 1:3,000,000. Berlin, D. Reimer 1867. gr. Fol. — 2. Aufl. ebd. 1870*.

24. ANDREE, R., Völkerkarte des deutschen Reichs und der angrenzenden Länder. 1:3.710.000. (R. ANDREE u. O. PESCHEL, Physikal.-stat. Atl. d. dt. Reichs I, Bielefeld u. Leipz. 1876, Fol. Nr. 10.)

25. MENKE, TH., Europa nach seinen ethnographischen Verhältnissen in der Mitte des XIX. Jahrhunderts. 1:15.000.000. (SPRUNER-MENKE, Hand-Atlas f. d. Gesch. des M.-A. u. d. neueren Zeit. Gotha 1880. Fol. Nr. 13.)

26. ANDREE, R., Sprachenkarte von Deutschland. 1:7.000.000. (Allg. Handatlas. Bielefeld u. Leipz. 1880—1881, S. 21.)

27. KLUGE, F., Sprachkarte. (KLUGE, F., Von Luther bis Lessing. 2. Aufl. Strassburg 1888. 8°.)

28. D., E., Die deutsche Sprachgrenze nach ihrem gegenwärtigen Bestand, ihren Ursachen und Anforderungen. (Dt. Vierteljahrsschrift 1844, II, S. 247—298. III, S. 157—248.)

29. BÖCKH, R., [Ueber die Ausdehnung der deutschen Volkssprache und die Abgrenzung ihrer Dialekte]. (Zs. f. Völkerpsychologie und Sprachwissenschaft IV, 1866, S. 312—318.)

30. BÖCKH, R., Der Deutschen Volkszahl und Sprachgebiet in den europäischen Staaten. Eine statistische Untersuchung. Berl. 1869. 8°. 4 Bl., 308 S.
A. W.: Cbl. 1870, Sp. 1057—1060.

31. STRICKER, W., Die deutsche Sprachgrenze gegen Westen. (Familien-Journal, ill. Wochenschr. f. Unterh. u. Belehrung IX, 1862, S. 248—250.) [Mit einer Karte des linken Rheinufers von Basel bis Köln.]*
32. NABERT, Ueber Sprachgrenzen, insonderheit die deutschfranzösischen in den Jahren 1844—1847. (Jahresber. d. höh. Bürgerschule in Hannover 1856. S. 3—29.)
33. BERNHARDI, K., Die Sprachgrenze zwischen Deutschland und Frankreich ermittelt und erläutert. Auch als Ergänzung der »Sprachkarte von Deutschland« von demselben Verfasser. Cassel 1871. 8°. 16 S. u. 1 Krte. [Vgl. Nr. 19.]
34. ANDREE, R., Deutsch-französische Sprachgrenze. (R. ANDREE u. O. PESCHEL, Physikal.-stat. Atl. d. dt. Reichs I, Bielefeld u. Leipzig 1876. Fol. S. 21—22.)
35. ANDREE, R., Deutsch-italienische Sprachgrenze. (Ebd. S. 22—23.)
36. GRÖBER, G., [Deutsche Sprachgrenze gegen das Rhätoromanische, Italienische und Französische. Mit Sprachkarte]. (Grundriss der romanischen Philologie I, Strassburg 1888. 8°. S. 420—421.)
37. SUCHIER, H., [Die deutsche Sprachgrenze gegen das Französische in der Gegenwart und in der Vergangenheit]. (GRÖBERS Grundriss der romanischen Philologie I, Strassburg 1888. 8°. S. 562—569.)
38. ANDREE, R., Deutsche Sprachinseln. (R. ANDREE u. O. PESCHEL, Physikal.-stat. Atl. d. dt. Reichs I, Bielefeld u. u. Leipzig 1876. Fol. S. 26.)

3. Allgemein einleitende Schriften.

Die Mundarten allein.*)

39. N., G. J., Aanmerkingen over de oorzaken van de verscheidenheid der tongvallen. (Proeve van oudheid-, taal- en dichtkunde, door het genootschap Dulces ante omnia Musae. Utrecht 1775. 8°. S. 21—33.)
40. ADELUNG, F., [Systematische Aufzählung der deutschen Mundarten]. (Uebersicht aller bekannten Sprachen und ihrer Dialekte. St. Petersburg 1820. 8°. S. 45—51.)
Jos. v. HAMMER: Wiener Jbb. d. Lit. XIII, 1821, S. 270—276.
41. SCHOTTEL, J. G., [Ueber die Dialekte der deutschen Sprache]. (Ausführl. Arbeit von der Teutschen Hauptsprache u. s. w. Braunschweig 1663. 8°. S. 151—159.) [Allgemeines.]
Beytr. z. crit. Hist. d. dt. Spr. VII, 1734, S. 365—386.

---

*) Vgl. hierzu auch ADELUNG in der Vorrede zu seinem »Versuch eines vollst. grammatisch-krit. Wbs.« u. s. w.; die betr. Stelle ist unter dem Titel »Ueber die deutschen Mundarten und beiden Hauptdialekte«

42. FULDA, F. K., Ueber die beiden Hauptdialecte der deutschen Sprache. Eine Preisschrift, welche von der Königl. Societät der Wiss. z. Göttingen den 9. November 1771 ist gekrönt worden. Leipzig 1773. 4°. 1 Bl., 60 S., 2 Tab., 1 Bl. [Auch vor Adelungs Versuch eines vollst. grammatisch-kritischen Wörterbuchs. Vgl. Nr. 123.]
43. ADELUNG, J. C., Über die Geschichte der Deutschen Sprache, über Deutsche Mundarten und Deutsche Sprachlehre. Leipzig 1781. 8°. 4 Bl., 118 S. [Über Maa. bes. S. 72—90.]
44. ADELUNG, J. C., Deutsche Mundarten. (Umständliches Lehrgebäude der Deutschen Sprache ... I, Leipzig 1782. 8°. S. 72—90.)
45. Die Dialecte der deutschen Sprache. (Bayr. Annalen 1832, S. 85 ff.)*
46. [GÖTZINGER, M. W.], Deutsche Sprache und Literatur. (K. FR. VOLLRATH HOFFMANN, Deutschland und seine Bewohner I, Stuttgart 1834. 8°. S. 648—699.) [Allgemeines, Proben.]
47. GÖTZINGER, M. W., Deutsche Sprache. Mundarten. (Die deutsche Sprache und ihre Literatur. I. Bd. 1. Thl. Stuttg. 1836. 8°. § 14, S. 32—34.)
48. GÖTZINGER, M. W., Oberdeutsch u. Niederdeutsch. (Ebd. § 15, S. 34—38.)
49. WEINBERGER, G., Die Bedeutung und der Werth der deutschen Mundarten, aus dem Gothischen, Alt- u. Mittelhochdeutschen, aus den verwandten alten u. neuen, morgen- und abendländischen Sprachen erklärt. Nürnberg 1838. 12°. VI, 208 S.
50. GRIMM, J., Deutsche Dialekte. (Geschichte der deutschen Sprache, II, Lpz. 1848. 8°. S. 827—841. — 2. Aufl. ebd. 1853, S. 574—583.)
51. GRIMM, J., [Ueber die deutschen Mundarten]. (Deutsches Wtbch. I, Leipz. 1854. 4°. S. XIV—XVIII.)
52. [PANGKOFER, J. A.], Ueber Sprachgliederung in Dialekte und Mundarten. (Dt. Maa. I, 1854, S. 17—20.)
53. DAVIN, K. H. G., Die deutschen Mundarten. (Die Sprache der Deutschen, nach ihrer Geschichte, ihrer Literatur und ihren Mundarten dargestellt ... Erfurt u. Lpz. 1864. 8°. S. 299—351.)
Herrigs Arch. XLIV, 1869, S. 91—92.

Mundart und Schriftsprache.

54. [Altes Zeugniss über die Mundarten und die Schriftsprache der Deutschen]. (CASP. SCIOPPII consultatio de prudentiae et eloquentiae parandae modis in adolescentis cuiusdam Germani usum,

---

wieder abgedruckt in [HEINZMANNS] Literar. Chronik II, Bern] 1786 8°. S. 350—373.

1626, [wieder abgedr. in Gasp. Scioppii consultationes de Scholarum et Studiorum ratione Deque Prudentiae et Eloquentiae parandae modis. Amstelodami 1660. 8°. S. 21—44; ferner in H. GROTII et aliorum dissertatt. de studiis instituendis, Amsterdam 1645 u. in CRENIUS, Consilia et methodi aureae studiorum optime instituendorum, Rotterodami 1692, S. 296—320] cap. 19.) [Die betr. Stelle ist wieder abgedr. Germ. 11, 1866, S. 321—323.]

55. GEDICKE, F., Gedanken über Purismus und Sprachbereicherung. Berlin 1779. 4°.*

56. Sendschreiben eines Schwaben an seine Landsleute, über die Verbesserung der verschiedenen Dialecte. (Hann. Mag. 1781, Sp. 1589—1600.)

57. ADELUNG, J. C., Provinzial-Wörter und Formen. [Den Gebrauch ders. in d. Schriftspr. betr.] (Ueber den deutschen Styl. I. Berl. 1785. 8°. S. 101—104; ebd. 1787, S. 101—106; ebd. 1789, S. 99—104; ebd. 1800, S. 91—95.)

58. KINDERLING, J. F. A., Beurtheilung der Provinzialwörter. (Ueber die Reinigkeit der Deutschen Sprache und die Beförderungsmittel derselben u. s. w. Berl. 1795. 8°. § 8, S. 37—43.)

59. STOSCH, S. J. E., Ob eine allgemeine Mundart, durch ganz Deutschland einzuführen möglich sey. (Kleine Beitr. z. näh. Kenntniss d. dt. Spr. 3. St. Berlin 1762. 8°. S. 190—197.)

60. BUDY, F., Das Hochdeutsche als allgemeine Schrift- und Gebildeten-Sprache. (Dt. Maa. II, 1855, S. 115—118.)

61. GUTBIER, A., Ideen über die Vergleichung der Mundart mit der Schriftsprache in der Volksschule. (Dt. Maa. I, 1854. S. 24—33.)

62. RÜCKERT, H., Die deutsche Schriftsprache der Gegenwart und die Dialekte. (Dt. Vierteljahrsschr. XXVII, 1864, Heft 3, S. 90—137 = Kl. Schr. I, Weimar 1877. 8°. S. 283—327.)

63. KRÄUTER, J. F., Die »Verkommenheit« der Volksmundarten. (Herrigs Arch. LVII, 1877, S. 189—210.)

64. GRABOW, F., Die dialektfreie Aussprache des Hochdeutschen, nach physiologischen, sprachlichen und statistischen Tatsachen. (Herrigs Arch. LIV, 1875, S. 367—392. LVII, 1877, S. 41—58, 411—440. LVIII, 1877, S. 345—378.)

65. OSTHOFF, H., Schriftsprache und Volksmundart. Vortrag, gehalten im Museum zu Heidelberg am 14. Dec. 1878. Berlin 1883. 8°. 40 S. (Sammlg. gemeinverst. wiss. Vortr., hrsg. v. RUD. VIRCHOW u. FR. V. HOLTZENDORFF, XVIII. Serie, H. 411.)

L—N: Schles. Ztg. 1883, 5. Sept. ZIEMER: Berl. philol. Wochenschr. IV, 1884, S. 1038.

66. SOCIN, A., Schriftsprache und Dialekte im neunzehnten Jahrhundert. (Schriftsprache u. Dialekte im Deutschen nach Zeugnissen alter u. neuer Zeit... Heilbronn 1898. 8°. S. 457—532.)

K. WEINHOLD: Zs. f. dt. Phil. XXI, 1889, S. 125. Jber. X, 1888, S. 25f.

Mundart und Theater, Poesie.

67. RADLOF, J. G., Anwendung de'r Volksmundarten auf Bühnen. (Teutschkundliche Forschungen II. Berl. 1826. 8°. S. 130—133.)

68. HOFMANN, FRIEDR., Die deutschen Volksmundarten und ihre poetische Benutzung. Eine Bitte an die deutschen Dichter. Hildburghausen 1845. 8°. 16 S.

68ᵃ. HOF(F)MANN, FRIEDR., Die deutschen Volksmundarten in Beziehung auf Geschichts- und Sprachforschung, dichterische Ausbeute und praktische Anwendung. (Dt. Maa. I, 1854, S. 103—113, 147—170.)

69. [PANGKOFER, J. A.], Ueber den Reim im Hochdeutschen und in den Mundarten (Dt. Maa. I. 1854, S. 47—52.)

70. GROTH, KLAUS, Ueber Mundarten und mundartige Dichtungen. Berlin 1873. 8°. 4 Bl., 80 S.

71. BRAUN-WIESBADEN, K., Deutsche Dialekte und Dialektdichter. Plaudereien eines alten deutschen Touristen. (Unsere Zeit 1883, I, S. 361—385, 1884, I, S. 241—268.)

72. HONCAMP, F. C., Die Reinheit des hochdeutschen Reims unter dem Einflusse der Mundarten. (Herrigs Arch. VIII, 1851, S. 359—376.)

Mundart und Unterricht.

73. SCHMIDT, A., Bedeutung der Mundart in pädagogischer und sprachlicher Beziehung. Karlsruhe 1877. 8°. Schulprogr.*

4. Schriften über Mundartenforschung.

Allgemeines.*)

74. P[OPOWITSCH], J. S. V., [Ueber die Wichtigkeit der Volkssprache für die Sprachforschung]. (Schreiben an einige vornehme Gelehrten in Leipzig [Beigabe z. d. Untersuchungen vom Meere, Frankf. u. Leipz. 1750. 4°.] Bl. 10—12.)

75. [RÜCKERT, H.], Die deutschen Mundarten und die moderne Sprachwissenschaft. (Die Grenzboten XXV, 1866, S. 49—68 = Kleinere Schriften I, Weimar 1877. 8°. S. 327—351.)

76. HINTNER, V., Über Dialekt und Dialektforschung. (Bote f. Tirol u. Vorarlberg 1874, Nr. 107—111.)*

77. MUTH, R., Die Aufgaben der deutschen Dialektforschung. (Dt. Maa. VII, 1877, S. 1—4.)

78. SWEET, H., On Dialectology. (Trans. of the Philol. Soc. 1877—1879. London 1879. S. 398—410.)

79. WEGENER, P., Ueber deutsche Dialektforschung. (Zs. f. dt. Phil. XI, 1880, S. 450—480.)

---

*) Vgl. hierzu auch WEINHOLD, Über dt. Dialektforschung (unter Schlesisch).

80. LUNDELL, Om dialektstudier. (Forhdlgr. paa det andet nord Filologmøde 1881. Kristiania 1883.) [Vgl. auch Svenska Landsmålen T. III, no. 1.]* Autorisierte Uebersetzung von A. BERGSTRÖM (Internat. Zs. f. allg. Sprachwiss. I, 1884, S. 309—328).
81. KAUFFMANN, Dialectologie allemande. (Revue des patois gallo-romans I, 1887, S. 151—153.)
82. KAUFFMANN, F., Dialektforschung. (Anleitung zur deutschen Landes- u. Volksforschung, hrsg. von ALFR. KIRCHHOFF, Stuttgart 1889. 8°. S. 381—432.)

Über Idiotiken.

83. H[EYNATZ?], Einige Regeln, die bey Idiotismen-Sammlungen zu beobachten sind. (Journ. von und für Franken V, 1792, S. 472—483.)
84. HEYNATZ, J. F., Ueber das Sammeln der Idiotismen. (Neue Beitr. z. Verbess. d. dt. Spr. 1. St. Cüstrin 1801. S. 98—121.)
85. A., Over Provincialismen. (De Nederl. Taal I, 1856, S. 113—115.) [Erklärung des Begriffs »Provincialismus« u. Auffordrg. z. Sammeln von solchen.]
86. WILLEMSEN, G. J., Nog iets over Provincialismen. (Ebd. S. 299.)
87. STAUB, F., Die Reihenfolge in mundartlichen Wörterbüchern und die Revision des Alphabetes. [Zürich 1876.] 8°. 81 S.
88. SACK, E., Ueber Dialektwörterbücher. (D. Gegenwart XXIII, 1883, S. 153—155.) [Zugl. Recension von Frischbier's preuss. Wörterbuch.]

Rechtschreibung.

89. KELLER, A. V., Lautbezeichnung für Dialekte. (Dt. Maa. I, 1854, S. 131—135.) [Mit Sprachproben nebst Erläuterg. von K. FROMMANN.]
90. W., Die mundartliche Schreibung. (Rübezahl. Schles. Prov.-Blätter LXXV, N. F. X, 1871, S. 232—233.)
91. GARTNER, T., Zur Schreibung der Mundarten. (Dt. Sprwt. VI, 1871/2, S. 312—315.)
92. BUCHER, J., Ueber die Schreibung der Mundarten. (Dt. Sprwt. VII, 1872/3, S. 152—154.)
93. SCHRÖER, K. J., Gelegentliche Bemerkungen über erhöhte Ansprüche, die nun an die Aufzeichnung mundartlicher Sprachproben zu stellen wären. (Dt. Maa. VII, 1877, S. 5—17.)
94. KRÄUTER, J. F., Über mundartliche Orthographie. (Dt. Maa. VII, 1877, S. 305—332.)
95. KRÄUTER, J. F., Zwölf Sätze über wissenschaftliche Orthographie der Mundarten. (Herrigs Arch. LVIII, 1877, S. 43—54.)

Germ. XXIII, 1878, S. 117—126. Anz. f. dt. Alt. IV, 1878, S. 299—309.)
96. KRÄUTER, J. F., Zur wissenschaftlichen Orthografie der Mundarten. (Ndd. Korrbl. IV, 1879, S. 2—5.)
97. MICHAELIS, G., Thesen über die Schreibung der Dialekte auf physiologischer Grundlage. 2. erw. Bearbeitung. Berlin 1878. 8. 32 S.
J. F. KRÄUTER: Anz. f. dt. Alt. V, 1879, S. 48—53 und 432.
98. PFAFF, F., Dialekt und schriftsprache und die formübertragung in der orthographie. I. II. (Zs. f. Orthographie I, 1880/1, S. 106—108. 122—124.)

5. Grammatische Schriften über alle oder mehrere deutsche Mundarten.

Grammatik im allgemeinen.

99. REINWALD, W. F. H., Versuch über die sämmtlichen Germanischen Hauptdialekte und einige Unterscheidungszeichen derselben. (Henneberg. Idiotikon. II, Berl. u. Stett. 1801. 8°. S. 3—11.)
100. RAPP, K. M., Die rein-germanischen Sprachen. (Versuch e. Physiologie der Sprache nebst historischer Entwicklung der abendländischen Idiome nach physiologischen Grundsätzen. III, Stuttg. u. Tüb. 1840. 8°. S. 262—315. IV, ebd. 1841, S. 1—144.) [Lautlehre u. Probestücke.]
101. WOCHER, M., Deutsche Mundarten. (Allgemeine Phonologie oder natürliche Grammatik der menschlichen Sprache. Mit spec. Anwendung auf das Hebräische ... und die resp. alten und neuen Maa. Stuttg. u. Tüb. 1841. 8°. S. 243—250.)

Lautlehre.
Vokalismus.

102. HUPFELD, Ueber den historisch-grammatischen Werth der besseren deutschen Mundarten, hinsichtlich der Bewahrung der wichtigsten in der Schriftsprache untergegangenen Vokalunterschiede. (Jbb. f. Phil. u. Päd. IX [IV, I], 1829, S. 353—364.)
103. [PANGKOFER, J. A.], Ueber Selbstlauter und Farben. (Dt. Maa. I, 1854, S. 20—24.) [Bringt viele Beispiele aus den Mundarten.]
104. KRÜGER, E., Analecta. (Herrigs Arch. LII, 1874, S. 45—60.) [Namentlich zum Vokalismus der Mundarten.]
105. HUMPERDINCK G., Die Vocale und die phonetischen Erscheinungen ihres Wandels in Sprachen und Mundarten. Eine physiologisch-sprachwissenschaftliche Untersuchung. Progr. Siegburg 1874. 8°. 45 S. [Kam jedoch erst Bonn 1881 mit neuer Firma in den Handel.]

106. GRADL, H., Zum Vocalismus der deutschen Dialekte. Der au-Laut. (Zs. f. dt. Phil. III, 1871, S. 342—356.)
107. LUICK, K., Die qualität der mittelhochdeutschen ô nach den lebenden dialekten. (Beitr. XI, 1886, S. 492—517.)
108. LOHMEYER, E., Mittelhöhdeutŝ î û ā = neuhōhd. ei au eu (Reform. Zs. d. allg. Ver. f. vereinf. dt. Rechtschrbg. X, 1886, S. 21—23). [Vgl. auch Holthausen, Beitr. XI, 1886, 553—554.]

Konsonantismus.

109. GELBE, P., Die Aussprache von st und sp. (Dt. Sprwt. VI, 1871/2, R. 153—154.)
110. DIEDERICHS, A., Über die Aussprache von sp, st, g und ng. Ein Wort zur Verständigung zwischen Nord und Süd. (Zs. f. Orthographie, Orthoepie u. s. w. II. 1882. Nr. 1—7 u. III, 1883, S. 11—13.) [Auch bes.:] Rostock 1882. 8°. 29 S.* — Zweite, durch einen »Anhang« vermehrte Sonder-Ausgabe, Strassburg, Trübner 1884. 8°. 46 S.
SEEMANN: Jber. IV, 1882, S. 26. E. S.: Cbl. 1883, Sp. 96. J. SEEMÜLLER: Anz. f. dt. Alt. X, 1884, S. 371—372. TH. HILDENBRAND: Bll. f. d. bair. Realschw. IV, 1884, S. 228—230.* BEHAGHEL: Litbl. VI, 1685, S. 13.
111. ATZLER, F., Qu in den germanischen Sprachen und sein Wechsel mit p. Bruchstücke zur deutschen Etymologie. (Beilage zum Progr. 442 der Gew.-Schule in Barmen 1889. 4°. 11 S.) [Berücks. d. Maa. viel.]
112. HILDENBRAND, T., Über die Aussprache des r. (Bll. f. d. bair. Realschw. IV, 1884, S. 112.)*
112a. GERLAND, G., Das deutsche tsch. (Zs. f. vgl. Spr. XXI, 1873, S. 67—73.)
113. FISCHER, HERM., Zur Geschichte des Mittelhochdeutschen. Tübingen 1889. 4°. Einladungsschr. d. Universität Tübingen zum 7. März 1889. 1 Bl., 74 S., 1 Krte. [Enth. vieles üb. d. lebenden Maa., namentlich hinsichtlich der Kontraktion von ege, age.]

Wortbildungslehre.

Akzent.

114. RADLOF, J. G., Betonung fremder Wörter nach der Sprachweise der Bayern und der Aengelländer, nebst Bemerkungen über die Betonung einiger teutschen Wörter in Niederteutschland. (Teutschkdl. Forschgen. I, Berlin 1825. 8°. S. 83—89. Zuerst im Gesellschaftsblatt, München 1815, Nr. 69.*)

Gemination und Reduplikation.

115. MIECK, Über Gemination und Reduplication in den Volksmundarten und in der Kindersprache. (Herrigs Arch. XLVI, 1870, S. 293—302.)

Wortbildung.

116. TOBLER, L., Über die wortzusammensetzung nebst einem anhang über die verstärkenden zusammensetzungen. Ein beitrag zur philosophischen und vergleichenden Sprachwissenschaft. Berlin 1868. 8°. VIII, 143 + 1 S. [M. Berücks. d. dt. Maa.].
D'ELBRÜCK: Cbl. 1868, Sp. 1345—1346.
117. MENSCH, E., Die Scheideformen im Neuhochdeutschen. Inaug.-Diss. ... Zürich ... Darmstadt 1888. 8°. 1 Bl., 103 S.
JOH. MEYER: Litbl. VIII, 1887, Sp. 62—63. Herrigs Arch. LXXVIII, 1887, S. 474.) [Mit Berücksichtigung der Maa.]

Deklination.

118. GRADL, H., Zur Kunde deutscher Mundarten. Beiträge zum Pronomen. (Zs. f. vgl. Spr. XX, 1872, S. 192—201.)

Konjugation.

119. STOSCH, S. J. E., Von der verschiedenen Abwandelung einiger Zeitwörter in besonderen Mundarten. (Kl. Beitr. z. näh. Kenntn. d. dt. Spr. II, Berlin 1780. 8°. S. 143—147.)
120. GRANDJEAN, J. M., Modifications phonétiques que présentent les infinitifs des verbes faibles dans les dialectes germaniques. Laval 1885. 8°. (Extr. de l'annuaire de la faculté des lettres de Lyon. Année 1884—1885.)*

Syntax.

121. TOBLER, L., Über die scheinbare Verwechselung zwischen Nominativ und Accusativ. (Zs. f. dt. Phil. IV, 1873, S. 375—400.)
122. RADLOF, J. G., Bemerkungen über die Hülfswörter haben und seyn, besonders in Beziehung auf einige ober- und niederteutsche Mundarten. (Teutschkdl. Forschgen. I, Berlin 1825. 8°. S. 199—204. Zuerst im kgl. bayr. Intelligenzblatt 1811, St. 81—82.*)

6. Wortschatz.

Allgemein-deutsche Wörterbücher mit ausdrücklicher, d. h. auf dem Titel bemerkter Rücksicht auf die Mundarten.

123. ADELUNG, J. C., Versuch eines vollständigen grammatisch-kritischen Wörterbuches der Hochdeutschen Mundart, mit beständiger Vergleichung der übrigen Mundarten, besonders aber der Oberdeutschen. I—V. Leipzig 1774—1786. 4°. 1 Bl., XVI, 60 S., 1 Bl., 1840 Sp., 2 Tab.; VIII S., 1656 Sp.; 3 Bll., 1716 Sp.; 4 Bll., 1704 Sp.; 2 Bll., 476 Sp. [Nachdruck: Brünn 1788. 4°.] — 2. Ausg. [M. d. T.: Grammatisch-kritisches Wörterbuch u. s. w.]. I—IV. Ebd. 1793—1801. 4°. 2 Bll., VIII S., 1992 Sp., 1 Bl.; 1 Bl., 2140 Sp.; 1 Bl., 1762 Sp.; 1 Bl., 1796 Sp. — Neueste Ausgabe. Mit W. SOLTAU's Beyträgen und Berichtigungen.

I—IV. Wien 1807—8. 8 S., 2008 Sp.; 1 Bl., 2156 Sp.; 1 Bl., 1774 Sp. 4°. 2 Bl., 1808 Sp. 4°. Dass. Revidiert u. berichtigt von F. X. SCHÖNBERGER. 4 Bde. Wien 1811. 4°.* 5. oder Suppl.-Bdes. 1. H. (A—D.) Berlin 1818. 4°. 1 Bl., 238 Sp., 1 S. Allg. Litztg. 1787, I, Sp. 597—598. Tz.: Allg. dt. Bibliothek LXXVI, 1787, S. 242—243. PH.:Neue allg. dt. Bibliothek XI, 1794, S. 344—350. ADK.: ebd. XLII, 1799, S. 521—525. Obd. allg. Litztg. 1801, I, S. 920— 921*, Nürnberger gel. Ztg. 1801, S. 351—352*. Literar. Denkwürdigkeiten oder Neue Leipz. gel. Anzeigen 1793, IV, S. 637—639*. Jen. allg. Litztg. I, 1804, 1, Sp. 191—208, 313—318. [Hall.] allg. Litztg. 1804, I, Sp. 78—80 u. Intell.-Bl. Sp. 444—147. [Antikritik].

124. DENYS DE MONTFORT, P., Petit vocabulaire à l'usage des Francais et des alliés, contenant les noms d'une partie de choses en plusieurs langues, français, latin, hébreux, belge, hollandais, allemand, prussien, hannovrois, badois, hessois, tyrolien, suisse etc. Paris 1815. 8°. 16 S.*

125. [AURBACHER, L.,] Kleines Wörterbuch der deutschen Sprache nach J. C. ADELUNG'S grösserem Wörterbuche, mit besonderer Rücksicht auf die oberdeutsche Mundart. Sulzbach 1828. 8°.*

126. KALTSCHMIDT, J. H., Kurzgefasstes vollständiges stamm- und sinnverwandtschaftliches Gesammt-Wörterbuch der deutschen Sprache, aus allen ihren Mundarten und mit allen Fremdwörtern. Ein Hausschatz der Muttersprache für alle Stände des deutschen Volkes, worin ausser allen einfachen und zusammengesetzten Wörtern der hochdeutschen Schriftsprache, auch alle derselben fehlenden Wörter der norddeutschen, d. h. der westphälischen, bremischen, hamburgischen, holsteinischen, ditmarsischen, mecklenburgischen, pommerschen, lief- und esthländischen, und die Wörter der süddeutschen, d. h. der baierischen, schwäbischen, schweizerischen und österreichischen Mundarten in schriftgerechter Schreibart verzeichnet und erklärt sind. Leipzig 1834. VIII, 1116 S. — 2. wohlf. (Titel-)Ausg. Nördlingen 1834 (1850). 4°. VIII, 1116 S.* — 3. ... Ausg. ebd. 1851. 4°. VIII, 1116 S. — 4. ... Ausg. ebd. 1853. 4°. VIII, 1116 S.* — 5. ... Ausg. ebd. 1864. 4°. 1116 S.*

127. DIEFENBACH, L. u. E. WÜLCKER, Hoch- und niederdeutsches Wörterbuch der mittleren und neueren Zeit. Zur Ergänzung der vorhandenen Wörterbücher insbesondere des der Gebrüder GRIMM. Basel 1885. 8°. 2 Bl., X S., 930 Sp., 1 S.
K. BURDACH: Anz. f. dt. Alt. XII, 1886, S. 100—101. K. BARTSCH: Germ. XIX, 1874, S. 370—371. M. HEYNE: Litztg. VI, 1885, Sp. 1444— 1445. P. PIETSCH: Litbl. VII, 1886, Sp. 172—176.

Wörterbücher und Wörtersammlungen über alle oder mehrere deutsche Mundarten.]

128. POPOWITSCH, J. S. V., Versuch einer Vereinigung der Mundarten von Teutschland als eine Einleitung zu einem vollständigen Teutschen Wörterbuche mit Bestimmungen der Wörter und beträchtlichen Beiträgen zur Naturgeschichte. Wien 1780. 8°. 4 Bl. 649 + 41 S. [Aus dem Nachl. d. Verf., hrsg. von J. L(ETHMÜLLER)].

129. FULDA, F. C., Versuch einer allgemeinen teutschen Idiotikensammlung, Sammlern und Liebhabern zur Ersparung vergeblicher Mühe bey bereits schon aufgefundenen Wörtern und zu leichterer eigener Fortsetzung. Berlin u. Stettin 1788. 8°. 607 S. Allg. Litztg. 1788. IV, Sp. 147—152. MI.: Allg. dt. Bibliothek 95, 1790, S. 588—592. J. v. S.: Obd. allg. Litztg. 1788, Sp. 1593—1597. Goth. gel. Ztgen. 1788, S. 756—757. Gött. gel. Anzeigen 1788, S. 1052—1053. Nürnberger gel. Ztgen. 1788, S. 657*. Tüb. gel. Anzeigen 1788, S. 823—825.

130. KLEIN, ANTON EDLER VON, Deutsches Provinzialwörterbuch. I. II. Frankfurt u. Leipzig 1792. 8°. 1 Bl., X, 291 S. u. 252 S. (Schr. d. kurf. dt. Ges. in Mannheim VI. u. VII.)
EB.: Neue allg. dt. Bibliothek X, 1794, S. 343—349. Gött. gel. Anzeigen 1793, III, S. 1717—1719.

131. SERZ, G. Th., Teutsche Idiotismen, Provinzialismen, Volksausdrücke, sprüchwörtliche und andere im täglichen Leben vorkommende Redensarten in entsprechendes Latein übertragen und nach dem Alphabet geordnet. Nürnberg 1797. 8°. 2 Bl. 184 + 1 S.

132. M[EINE]R, J. S., Alphabetisch geordnetes Wörterbuch über deutsche Idiotismen, Provinzialismen, proverbialische Sprecharten, Volks-Ausdrücke und andere im gemeinen Leben vorkommende Sprachwendungen u. s. w. in entsprechendes Latein übergetragen. Leipzig 1821. 8°. IV, 276 S.

133. STRASS, K. F. H., Sprachliche Bemerkungen. (Germania, Jb. d. Berl. Ges. f. dt. Spr. VIII, 1848, S. 352—354.) [Enth. kurze Aufzeichnungen üb. mundartl. Wörter u. Redensarten aus ganz Deutschland.]

134. ASPLING, H., Deutsche Idiotismen durch Sprachproben beleuchtet. Norrköping 1862. 58 S. *

135. HOFFMANN VON FALLERSLEBEN,[H.], Volkswörter. (Wagners Arch. f. d. Gesch. dt. Spr. u. Dichtg. I, 1873, S. 241—290.)

136. BRÜCKNER, G., Ausgewichen! (Dt. Maa. V, 1858, S. 377.) [M. Anm. v. FROMMANN ebd. S. 377—378. Handelt üb. d. Ruf der Kinder, womit sie beim Schlittenfahren die ihnen entgegenkommenden Personen zum Ausweichen auffordern.]

Gattungsnamen.

Tiernamen.

137. D., Hummel. (Dt. Maa. VI, 1859, S. 81—83.) [Beh. die versch. Bedeutungen dieses Wortes. Vgl. dazu SCHMIDT-GÖBEL, ebd. S. 368—369.]

138. HÖFER, A., Deutsche Namen des Katers. (Germ. II, 1857, S. 164—171.) [Mit Berücksicht. d. Mundarten.]

139. MEYER, KARL, Die deutschen Benennungen des Murmelthiers. (Jb. d. schweiz. Alpencl. X, 1874/75 S. 589—594.)
140. DRAGAN, V., Bezeichnungen für Schwein. (Monatsschr. f. d. Gesch. Westdtschlds. V, 1879, S. 479—480.) [Aus den Volksmundarten. Vgl. ebd. IV, 1878, S. 304, 385, 544.]
141. STEGMANN, H., Über deutsche Storchnamen. (Dt. Sprwt. N. F. III, 1868, S. 116—118.) [M. einem Zusatz v. V. JACOBI.]
142. SCHRÖER, K. J., Die Sprache, die man mit den Thieren redet. (Roseggers Heimgarten Heft VIII, S. 633 ff.)*

Pflanzennamen.

143. HOLL, F., Wörterbuch deutscher Pflanzen-Namen oder Verzeichniss sämmtlicher in der Pharmacie, Oekonomie, Gärtnerei, Forstkultur und Technik vorkommenden Pflanzen und Pflanzenteile nach ihren Provinzial- und systematischen Namen, nebst Angabe der lateinischen, wie auch der Stellung im künstlichen und natürlichen System. Erfurt 1833. 8°. IV, 434 S.
144. KÖNE, Über Form und Bedeutung der Pflanzennamen in der deutschen Sprache. (Progr. d. Gymn. in Münster 1840. 4°. S. 1—44.)
145. WALDBRÜHL, W. v. [W. v. ZUCCALMAGLIO.], Die deutschen Pflanzennamen gesammelt und gesichtet. Berlin 1841. 8°. VI, 82 S.
146. PERGER, A. R. v., Studien über die deutschen Namen der in Deutschland heimischen Pflanzen. (Denkschriften d. Wiener Ak., Math.-nat. Cl. XIV, 1858, S. 123—236.) [Auch besonders] Wien 1858. 4°. 116 S.
147. GRASSMANN, H., Deutsche Pflanzennamen. Stettin 1870. 8°. VII, 288 S.
A. BEZZENBERGER: Zs. f. dt. Phil. V, 1874, S. 228—231.
148. FECHNER, C. A., Zur Erklärung volksthümlicher deutscher Pflanzennamen. (Progr. d. Realsch. in Görlitz f. 1871.'S. 1—26.)
149. ZACHER, J., Zur Litteratur der teutschen pflanzennamen. (Zs. f. dt. Phil. V, 1874, S. 231—233 u. 250.)
150. SALOMON, C., Wörterbuch der deutschen Pflanzennamen, besonders der im Volksmunde gebräuchlichen Benennungen wichtigerer heimischer wie fremder Gewächse, mit Beifügung der botanischen Namen. Stuttgart 1881. 12°. IV, 183 S.*
151. ULRICH, Ursprung und Bedeutung der Pflanzennamen. (Europa 1881. Nr. 19, 20. Vgl. a. Nr. 207—209.)*
152. PRITZEL, G. und C. JESSEN, Die deutschen Volksnamen der Pflanzen. Neuer Beitrag zum deutschen Sprachschatze. Aus allen Mundarten und Zeiten zusammengestellt. Hannover 1882. 8°. 1 Bl. VIII, 701 S.
Lssn.: Cbl. 1882, Sp. 993. 1884, Sp. 1704. LÖSCHHORN: Jber. IV, 1882, S. 3. Siebenb. Korr.-Bl. 1884, S. 1*. SÖHNS: Centralorg. f. d. Int. d. Realsch.

XII, 1884, S. 501—503. Pietsch: Litbl. VI, 1885, S. 99—103. Litztg.
V, 1884, S. 1202—1204.
153. Söhns, F., Deutsche Pflanzennamen in ihrer Ableitung.
(Die Natur XXXII = N. F. IX, 1883, S. 44—46, 126—127,
414—416.) [Mit gelegentl. Berücksichtg. d. Maa.]
154. Krause, K. E. H., Quetsche, Zwetsche. Prunus domestica L. (Ndd. Jb. 1886, S. 97—105.)

Krankheitsnamen.

155. Rochholz, E. L., Mundartliche namen des cretinismus.
(Zs. f. dt. Phil. III, 1871, S. 331—342.)

Mineralogie u. Hüttenkunde.

156. V[oigt], Beytrag zu einem mineralogischen Idiotikon.
(J. C. W. Voigt's mineral. Abhdlgen., Lpz. 1789. 8°. Bd. II.
S. 239—326.)
157. Veith, H., Deutsches Bergwörterbuch. Mit Belegen.
Erste Abtheilung A—K. Breslau 1870. 8°. XX, 312 S. Zweite
Abtheilung L—Z, ebd. 1871. 4°. 1 Bl. + S. 313—600.

Gewerbeausdrücke.

158. Weber, F. B., Allgemeines deutsches terminologisches
ökonomisches Lexicon und Idioticon; oder erklärendes Verzeichniss aller im Gebiete der gesammten Landwirthschaft, ... in
Deutschland und den einzelnen deutschen Provinzen vorkommenden Kunstwörter und Kunstausdrücke. I. II. Leipzig 1829. 8°. *
— Neue wohlf. Ausg. I. II. Leipzig 1838. 8°. VIII, 377 S.,
2 Bll.; 2 Bll., S. 381—777 + 3 S. Suppl.-Heft. Breslau 1844. 8°.
159. Frischbier, H., Der Wocken und das Spinnen. [Mundartl. Ausdr. dafür.] (Wiss. Monatsbll. VII, 1879, S. 205—207.)

II.

OBERDEUTSCHE MUNDARTEN.

I. Oberdeutsche Mundarten im ganzen.

Sprachgebiet.

Sprachgrenzen.

160. GROOS, Bücher und kleinere Aufsätze über die Sprachgrenze in unserm Alpengebiet. (Zs. d. dt. u. oest. Alpenver. XV, 1884, S. 98—101.)
161. WÄBER, A., Die Sprachgrenzen in den Alpen. (Jb. d. schweizer Alpencl. XIV, 1878—1879, S. 493—516. Mit Karte.)
162. MENKE, Th., Deutsche Sprachgrenze in den Alpen. Massstab 1:5.000.000 [Karte]. (SPRUNER-MENKE, Hand-Atl. f. d. Gesch. d. M.-A. u. d. neueren Zeit. Gotha 1880. Fol. Nr. 13. Nebenkarte.)
163. NEUMANN, L., Die deutsche Sprachgrenze in den Alpen. Mit einer Karte. Heidelberg 1885. 8°. (Samml. v. Vorträgen f. d. dt. Volk, hrsg. v. WILH. FROMMEL u. FRIEDR. PFAFF. XIII, S. 329—362.)

Sprachinseln.

164. CZOERNIG, K. FRHR. v., Die deutschen Sprachinseln im Süden des geschlossenen deutschen Sprachgebietes, Piemont, Canton Tessin, Südtirol, Krain (Gottschee) in ihrem gegenwärtigen Zustande. Nach einem im Kärntnerischen Geschichtsverein gehaltenen Vortrage. Klagenfurt 1889. 8°. 22 S.
R.: Mittl. d. dt. u. oest. Alpenver. XV, 1889, S. 102.

Allgemeines.

165. PFISTER, H. v., Zur Vorgeschichte der hochdeutschen oder suewischen Stämme. Beitrag für Altertums-Kunde und Kenntniss heutiger Mundarten. Nebst einer colorirten sprachlichen Karte. — 2. [Titel-]Aufl. Berlin 1877. 10 S., 1 Bl. 104 S. 1 Bl., 1 Krte.
166. Philologische Belustigungen. Aus der Brieftasche eines oberdeutschen Schulmeisters. München I. II. 1824. 8°. 96 u. 94 S. [Enthält vieles über oberdeutsche Maa.]

Grammatik.

167. SCHMELLER, J. A., Ueber Quantität im bayrischen und einigen andern oberdeutschen Dialekten, verglichen mit der in der jetzigen und in der älteren hochdeutschen Schriftsprache. (Abhdlgen. der philos.-philol. Kl. d. bair. Ak. der Wiss. I, 1835, S. 741—762.)

168. GÖTZINGER, M. W., Oberdeutsche Mundarten. (Die dt. Spr. u. ihre Literatur I, 1. Stuttg. 1836. 8°. § 16. S. 38—40.) [Mit Proben.]

169. RAPP, K. M., Oberdeutsch. — Schriftsprache und Dialect. (Versuch einer Physiol. d. Spr. IV. Stuttg. u. Tüb. 1841. 8°. S. 98—110.)

170. LUICK, K., Geschlossenes e für ě vor st. (Beitr. XIII, 1888, S. 588—589.)

Wortschatz.

171. Oberteutsches Wörterbuch. (Journ. f. Freunde der Religion u. Litteratur. Heft 1 u. 2. Augsburg 1779.)*

172. RADLOF, Trefflichkeiten der südteutschen Mundarten zur Verschönerung und Bereicherung der Schriftsprache. München u. Burghausen 1811. 8°. 3 Bl. 292 S. 2 Bl.

173. BIRLINGER, A., Pumpernickel, Bomperniggl. (Alem. II, 1875, S. 262—264.)

Synonymik.

174. RADLOF, J. G., Beyträge aus den oberteutschen Mundarten zu Bestimmung der Sinnenwörter schauen und sehen, horchen und hören, und einiger ähnlichen. (Teutschkdl. Forschungen I. Berlin 1825. 8°. S. 26—39.)

II. Alemannisch-Schwäbische Mundarten.

A. Im ganzen.

Sprachgebiet.

175. BIRLINGER, A., Alemannisch-fränkische Sprachgrenze. Wildbad. (Alem. II, 1875, S. 270—272.)

176. [SCHNELL, E.,] Der historische Uebergang des alemannischen in den schwäbischen Dialekt. (Herrigs Arch. XL, 1870, S. 105—109.) [Aus dem königl. Preuss. Staatsanz. 1870, bes. Beil. Nr. 13. S. 1—2.]

177. BAUMANN, F. L., Schwaben und Alemannen, ihre Herkunft und Identität. (Forschungen z. dt. Gesch. XVI, 1876, S. 215—277.) [Darin üb. die Maa. S. 261—277. Mit einer schwäb. Sprachkarte.]

Grammatik.

178. WEINHOLD, K., Grammatik der deutschen Mundarten. Erster Theil. Das Alemannische Gebiet. [A. u. d. T.:] Alemannische Grammatik. Berlin 1863. 8°. XVIII, 477 S.
H. SCHWEIZER-SIDLER: Zs. f. vgl. Spr. XIII, 1854, S. 373—385. CbL 1863, Sp. 1020—1021.

179. BIRLINGER, [A.,] Sprachvergleichende studien im alemannischen und schwäbischen. (Zs. f. vgl. Spr. XV, 1866, S. 191—214, 257—285.)

180. BIRLINGER, [A.,] Zu dem schwäbischen und alemannischen. (Ebd. XVI, 1867, S. 47—49.)

181. KAUFFMANN, [F.,] Geschlossenes e aus ê vor i. (Beitr. XIII, 1888, S. 393—394.)

182. HEUSLER, A., Zur Lautform des Alemanischen. I. Die e-Laute. (Germ. XXXIV, 1889, S. 112—130.) [Beh. das Alemann. im allg., aber mit Ausschluss des Schwäbischen.]

183. BIRLINGER, A., Klatte. — Kräl. Krail. (Herrigs Arch. XLIII, 1868, S. 469—470.)

B. Alemannisch.

I. Südalemannisch (Schweizerisch).

1. Im ganzen.

Sprachgebiet.

[Vgl. Nr. 34—37 und 160—163.]

184. MEYER VON KNONAU, Ueber die deutsch-italienische Sprachgrenze in der Schweiz. (Jb. d. schw. Alpencl. X, 1874/5, S. 525—530.)

185. Kurze geogr. Übersicht und Einteilung der schweizerischen Mundarten in 9 Gruppen. (Der Bund 1858, Nr. 153.)*

186. ANDREE, R., Sprachenkarte der Schweiz. 1 : 480.000. (Allg. Handatl. Bielefeld u. Leipzig 1880—1881. Fol. S. 49.)

Allgemeines.

187. BERTRAND, E., Recherches sur les langues anciennes et modernes de la Suisse, et principalement du Pais de Vaud. Genève 1758. 8°. 4½ Bogen.*

188. SCHINZ, H. R., [Ueber Schweizer Dialekte.] (Beitr. z. Kenntniss d. Schweizerlandes. I. Zürich 1783. 8°.)*

189. MEINERS, C., [Ueber Schweizer Mundarten.] (Briefe üb. die Schweiz, 2. Aufl. II. Berlin 1788. 8°. S. 199—209.)

190. BACHMANN, Ueber das Schweizerische Deutsch. (Neuer deutscher Merkur 1809. III, S. 158—172.)

191. STALDER, FRZ. JOS., Die Landessprachen der Schweiz oder Schweizerische Dialektologie mit kritischen Sprachbemer-

191—204. Südalemannisch im ganzen.

kungen beleuchtet. Nebst der Gleichnissrede von dem verlorenen Sohne in allen Schweizermundarten. Aarau 1819. 8°. XII, 424 S. Hall. Lit.-Ztg. 1820, I, S. 729—735.

192. TOBLER, L., On Swiss-German Dialects. (Transact. of the Phil. Soc. 1877—79. London 1879, S. 419—424.)

193. MÖRIKOFER, J. C., Die schweizerische Mundart im Verhältniss zur hochdeutschen Schriftsprache aus dem Gesichtspunkte der Landesbeschaffenheit, der Sprache, des Unterrichtes, der Nationalität und der Literatur. Frauenfeld 1838. 8°. VI, 158 S. — Neue Ausg. Bern 1864. 8°. VI, 158 S. [Die 1. Ausg. ersch. anonym.]

194. TOBLER, L., Ethnographische Gesichtspunkte der schweizerdeutschen Dialektforschung. (Jb. f. schweiz. Gesch. XII, 1887, S. 185—210.)

195. SOCIN, AD., Das schweizerische Idiotikon und die wissenschaftliche Bedeutung der Mundart. (Herrigs Arch. LXXXIII, 1889, S. 111—128 u. 221—343.) [Enthält auch einiges üb. d. Einteilung d. schweiz. Maa.]

196. Vorschläge zu einem im schweizerischen Idiotikon anzuwendenden Transcriptionssystem für die Stichwörter. Vorgelegt von der Redaction. O. O. 1879, 26 S.*
CR.: Cbl. 1880 Sp. 727.

197. BUCHER, J., Die orthographie des Schweizerischen Idiotikons. (Zs. f. Orthographie I, 1880—81, S. 208—211.)

Grammatik.

Allgemeines.

198. RAPP, K. MOR., Schweizerisch. (Versuch einer Physiol. d. Spr. IV, Stuttg. u. Tüb. 1841, 8°. S. 110—114.) [Lautlehre u. Probestücke.]

199. RAPP, K. M., Grundriss einer Grammatik für die deutsche Schweizersprache. (Dt. Maa. II, 1855, S. 470—481. III, 1856, S. 62—80.)

200. Die interessantesten Erscheinungen im Schweizerdeutschen. (Herrigs Arch. LIII, 1874, S. 171—184.)

Lautlehre.

201. STAUB, F., Ein schweizerisch-alemannisches Lautgesetz. (Dt. Maa. VII, 1877, S. 18—36, 191—207, 333—389.)

202. KRÄUTER, J. F., Die schweizerisch-elsässischen ei, öy, ou für alte ī, ȳ, ū. (Zs. f. dt. Alt. XXI, 1877, S. 258—272.)

203. TOBLER, L., Die aspiraten und tenues in schweizerischer mundart. (Zs. f. vgl. Spr. XXII, 1874, S. 112—133.)

204. Die Tenues in Schweizer Mundart. (Zs. f. Stenographie und Orthographie 1873, 6. Heft.)*

205. TOBLER, L., Die lautverbindung tsch in schweizerischer mundart. (Zs. f. vgl. Spr. XXII, 1874, S. 133—141.)
206. BACHMANN, A., Beiträge zur Geschichte der schweizerischen Gutturallaute. Inaugural-Diss. Zürich 1886. 8°. 58 S. [Auch unter d. Titel: B. z. G. d. s. G. Untersuchungen von Dr. A. B. Zürich 1886. 8°. 56 S.]
F. KAUFFMANN: Litbl. VII, 1886, Sp. 395—397.

Wortbildung.

207. TOBLER, T., Das anscheinende abfallen des vorlings geder partizipien. (Dt. Maa. II, 1855, S. 240—241.)
208. BECKER, FR., Die Guttural-Deminution in den alemannischen Mundarten. Ein kleiner Beitrag zum schweizerischen Idiotikon. (Neues schweiz. Mus., 6. Jg., 1. Heft. 1866, S. 93—98.)
209. TOBLER, L., Ueber die sogenannten Verba intensiva im Deutschen. (Germ. XVI, 1871, S. 1—37.) [Auf S. 33—34 werden einige schweizerische Wörter behandelt.]
210. BOSSHART, J., Die Flexionsendungen des schweizerdeutschen Verbums und damit zusammenhängende Erscheinungen. (Zürich. Inaug.-Diss.) Frauenfeld 1888. 8°. 2 Bl. 58 + 1 S.
P. SCHILD: Litbl. X, 1889, Sp. 87—91.
211. WINTELER, J., Ueber die verbindung der ableitungssilbe got.-atj-, ahd.-azz- mit guttural ausgehenden staemmen resp. wurzeln. (Beitr. XIV, 1889, S. 455—472.) [Beh. besonders die Schweizer Maa.]

Wortschatz.

212. STALDER, F. J., Versuch eines Schweizerischen Idiotikon mit etymologischen Bemerkungen untermischt. Samt einer Skizze einer Schweizerischen Dialektologie. I. II. Aarau 1812. 8°. 507 S. XII, 528 S., 2. Bll. [Der 1. Bd. erschien zuerst Aarau 1806. Vgl. Nr. 228.]
213. [STAUB, F. und TOBLER, L.], Proben aus dem für das schweizerdeutsche Idiotikon gesammelten Materiale. [Zürich 1874.] 4°. 31 S. [Wörterverzeichnis.]
214. Schweizerisches Idiotikon, Wörterbuch der schweizerdeutschen Sprache. Gesammelt auf Veranstaltung der antiquarischen Gesellschaft in Zürich unter Beihülfe aus allen Kreisen des Schweizervolkes. Herausgegeben mit Unterstützung des Bundes und der Cantone. Bearbeitet von FRIEDR. STAUB und LUDW. TOBLER. I. Bd. Frauenfeld 1881. 4°. XXX, 344 Sp. II. Bd. 1. u. 2. Heft, bearb. v. dens. u. R. SCHOCH. 3.—7. Heft, bearb. v. dens., R. SCHOCH und H. BRUPPACHER. Ebd. 1889. [II, 1—7 = 1168 Sp. 4°.]
Jber. III, 1881, S. 39. IV, 1882, S. 29. V, 1883, S. 24. VI, 1884, S. 22, VII, 1885, S. 26. X, 1888, S. 32. M. K[OCH]: Allg. Ztg. 1881,

214—224. Südalemannisch im ganzen.

S. 1987—1988. R. K[ÖGEL]: Cbl. 1886, Sp. 631—632. L. FREYTAG: Ctlorg. f. d. Realschw. XII, 1884, S. 364; XIII, 1885, S. 103—104 u. 319. XIV, 1886, S. 640. A. BIRLINGER: Alem. XVII, 1889, S. 286—287. Bibl. univ. et Revue Suisse XXIX, 1886, S. 219—221.

215. STAUB, Rechenschaftsbericht des schweizerischen Idiotikons an die Mitarbeiter, abgestattet von der Central-Commission im Herbst 1868. Zürich 1869. 8°.*

216. STAUB, F. und L. TOBLER, Jahresbericht über das schweizerdeutsche Idiotikon. I—IX. Zürich 1874—1879. Frauenseld 1880—1882. [Daran anschliessend:] Elfter Bericht über das fchweizerdeutsche Idiotikon, umfassend den Zeitraum vom 1. Weinmonat 1882 bis zum 31. Heumonat 1885. Frauenfeld 1885. 8°. [Vgl. auch: Mitth. d. deutschen. u. österr. Alpenver. III, 1877, S. 240—241.]

217. SCHENKEL, J. J., Ueber das Schweizerische Idiotikon. Vortrag, gehalten in der Kantonal-Lehrer-Konferenz, 1884. 8°. 41 S.*

218. TOBLER, L., Die lexikalischen Unterschiede der deutschen Dialekte, mit besonderer Rücksicht auf die Schweiz. (Festschrift zur Begrüssung der vom 28. September bis 1. Oktober 1887 in Zürich tagenden 39. Versammlung deutscher Philologen und Schulmänner. Zürich 1887. 4°. S. 91—109.)

219. RÜTTE, A. VON, Erklärung der schwierigeren dialektischen Ausdrücke in JEREM. GOTTHELF'S gesammelten Schriften. Berl. 1858. 8°. VIII, 103 + 1 S.

Herrigs Arch. XXVIII, 1860, S. 97. FROMMANN: Dt. Maa. V, 1859, S. 382—383.

Tier- und Pflanzennamen.!

220. WIRTH, K., Versuch eines Schweizerisch-veterinärischen Idiotikons. Von MEYER, MICHEL und ERNST. Vervollständigt und ausgearbeitet von K. WIRTH. (Arch. f. Thierheilkunde II, 1820/1, S. 225.)*

221. DURHEIM, K. J., Schweizerisches Pflanzen-Idiotikon. Ein Wörterbuch von Pflanzenbenennungen in den verschiedenen Mundarten der deutschen, französischen und italienischen Schweiz, nebst deren lateinischen, französischen und deutschen Namen; zum Gebrauch für Mediziner, Pharmaceuten, Lehrer, Droguisten und Botaniker. [A. m. frz. Titel.] Bern 1856. 8°. IX, 281 S.*

T. TOBLER: Dt. Maa. III, 1856, S. 506.]

222. RHINER, J., Volksthümliche Pflanzennamen der Waldstätten nebst Gebrauchs- und Etymologieangaben. Für Landwirthe und Gelehrte. Schwyz 1866. 8°. VIII, 104 S.

Einzelne Wörter.

223. D.., BISE, Nordwind. (Dt. Maa. VI, 1859, S. 81.)

224. [STAUB, F.,] Das Brot im Spiegel schweizerdeutscher

Volkssprache und Sitte. Lese schweizerischer Gebäckenamen. Aus den Papieren des schweizerischen Idiotikons. Leipzig 1868, 8°. XII, 186 S. A. BIRLINGER: Herrigs Arch. XLIII, 1868, S. 440—441 u. Zs. f. vgl. Spr. XIX, 1870, S. 144—152. Jos. STROBL: Germ. XIV, 1869, S. 117—118.

2. Südwestalemannisch (hochalemannisch).

a) Burgundisch-alemannisch.

α) Kanton Luzern u. südwestl. Zipfel d. K. Aargau.

Bero-Münster.

225. BRANDSTETTER, R., Die Zischlaute der Mundart von Bero-Münster. (Geschichtsfreund XXXVIII, 1883, S. 205—318.) [Auch bes. als Baseler Diss.] Einsiedeln 1883. 8°. 114 S. 1 Bl. Jos. SEEMÜLLER: Anz. f. dt. Alt. X, 1884, S. 195—196. AD. SOCIN: Litbl. V, 1884, Sp. 133—135. TECHMERS Zs. I, 1884, S. 429.

Luzern.

226. BRANDSTETTER, R., Der Ebingersche Vokabularius. (Herrigs Arch. LXXII, 1884, S. 427—432. LXXIII, 1885, S. 99—105.) [Mit gelegentlicher Beziehung auf die heutige luzernische Mundart.]

Leerau.

227. HUNZIKER, J., Aargauer Wörterbuch in der Lautform der Leerauer Mundart. Im Auftrage der Kantonalkonferenz verfasst. Aarau 1877. 8°. CXXXIX, 331 S. [Mit 2 Lauttabellen. Lautlehre S. XIII—CXXXIX.]

β) Kanton Bern.

228. MÜLLER, K. W., Bemerkungen über die Sprache in der Schweiz, besonders im Canton Bern. Ein Beitrag zu Stalders schweiz. Idiotikon. Programm. Rudolstadt 1848. 4°. 2 Bll. — 2. Beitrag.... Programm. Ebd. 1850. 4°. 2 Bll.

229. ZYRO, F., Zur Charakteristik des bernischen Dialekts. (Alb. d. lit. Ver. in Bern 1858. 8°.)*

230. ZYRO, F., proben eines bernischen idiotikons mit vergleichung der verwandten mundarten. (Zs. f. vgl. Spr. II, 1853, S. 435—455.)

231. SCHMIDT, SAMUEL, Idioticon Bernense. Mitgetheilt von TITUS TOBLER. (Dt. Maa. II, 1855, S. 357—372, 482—493. III, 1856, S. 80—88, 289—297, 433—449. IV, 1857, S. 13—25, 145—154.) [Auch bes.] Nürnberg 1857. 1 Bl., 82 S. 4°. [Verbesserungen dazu von T. TOBLER, Dt. Maa. IV, 1857, 364—365.]

[Waadt s. Nr. 187.]

γ) Wallisisch am Monte Rosa und in Piemont.
[Vgl. Nr. 164 und 236.]

232. SCHOTT, A., Die Deutschen am Monte-Rosa mit ihren Stammgenossen im Wallis und Cechtland. Progr. d. Züricher Kantonschule. Zürich 1840. 4°. 1 Bl. 37 S. [Im Auszuge abgedr. in Berghaus' Annalen der Erdkunde 3. Reihe, X, 1840, S. 183—192. 274—285.]
H. LEO: Jbb. d. Soc. f. wiss. Kritik zu Berlin 1841, I, Sp. 814—816.

233. SCHOTT, A., Die deutschen Colonien in Piemont, ihr Land, ihre Mundart und Herkunft. Stuttg. u. Tüb. 1842, 8°. XVI, 348 S.

234. CLEMENT, K. J., Ueber die Sprache der piemontesischen Deutschen am Monte Rosa. (Herrigs Arch. VIII, 1881, S. 377—393.) [Zur Lautlehre und dem Wortschatz.]

235. [SCHOTTKY,] Das Thal von Rimella und seine deutschen Bewohner. (Das Ausland IX, 1836, S. 365—367. 370—371.) [Mit einem Verzeichnis von Wörtern und Redensarten.]

δ) Walser in Graubünden und Vorarlberg.
[Vgl. Nr. 277—288.]

236. STUDER, J., Walliser und Walser. Eine deutsche Sprachverschiebung in den Alpen. Zürich 1886. 8°. 56 S.

237. BERGMANN, JOS., Die Mundart der Walser. (Wiener Jahrbücher d. Lit. CVIII, 1844, Anz.-Bl. S. 14—36.) [Einiges aus der Laut- u. Formenlehre, Idiotismen u. Sprachproben.] [Aus der Schrift: Untersuchungen über die freyen Walliser oder Walser in Graubünden und Vorarlberg. Dieselbe ist auch bes. ersch. Wien 1844. 8°. Mit Karte. Daselbst über die Ma. S. 87—98.]

Davos.

238. BÜHLER, V., Davos in seinem Walserdialekt. Ein Beitrag zur Kenntniss dieses Hochthals und zum schweizerischen Idiotikon. I. Lexikographischer Theil. Heidelberg 1870. 8°. XLIV, 258 S. — II. Synonymer Thl. 1. u. 2. Heft. Uebersicht der Realia u. Nachträge zum lexikograph. Thl. Aarau 1873. 1875. 8°. S. 259—314 u. XII, 362 S. — III. Homonymer und grammatikalischer Thl. 1. Halbbdchen. Mit einer lithogr. Beilage: Das »Hirtenzeichen« sowie mit Nachträgen zum lexikogr. Theil [Kulturhistorisches], u. eine Chrestomathie der Bündnerdialekte [vornehmlich der Walser- und Hohenstaufendialekte]. 1. Hälfte. Heidelberg 1879. 8°. IV, 92 S. S. 363—400 u. 34 S. — IV. (1. u. Hauptsuppl.): Der Obersaxer Dialekt in seiner Eigenart ... 1. Halbbdchen. Auf Grund von Original-Mittheilungen von J. P. HENNI u. J. JANKA in Obersaxen u. nach mehrjähriger Correspondenz u. Nachfor-

schung, gesammelt ... Nachtrag, Chrestomathie der Bündnerdialekte. Ebd. 1886. 8°. IV, 128 S. S. 35—50 u. 2 Taff.
C. S—R: Cbl. 1870, S. 895—896. SCH[UCHAR]DT.: ebd. 1871, S. 207—208. H. SCH[UCHA]RDT: ebd. 1876, S. 407.

Walsertal in Vorarlberg.

239. VONBUN, Ueber die mundart der Walser in Vorarlberg. (Dt. Maa. IV, 1857, S. 323—329. [Mit Sprachproben. — Sprachl. Anmerkungen v. FROMMANN S. 329—330.]
[Galtür s. Nr. 482.]
[Lechtal s. Nr. 390.]
[Montavon s. Nr. 285.]

b) Echt-alemannisch.

α) Kanton Glarus.

Kerenz.

240. WINTELER, J., Die Kerenzer Mundart des Kantons Glarus in ihren Grundzügen dargestellt, Leipzig u. Heidelberg 1876. 8°. XII, 240 S.
L. TOBLER: Dt. Maa. VII, 1877, S. 469—493. SCHERER: Anz. f. dt. Alt. III, 1877, S. 57—70. W. B[RAUNE]: Cbl. 1876, S. 327—328. SCHMOLKE: Mag. f. d. Lit. d. Ausl. XC, 1876, S. 408—409. SIEVERS: Jen. Litztg. IV, 1877, S. 647. [Vgl. auch Nr. 241.]

241. KRÄUTER, F., Phonetische und orthographische Bemerkungen über die Kerenzer Mundart des Kantons Glarus von J. WINTELER. (Dt. Maa. VII, 1877, S. 493—495.)

β) Kanton Zug.

242. RIBEAUD, Die zugerischen Pflanzennamen. (Progr. des Gymn. in Zug 1883. 8°. S. 17—51.)

γ) Kanton Zürich.

243. KOHLER, J. M., Alphabetisch geordnetes Namen-Verzeichniss der verbreitetsten Pflanzenarten in der Schweiz. Zürich 1850. 8°. 16 S.

δ) Kanton Aargau.

Freiamt.

244. HÜRBIN, J. V., Das Schicksal der Mundart und deren Verwendung beim Schulunterrichte. (Schlussbericht d. Bezirksschule in Muri f. 1866/7. Muri 1867. 8°. S. 23—46.)

ε) Kanton Baselland.

245. SEILER, G. A., Die Basler Mundart. Ein grammatisch-lexikalischer Beitrag zum schweizerdeutschen Idiotikon, zugleich ein Wörterbuch für Schule und Haus. Mit einem Vorwort von M. HEYNE. Basel 1879. 8°. XVIII, 364 S.
J. WINTELER: Jen. Lit.-Ztg. VI, 1879 S. 292—294.

ζ) **Südlichstes Elsass.**

Mülhausen.

246. Ein Mülhüserditsch's Wörterbüchle. (DOLLFUSS-AUSSET, Matériaux pour les bibliothèques populaires. Heft 4. Mülhausen 1868. April.)*

247. [MAEDER, ADAM u. AUG. STÖBER], Mülhauser Wörterbüchlein. (Die letzten Zeiten der ehemaligen eidsgenöss. Republik Mülhausen. In Sprache und Sittenbildern geschildert von ADAM MAEDER und gewidmet seinem Jugendfreunde Jacob Hartmann-Liebach .... hrsg. von AUG. STÖBER. Mülhausen 1876. 8°. S. 57—123.)
K. FROMMANN: Dt. Maa. VII, 1877, S. 503—504.

η) Südl. Breisgau.
[Vgl. Nr. 315 f.]

248. HEUNISCH, A. J. V., Das Grossherzogthum Baden, historisch-geographisch-statistisch-topographisch beschrieben, mit Beigaben von J. BADER. Mit 1 Karte des Grh. Baden. Heidelberg 1857. 8°. XII, 793 + 1 S., 11 Bll. [Handelt auf S. 286— 292 über die Mundarten in Baden.]
BIRLINGER: Zs. f. vgl. Spr. XVI, 1867, S. 421—422.

249. OOSTING, J., Bericht omtrent het Gymnasium te Deventer voor den Cursus 1874/75.* [Enth. eine Abhandlung über Hebel's alem. Ged. nach ihrer sprachl. Seite, nebst einer Hebelschen Grammatik.]
SCHMOLKE: Mag. f. d. Lit. d. Ausl. LXXXVII, 1875, S. 9—10.

250. BECH, F., Moenli bei Hebel. (Alem. III, 1875, S. 293.)

251. MEYER, JOH., Hebels Habermus nach der Aussprache seines Geburtsortes Hausen. (Dt. Maa. VII, 1877, S. 448—461.) [Handelt auf S. 451—461 über die Hausener Mundart und sucht zu erweisen, dass Hebel in dieser gedichtet habe.]

252. BIRLINGER, A., Hebelstudien. (Alem. XIII, 1885, S. 57—59, 278—282. XIV, 1886, S. 75—79. 186.)

253. Beyträge zu einem Sausenburger und Rötteler Idiotikon. (Journ. v. u. f. Dtschld. IV, 1787, 4 St., S. 363—365.)

ϑ) Klettgau und Hegau.
[Vgl. Nr. 256—260.]

Schaffhausen.

254. STICKELBERGER, H., Lautlehre der lebenden Mundart der Stadt Schaffhausen. A. Einleitung. B. Zur Erklärung der Lautzeichen, zugleich Orientierendes über das Physiologische der Mundart. C. Vocalismus. Aarau o. J. [1880?] 8°. VII, 60 S. [Leipz.-Diss.].
E. SIEVERS: Cbl. 1881, Sp. 707.

255. Stickelberger, H., Consonantismus der Mundart von Schaffhausen. (Beitr. XIV, 1889, S. 381—454 und 593f.)

3. Nordostalemannisch (niederalemannisch.)
[Hegau und Klettgau s. Nr. 254 und 255.]

a) Im ganzen.

256. Birlinger, A., Die Alemannische Sprache rechts des Rheins seit dem XIII. Jahrhundert. Erster Theil: Grenzen. Jahrzeitnamen. Grammatik. Berlin 1868. 8°. VIII, 206 S.
H. Rückert: Zs. f. dt. Phil. III, 1871, S. 162—170.

257. Meyer, Joh., Deutsches Sprachbuch für höhere allemannische Volksschulen. 1. u. 2. Cursus. Schaffhausen 1866. 8°. XX, 287 S.

258. Meyer, Joh., Das gedehnte a in nordost-allemannischen mundarten. (Schweiz. Schulztg. 1872, Nr. 18, S. 142—143. 19, 149—151.)

259. Meyer, Joh., Das gedehnte ą = ai in nordost-allemannischen mundarten. (Ebd. Nr. 44, S. 350—352. 45, S. 357—359. 46, S. 367. 47, S. 374—375.)

260. Meyer, Joh., Das gedehnte e in nordost-alemannischen Mundarten. (Dt. Maa. VII, 1877, S. 177—190.)

b) Echt alemannisch.

α) Baselstadt.
[Baselland s. Nr. 245.]

261. Heusler, A., Beitrag zum Consonantismus der Mundart von Baselstadt. Strassburg 1888. 8°. X. 1 Bl., 50 S. [Freiburger Dissertation.]

262. Heusler, A., Der alemannische Consonantismus in der Mundart von Baselstadt. Strassburg 1888. 8°. XIV S., 1 Bl. 131 S.
L. Tobler: Litztg. X, 1889, Sp. 199—200. H. P.: Cbl. 1889, Sp. 91—92. F. Kauffmann: Phonet. Stud. II, 1889, S. 331—337. Kaiser: Jber. X, 1889, S. 33.

263. Socin, Ad., Johann Jacob Sprengs Idioticon Rauracum. [ca. 1760]. (Alem. XV, 1887, S. 185—229.) [Auch bes. gedr.] Bonn 1888. 45 S.

264. Andreae, [J. G. R.], [Baseler Idiotikon]. (Briefe aus der Schweiz nach Hannover geschrieben, in dem J. 1763. — 2. Abdr. Zürich u. Winterthur 1776. 4°. S. 331—335.)*

265. Binz, G., Zur Syntax der Baselstädtischen Mundart. Stuttgart 1888. 4 Bl. 77 S. 8°. [Baseler Diss.]
L. Tobler: Litztg. X, 1889, Sp. 199—200. K. Tomanetz: Zs. f. d. östr. Gymn. XL, 1889, S. 790—791.

β) Die Baar.
[Vgl. Nr. 248.]

266. Idiotikon aus der Württembergischen Baar. (Hausleutner's Schwäb. Arch. II. St. 2. 1792, S. 238—260.)

267. WILLMANN, A., Volkstümliches und Sprachliches aus der Baar. (Alem. I, 1873, S. 298—303.)

Rottweil.

268. [RAPP,] [Ueber die Mundart von Rottweil.] (Beschr. d. O.-A. R. Hrsg. von d. K. stat.-top. B. Stuttg. 1875. 8°. S. 107.) [Nur kurze Bemerkungen.]

269. LAUCHERT, F., Lautlehre der Mundart von Rottweil und Umgegend. Einladungsschrift zu der Feier des Geburtsfestes Sr. Maj. des Königs Wilhelm von Württemberg. Rottweil 1855. 4°. 19 S.

HÖLSCHER: Herrigs Arch. XXI, 1857, S. 324. FROMMANN: Dt. Maa. III, 1856, S. 144—146.

Spaichingen.

270. [HARTMANN,] [Die Mundart von Spaichingen.] (Beschr. d. O.-A. Sp. Hrsg. von d. K. stat.-top. B. Stuttg. 1876. 8°. S. 110—113.) [Nur Lautlehre.]

Tuttlingen.

271. [HARTMANN,] [Die Mundart des Oberamtsbezirks Tuttlingen.] (Beschr. d. O.-A. T. Hrsg. von d. K. stat.-top. B. Stuttg. 1879. 8°. S. 153—164.) [Lautlehre u. Wortschatz.]

γ) Ravensburg und Allgäu.

272. Zur Allgäuer Mundart. (Dt. Maa. I, 1854, S. 41—46.) [Beitr. z. Konjugation u. Ausspr., sowie Sprachproben nebst Erläuterungen a. d. südlichsten Spitze des Allgäu.]

273. HECKELMÜLLER, Der Allgäuer Dialekt. (Bl. f. höh. Schulw. VII, S. 15.)*

[Balderschwang s. Nr. 283.]

Ravensburg.

274. [MEMMINGER,] [Ueber die Mundart von Ravensburg.] (Beschr. d. O.-A. Rav. Stuttg. u. Tüb. 1836. 8°. S. 27—28.) [Angabe einiger Wörter.]

[Lechtal s. Nr. 390.]

δ) Kanton Appenzell.

275. Sammlung von Wörtern, die im Appenzellerlande gebraucht werden und unbekannt scheinen. (Journ. v. u. f. Dtschl. V, 1788, 4. St. S. 332—336.)

276. TOBLER, T., Appenzellischer Sprachschatz. Eine Sammlung appenzellischer Wörter, Redensarten ... nebst analogischer, historischer und etymologischer Bearbeitung einer Menge von Landeswörtern... Zürich 1837. 8°. LVIII S., 1 Bl. 464 S. [Aussprache S. XXVI–XXVIII; Appenzell. Maa. S. XXIX–XXXVII.]

c) Rhätisch-alemannisch.

α) Vorarlberg·
(Vgl. Nr. 497 ff.).
[Walser s. Nr. 236—239.]

277. PATIGLER, J., Ethnographisches aus Tirol-Vorarlberg. (Progr. d. Staats-Realsch. in Budweis. 1887. 8°. S. 3—48.) [Mit Karte.]
A. UNTERFORCHER: Litbl. X, 1889, Sp. 111—112. STROBL: Zs. f. d. Realschw. XIII, 1889, S. 253—254.

278. WINDER, E., Die Vorarlberger Dialektdichtung. (Progr. d. Staatsgymn. in Innsbruck. 1887. 8°. S. 3—48.) [Berechtigung des Dialekts in der Literatur u. kurze Charakteristik der Mundarten Vorarlbergs nach Vokalismus, Konsonantismus u. Wortschatz.]
HANS WIDMANN: Zs. f. d. Realschw. XIV, 1889, S. 125—126.

279. VONBUN, J., Einiges aus der lautlehre des alemannischschwäbischen dialektes in Tirol und Vorarlberg. (Dt. Maa. VI, 1859, S. 218—221.)

280. PERATHONER, V., Ueber den Vokalismus einiger Mundarten Vorarlbergs. (Progr. d. Gymn. in Feldkirch 1883. Innsbruck 1883. 8°. S. 3—39.)
FELIX ZVĚŘINA: Zs. f. d. Realschulwesen IX, 1884, S. 381.

281. VONBUN, J., Mundartliches aus Vorarlberg. 1. Synonymen von sprechen. 2. Verba diminutiva. 3. Die Verba auf -ela mit den adj. u. adv. auf -elig. (Dt. Maa. III, 1856, S. 297—305.) Eigenthümliche, die verschiedenen gesundheitsverhältnisse betreffende ausdrücke und redensarten. (IV, 1857, S. 1—6 und V, 1858, S. 479—484.) Eigenthüml., auf die vieh- und alpenwirthschaft bezügl. wörter u. redensarten (ebd. S. 484—490.)

Äusserer Bregenzer Wald.

282. BERGMANN, J., Ueber die Volkssprache im äusseren Bregenzerwalde, nebst einem alphabetischen Verzeichnisse und beigefügter Erklärung dortiger Idiotismen. (Beitr. z. Gesch. u. s. w. v. Tirol, hrsg. v. d. Mgl. d. Ferd. III, 1827, S. 268—312.)*

283. BERGMANN, J., Ueber die Veränderung des l und n in u in der Volkssprache des äussern Bregenzerwaldes in Vorarlberg und des k. baierischen Alpendorfes Balderschwang, verglichen mit dem Französischen, Italienischen und Holländischen. (Kaltenbäck's Blätter f. Lit., Kunst u. Kritik zur österr. Zs. f. Geschichts- u. Staatskunde. Wien 1837. 4°. Nr. 78 u. 79 = S. 309—311 u. 313—315.)

Rüfensberg.

284. BERGMANN, J., Die Pfarre Rüfensberg im äussern Bregenzerwalde und ihre Mundart. (Oesterr. Zs. f. Gesch.- u. Staatskde. III, 1837, S. 335—336, 338—340.)

Montavon.

285. VONBUN, J., Einige bemerkungen über die mundart im vorarlbergischen thale Montavon. (Dt. Maa. IV, 1857, S. 319—323.) [Überreste des Romanischen in d. Ma. und einzelne grammatische Bemerkungen.]
[Lechtal s. Nr. 390.]
[Galtür s. Nr. 452.]

β) Graubünden.

[Walser s. Nr. 236—238.]

286. PFLUGK-HARTTUNG, J. v., Eine Eroberung der deutschen Sprache. (Grenzboten XLV, 1886, 4, S. 537—540.) [Beh. d. Deutsche in Graubünden.]

287. LEHMANN, H. L., Graubündner Idioticon. (Die Republik Graubünden II, Brandenburg 1799. 8°. S. 95—102.)

288. TSCHUMPERT, M., Versuch eines bündnerischen Idiotikon, zugleich ein Beitrag zur Darstellung der mittelhochdeutschen Sprache und der Kulturgeschichte von Graubünden. 1. Lfg. Chur 1881. 8°. 164 S.*
Bibliogr. d. Schweiz 1881, Sp. 108—109.

II. Nordwestalemannisch (franko-alemannisch).

1. Elsässisch.

a) Im ganzen.

[Vgl. Nr. 31—34. 36. 37.]

289. MOHR, LOUIS, Littérature du dialecte alsacien. Bibliographie der in Elsässischer Mundart erschienenen Schriften. Strassburg 1877. 8°. 22 S. [Enth. auch wissensch. Schriften üb. den Elsässischen Dialekt u. ist ein erweiterter Abdr. der Bibliographie in Stöber's Elsäss. Schatzkästel. Strassburg 1877. 8°. S. 487—496.]
FROMMANN: Dt. Maa. VII, 1877, S. 506.

290. THIS, C., Die deutsch-französische Sprachgrenze im Elsass. Mit 1 Karte u. 8 Zinkätzungen. Strassburg 1888. 8°. 48 S. 1 Tab. (= Beiträge z. Landes- u. Volkskde. v. Els.-Lothr. Heft V.)
LDW. NEUMANN: Litbl. IX, 1888, S. 214—217. PHIL. STRAUCH: Litztg. IX, 1888, Sp. 1685.

291. LIEBICH, L., Esquisse d'une carte linguistique de l'Alsace. (Revue d'Alsace II, 1861, S. 337—343.)

292. [LIEBICH, L.,] [Fragebogen und Schema zur Verfertigung einer Elsässer Grammatik nebst Sprachenkarte für Elsass und Deutsch-Lothringen. Strassburg 1873.] Fol. 3 Bll.
293. LIEBICH, L., Entwurf einer sprachlichen Geographie des Elsasses. (Strassburger Ztg. Nr. 51 v. 2. März 1876.)
294. LIEBICH, L., Esquisse d'une histoire de l'idiome alsacien. (Revue d'Als. II, 1861, S. 481—492.)
295. HERRMANN, A., Die deutsche Sprache im Elsass. Beil. z. Programm des Collegiums zu Mülhausen i. E. 1872/3. 8°. 30 S.

Grammatik.
[Vgl. Nr. 202.]

296. RAPP, K. M., Elsässisch. (Vers. einer Physiol. d. Spr. IV. Stuttg. u. Tüb. 1841. 6°. S. 114—118.) [Lautlehre u. Proben.]
297. SCHÄDEL, L., Zur elsässischen Mundart. (Der Unterricht in der Heimatskunde an der städtischen Realschule zu Strassburg. Progr. Nr. 430 d. Realsch. b. St. Joh. zu Strassburg 1878. 4°. S. 47—50.)
298. KRÄUTER, J. F., Untersuchungen zur Elsässer Grammatik. I. Das elsässische y für gemein-germanisches ü. II. Die mitlautenden Längen im Altelsässischen. III. Die alten g und j im Elsässischen. (Alem. IV, 1877, S. 255—257. V, S. 186—194, 195—200.)
299. STÖBER, AUG., Elsässische Volksmundarten. Verwechslung des Geschlechts bei den Hauptwörtern. (Els. Sonntagsblatt IX, 1864, S. 123.)

Wortschatz.

300. LIENHART, H., MANKEL, K., MARTIN E., Aufruf zur Herstellung eines elsässischen Idiotikons. (Jb. f. Gesch., Spr. u. Lit. Els.-Lothr. III, 1887, S. 189—190.)
301. STÖBER, A[UGUST], Proben aus einem elsässischen Idiotikon. (Els. Neujahrsbll. 1846, S. 300—316.)
302. K[URTZ], F., Glossographie des patois de l'Alsace. 1e partie. (Revue de l'Alsace XIV, 1885, S. 5—23, 168—185, 366—379, 556—565). [Darin: Idiome tudesque von LOUIS ROESCH.]
303. STÖBER, AUG., Mundartliches aus dem Elsass. Volksthüml. Benennungen schlechter Weine. Elsässer Weinspruch. Verneinende, verweigernde Redensarten. Néllələstage. Spitznamen. Witterung. Annen. (Dt. Maa. III, 1856, S. 12—14, 482—488.) Benennungen von Brod und anderem Gebäcke. Verwechslung des Genus der Substantiva. (IV, 1857, S. 473—475.)
304. STÖBER, AUG., Elsässische Volksmundarten. Bedeutung und Ursprung des oberelsässischen Wortes Kelte. (Els. Samstagsbl. VIII, 1863, S. 95.) Das Wort Vogel. (Ebd. X, 1865. S. 181.)

305. STOEBER, A., Zu Alemannia X, 168—216. (Alem. XVI, 1888, S. 231.) [Elsäss. Sprachschatz.]

306. LIEBICH, L., Entwurf einer sprachlichen Geographie der elsässischen Fauna. (Strassburger Zeitung 1876, 29. u. 30. Dez.)

b) Südelsässisch.

[Mülhausen s. Nr. 246 u. 247.]

Münstertal.

307. MANKEL, W., Die Mundart des Münsterthales. Grammatisch-lexikalischer Beitrag zur Erforschung der deutschen Sprache im Elsass. (Strassburger Studien II, 1884, 113—284.) [Auch besonders gedr.] Strassburg 1883, 8°. 1 Bl., 172 S.

308. MANKEL, W., Laut- und Flexionslehre der Mundart des Münsterthales im Elsass. Inaug.-Diss. Strassburg, 1886. 8°. 3 Bl., 54 S.

c) Nordelsässisch.

Strassburg.

309. HERMANN, J. F., De la langue allemande que l'on parle à Strasbourg. (Notices historiques ... sur la ville de St. II, Strasbourg 1819. 8°. S. 423—431.)

310. NICOLAI's Brief über die Strassburger Mundart. (Herrigs Arch. XLIV, 1869, S. 114—116.) [Probe u. kl. Idiot.]

311. BERGMANN, F. W., Strassburger volksgespräche in ihrer mundart vorgetragen und in sprachlicher literarischer und sittengeschichtlicher hinsicht erläutert ... Strassburg 1873. 8°. 1 Bl., II, 174 S.

AUG. STÖBER: Als. 1873, S. 73—88.

312. M[ARTIN], E., Gritic. (Strassb. Studien II, 1884, S. 381—383.)

Zorntal.

313. LIENHART, H., Die Mundart des mittleren Zornthales lexikalisch dargestellt. (Jb. f. Gesch., Spr. u. Lit. Elsass-Lothr. II, 1886, S. 112—144. III, 1887, S. 23—56. IV, 1888, S. 19—52.)

d) Ortenau.

[Vgl. Nr. 248 und 315.]|

Ottenheim.

314. HEIMBURGER, K., Grammatische Darstellung der Mundart des Dorfes Ottenheim. Lautlehre. (Beitr., XIII, 1888, S. 211—247.) [Auch besonders gedr, als Freiburger Diss.] Halle a/S. 1887, 2 Bl., 37 S.

2. Nördl. Breisgau.
[Vgl. Nr. 248.]

315. H[ÖFER], Einiges vom Schwarzwalder Dialect. (Zs. f. d. Wiss. d. Spr. II, 1850, S. 214—219.) [Hauptsächl. Idiotikon.] Freiburg.

316. SCHREIBER, H., Ueber die Sprache in und um Freiburg. (Freiburg im Breisgau. Freiburg 1825. 8°. S. 133—140.)*

C. Schwäbisch.

1. Im ganzen.
[Vgl. Nr. 175—183.]

Allgemeines.

317. PFEIFFER, Zur Literatur der schwäbischen Mundart. (Dt. Maa. I, 1854, S. 242—250.)

318. FRICKHINGER, A., Die Grenzen des fränkischen und schwäbischen Idioms. (Beitr. z. Anthr. u. Urgesch. Baierns VIII, 1888, S. 1—3.)*

319. [KELLER, A. v.], Die [württembergischen] Mundarten. (Das Königreich Würtemberg. Eine Beschreibung von Land, Volk und Staat. Hrsg. von d. königl. statist.-topogr. Bureau. Stuttgart 1863. 8°. S. 376—386. — II, 1. Stuttg. 1884. 8°. S. 166—177.) [Allgem. Uebersicht.]

320. KELLER, A. v., Bitte um Mitwirkung zur Sammlung des schwäbischen Sprachschatzes. Tübingen 1854, u. ö. 1 Bl.

321. KELLER, A. V., Anleitung zur Sammlung des schwäbischen Sprachschatzes. Einladungsschrift der Universität Tübingen z. 27. Sept. 1855. 4°. S. 5—24.)

322. FISCHER, HERM., Ueber den schwäbischen Dialekt und die schwäbische Dialektdichtung. (Württembergische Vierteljahrshefte f. Landesgeschichte VII, 1884, S. 56—61, 130—141.)

323. BOLTE, J., Der schwäbische Dialekt auf der Bühne. (Alem. XV, 1887, S. 97—98.)

324. NICOLAI, F., [Sprache in Schwaben.] (Beschr. e. Reise durch Dtschl. u. s. w. X, Berl. 1795. 8°. S. 133—137.) [Allg. Bemerkungen.]

325. GÖTZINGER, M. W., Schwäbische Mundart. (Die dte. Spr. u. ihre Lit. I, 1, Stuttg. 1836. 8°. § 18, S. 52—60.) [Kurze Charakteristik u. Sprachproben.]

Grammatik.
[Vgl. Nr. 102 und 113.]

326. Untersuchung der schwäb. Mundart. (Schwäb. Mag. 1774, 2, S. 67 ff.)*

327. NAST, J., Der deutsche Sprachforscher. I. II. Stuttg. 1777—1778. 8°. [Fast alle Abhandlungen dieses Buches berühren den schwäb. Dialekt.]
328. RAPP, MOR., Grammatische Uebersicht über den schwäbischen Dialekt. (Dt. Maa. II, 1855, S. 102—115.)
329. RAPP, K. M., Schwäbisch. (Versuch e. Physiol. d. Spr. IV. Stuttg. u. Tüb. 1841. 8°. S. 118—125.) [Lautlehre u. Proben.]
330. KELLER, A. V., Zur schwäbischen Lautlehre. Das kurze a. (Dt. Maa. II, 1855, S. 467—469.)
331. BOHNENBERGER, K., Zur Lautlehre des Schwäbischen. (Corr.-Bl. f. d. Gel.- u. Realsch. Württemb. XXXIV, 1887, S. 502—518.)
332. NIETHAMMER, Bemerkungen über das der schwäbischen Mundart vorzugsweise eigne Unterscheiden in der Aussprache der Doppellaute. [Ohne Ort und Jahr um 1830.] 4°. 15 S. [Besonderer Abdr., ich habe nicht feststellen können, woraus.]
333. [Vokalismus des Schwäbischen Dialekts.] (Referat über einen Vortrag von H. FISCHER in Verhdl. der 36. Philol.-Vers. Leipz. 1883. 4°. S. 250—251.)
334. BOHNENBERGER, K., Schwäbisch ę als Vertreter von a. (Germ. XXXIV, 1889, S. 194—203.)
335. GAYLER, Die deutsche Declination mit besonderer Rücksicht auf den schwäbischen Dialect. ... Reutlingen, Stuttgart 1835. 8°. 158 S.

Wortschatz.

336. Anmerkung über die Erklärung altdeutscher Schriften, aus noch übrigen Provinzialwörtern, und besonderer Mundart, zumal des Oberschwabens. (Beyträge zur Critischen Historie der Deutschen Sprache u. s. w., hrsg. von einigen Mitgl. d. Dt. Ges. in Leipzig. [V, 1737—38,] 18 St. 1738. S. 270—287.) [Mit einem schwäbischen Idiotikon.]
337. FULDA, F. K., Schwäbisches Idiotikon. (Gelehrte Ergötzlichkeiten und Nachrichten II, Stuttg. 1774, S. 195 ff.)*).
338. Beyträge zu einem Schwäbischen Idiotikon. (Journal von und für Deutschland II, 1785, 7. St., S. 50—51. III, 1786, 7. St., S. 21—24; 10. St., S. 325—330. V, 1788, 9. St., S. 179—183.)
339. Beitrag zu einem Schwäbischen Idiotikon. (Hausleutner's Schwäb. Arch. I, St. 3, 1789, S. 324—344.)
340. Auch ein Beytrag zur Idiotismensammlung. [Schwäb. Knitze.] (Journ. v. u. f. Dtschl. VIII, 1791, 11. St.. S. 994.)

---

*) Dies Buch wird erwähnt in »Das Königreich Würtemberg« II, 1, S. 175 (vgl. Nr. 319), doch habe ich den genaueren Titel und überhaupt die Existenz desselben nicht feststellen können.

341. SCHMID, J. CH., Versuch eines schwäbischen Idiotikon. (Nicolai, Beschr. e. Reise durch Dtschl. u. s. w., IX, Berlin 1795. 8°. Beil. VIII. S. 113—254.) [Auch bes.] Berlin u. Stettin. o. J. 8°. 1 Bl. 142 S.
FR.: Neue allg. dt. Bibl. XXII, 1796, S. 472—473. Goth. gel. Ztg. 1797, I, S. 317—319.*

342. SCHMID, J. CHR. v., Schwäbisches Wörterbuch, mit etymologischen und historischen Anmerkungen. Mit dem Bildnisse des Verf. Stuttg. 1831. 8°.* — 2. Ausg. ebd. 1844. 8°. XVI, 630 S.
J. GRIMM: Gött. gel. Anz. 1832, S. 593—597 = Kl. Schr. V, S. 130 —132; Jahresber. d. Kön. Bair. Ak. der Wiss., 3. Bericht, S. 42—43.

343. BIRLINGER, A., Volksthümliches aus Schwaben. I. II. Freiburg i. B. 1861. 1862. 8°. VIII, 534 S. u. XXXVI S., 1 Bl., 482 S. — Neue Folge I. II. Wiesbaden 1874. 8°. VIII, 512 S. u. 2 Bl., 535 S.

344. BIRLINGER, A., Wörterbüchlein zum Volksthümlichen aus Schwaben. Freiburg im Br. 1862. 8°. 96 S.
SACHSE: Herrigs Arch. XXXV, 1864, S. 470—471.

345. BIRLINGER, A., Ochsennamen [in Schwaben]. Die Eigenbrödlerin. Das Gerütze. (Dt. Maa. VI, 1859, S. 232—235. [Vgl. auch S. 376].)

346. BUCK, Widegs gehen. (Corr.-Bl. d. Ver. f. Kunst u. Alt. in Ulm u. Oberschwaben II, 1877, S. 61.)

347. FISCHER, HM., Anfrage [die schwäbische Affirmationspartikel betr.]. (Germ. XXX, 1865, S. 124—125.)

348. Eichelweise. (Würt. Vierteljahrshefte VI, 1883, S. 141. 296. VII, 1684, S. 261 [v. GELDNER]. VIII, 1865, S. 183—184 [v. AICHELE].)

2. Schwäbisches Unterland (westschwäbisch).

[Hohenzollern s. Nr. 372.]

a) Schwäb. Schwarzwald-Kreis.

Oberamt Balingen.

349. [SCHLENKER,] [Die Mundart des Oberamtsbezirks Balingen.] (Beschr. d. O.-A. B. Hrsg. von d. K. stat.-top. Bureau Stuttg. 1880. 8°. S. 134—149.) [Laut- u. Formenlehre, Wörterverzeichniss.]

Herrenberg.

350. [Ueber die Mundart von Herrenberg.] (Beschr. d. O.-A. H. Hrsg. von d. K. stat.-top. B. Stuttg. 1855. 8°. S. 36.) [Kurze Bemerkung.]

Horb.

351. [Die Mundart von Horb.] (Beschr. d. O.-A. Horb. Hrsg. von d. K. stat.-top. Bureau. Stuttg. 1665. 8°. S. 46—47.) [Nur kurze Bemerkung.]

352. KAUFFMANN, F., Der Vokalismus des Schwäbischen in der Mundart von Horb. Marburger Habilitationsschrift. Strassburg 1887. 8°. 34 S.
HERM. FISCHER: Litbl. X, 1888, S. 156—159.]

Nagold.

353. [Ueber die Mundart von Nagold.] (Beschr. d. O.-A. Nagold. Hrsg. von d. K. stat.-top. Bureau. Stuttg. 1862. 8°. S. 43.) [Kurze Bemerkung.]

Nellingsheim.

354. KNAUSS, L. TH., Versuch einer schwäbischen Grammatik für Schulen. Reutlingen 1863. 8°. VIII, 47 + 1 S.

Oberndorf.

355. [BINDER?] [Ueber die Mundart von Oberndorf.] (Beschr. d. O.-A. O. Hrsg. von d. K. stat.-top. Bureau. Stuttg. 1868. 8°. S. 79.) [Kurze Bemerkung.]

Reutlingen.

356. WAGNER, Der gegenwärtige Lautbestand des Schwäbischen in der Mundart von Reutlingen. (Festschr. d. Königl. Realanstalt zu Reutl. 1889. Progr. Nr. 565. S. 15—96.) [Mit 1 Tafel.]

[Rottweil s. Nr. 268f.]
[Spaichingen s. Nr. 270.]

Sulz.

357. [Ueber die Mundart des Oberamts Sulz.] (Beschr. d. O.-A. Sulz. Hrsg. von d. K. stat.-top. B. Stuttg. 1863. 8°. S. 44.) [Ganz kurze Bemerkung.]

Tübingen.

358. [KRAUSS?] [Ueber die Mundart von Tübingen.] (Beschr. d. O.-A. Tübingen. Hrsg. von d. K. stat.-top. B. Stuttg. 1867. 8°. S. 120.) [Ganz kurze Bemerkung.]

Wurmlingen bei Rottenburg a. N.

359. HAUG, J., Darstellung der schwäbischen Laute und Biegungsformen nach dem Dialect von Wurmlingen bei Rottenburg a. N. (Mag. f. Päd. 1860. S. 202—215 und 249—269.)*

360. BIRLINGER, A., Pfingstrek. (Dt. Maa. VI, 1859, S. 233—234.)

361. BIRLINGER, A., Der Grûs, Zwillingsobst. (Alem. II, 1875, S. 261—262.)

b) Schwäb. Neckar-Kreis, Rems- und Lein-Tal.

Backnang.

362. [KÖSTLIN?] [Die Mundart von Backnang.] (Beschr. d. O.-A. B. Hg. v. d. K. top. B. Stuttg. 1871. 8°. S. 62.) [Kurze Bemerkung.]

Böblingen.

363. [Ueber die Mundart von Böblingen.] (Beschr. d. O.-A. B. Hrsg. von d. K. topogr. B. Stuttg. 1850. 8°. S. 46.)

Gmünd.

364. [Ueber die Mundart von Gmünd.] (Beschr. d. O.-A. Gmünd. Hrsg. von d. K. stat.-top. Bureau. Stuttg. 1870. 8°. S. 81.) [Ganz kurze Bemerkung.]

Leonberg.

365. [Ueber die Mundart von Leonberg.] (Beschr. d. O.-A. Leonb. Hrsg. von d. K. stat.-top. B. Stuttg. 1852. 8°. S. 30.) [Ganz kurze Bemerkung.]

Marbach.

366. [Schwandner?], [Die Mundart von Marbach.] (Beschr. d. O.-A. M. Hg. v. d. K. top. B. Stuttg. 1866. 8°. S. 53.) [Ganz kurze Bemerkung.]

Ludwigsburg.

367. [Ueber die Mundart von Ludwigsburg.] (Beschr. des O.-A. Ludwigsb. Hrsg. von d. K. stat.-top. B. Stuttg. 1859. 8°. S. 36.) [Ganz kurze Bemerkung.]

Stuttgart.

368. [Ueber die Mundart von Stuttgart.] (Beschr. d. Stadt-Directions-Bezirkes Stuttgart. Hrsg. von d. K. stat.-top. Bur. Stuttg. 1856. 8°. S. 74; und Beschr. d. Oberamts Stuttgart, Amt. Hrsg. von d. K. topogr. Bur. Ebd. 1851. 8°. S. 44—45.) [Kurze Bemerkungen.]

3. Schwäbisches Oberland westlich des Iller (westschwäbisch).

369. Kuen, D., Oberschwäbisches Wörterbuch der Bauernsprache. Buchau 1844. 8°.*

370. Werfer, Volksausdrücke in Oberschwaben. (Korrbl. d. Ver. f. Kunst u. Alt. in Ulm. I, 1876, S. 45—46.)

371. Beck, Anfänge eines oberschwäbischen Idiotikons. (Korr.-Bl. d. Ver. f. Kunst u. Alt. in Ulm II, 1877, S. 31—32, 70—72, 84—86.)

Hohenzollern.

372. Reiser, F., Beiträge zum schwäbischen Sprachschatz. (Jahresber. d. k. höh. bürgersch. z. Hechingen 1865. 4°. S. 1—19.)
Birlinger: Zs. f. vgl. Spr. XVI, 1867, S. 424—425. Herrigs Arch. XXXVIII, 1865, S. 229—230.

Laupheim.

373. [Ueber die Mundart von Laupheim.] (Beschr. d. O.-A. L. Hrsg. von d. K. stat.-top. Bur. Stuttg. 1856. 8°. S. 39.) [Angabe einiger Wörter.]

Leutkirch.

374. PAULY, v., [Ueber die Mundart von Leutkirch.] (Beschr. d. O.-A. Leutk. Hrsg. v. d. K. stat.-top. Bur. Stuttg. u. Tüb. 1843. 8°. S. 44.) [Kurze Bemerkung, Angabe einiger Wörter.]

[Tuttlingen s. Nr. 271.]
[Ravensburg s. Nr. 274.]

Ulm.

375. NICOLAI, F., [Die Sprache in Ulm.] (Beschr. einer Reise durch Dtschl. u. s. w. IX, 1795, S. 147—150.) [Allg. Bemerkungen.]

376. Versuch eines Ulmischen Idiotikons. (Journ. v. u. f. Dtschl. IV, 1787, 1. St., S. 48—50.)

4. Ostschwäbisch.
[Vgl. Nr. 369—371 und 398 ff.]

a) Nördlich der Donau.

Aalen.

377. [Ueber die Mundart von Aalen.] (Beschr. d. O.-A. Aalen. Hrsg. von d. K. stat.-top. B. Stuttg. 1854. 8°. S. 48.) [Nur einige Bemerkungen.]

[Crailsheim s. Nr. 802.]

Ellwangen.

378. VOGELMANN [A.,] u. H. FISCHER, [Die Mundart des Ellwanger Oberamtsbezirks.] (Beschr. d. Oberamts Ellwangen. Hrsg. von d. K. stat.-top. Bureau. Stuttg. 1886. 8°. S. 184—199.) [Lautlehre, Wortschatz u. Proben.]

379. VOGELMANN, A., Volksmundartliches aus der Ellwanger Gegend. Heimgarten. Ellwangen 1886. (Nr. 5 ff.)*

380. VOGELMANN, A., Aus dem wortschatz der Ellwanger mundart. (Würt. Vierteljahrshefte f. Landesgesch. IX, 1886, S. 154—160, 247—252. X, 1887, S. 40—45.)

Neresheim.

381. [Die Mundart von Neresheim.] (Beschr. des O.-A. N. Hrsg. von d. K. stat.-top. B. Stuttg. 1872. 8°. S. 87.) [Kurze Bemerkungen.]

b) Südlich der Donau.

[Vgl. Nr. 390 und 472.]

382. JOCHAM, M., Die (bairisch-)schwäbische Mundart. (Bavaria II, 2, 1863, S. 812—827.)
A. BIRLINGER: Zs. f. vgl. Spr. XVI, 1867, S. 423—424.

Augsburg.

383. NICOLAI, F., [Die Sprache in Augsburg.] (Beschr. einer Reise durch Dtschl. u. s. w. VIII, Berlin 1787. 8°. S. 171—173.)

384. BIRLINGER, A., Die Augsburger Mundart. Gruss an die Germanisten bei der 21. Versammlung deutscher Philologen zu Augsburg im Jahre 1862. Augsburg 1862. 1 u. III u. 32 S. 8°. [Lautlehre u. Wörterverzeichnis.]
SACHSE: Herrigs Arch. XXXII, 1862, S. 467—468.

385. MERTENS, [H. A.], Versuch eines Augsburgischen Idiotikons. (Journ. v. u. f. Dtschl. IV, 1789, 8. St., S. 166—171.)

386. BIRLINGER, A., Schwäbisch-Augsburgisches Wörterbuch. Im Verlag der K.-B. Akademie d. Wiss. München 1864. 8°. VIII, 490 S.
M. LEXER: Zs. f. vgl. Spr. XIV, 1865, S. 387—396.

387. BIRLINGER, A., Zum Augsburgischen Wörterbuche. (Herrigs Arch. XXXVIII, 1865, S. 201—205.) [Abwehr gegen LEXER's Rezension von Nr. 353.]

Kaufbeuern.

388. WAGENSEIL[, J.], Kaufbeuerische Idiotismen. (Olla Potrida 1784, II, S. 149—154.)

Hohen-Schwangau.

389. SCHRANK, F. V. PAULA, [Mundart von Hohen-Schwangau.] Baiersche Reise. München 1786. 8°. S. 139—149. [Idiotikon.]

c) Lechtal.

390. SCHNELLER, C., Idiotikon der Volksmundart im Lechtal. (Zs. d. Ferd. 3. F. XXI, 1877, S. 70—92.)

5. Schwäb. Kolonie in Westpreussen.

391. BEHEIM-SCHWARZBACH, M., [Wörterverzeichnis aus der schwäbischen Kolonie in Westpreussen.] (Hohenzollernsche Colonisationen. Leipzig 1874. 8°. S. 439—440.)
[»Schwaben« in Ungarn s. Nr. 630 u. bei Zips unter Ostmitteldeutsche Maa.]

III. Bairisch-Österreichische Mundarten.
A. Südbairisch-österreichisch.
1. Im ganzen.
[Vgl. Nr. 35 f. und 160 ff.]

392. MUTH, R. v., Die bairisch-österreichische Mundart, dargestellt mit Rücksicht auf den gegenwärtigen Stand der deutschen Dialectforschung. (10. Jahresb. d. nied.-österr. Landesoberrealsch. in Krems 1873. 8°. S. 3—46.) [Auch besonders:] Wien o. J. 8°. 46 S.
W. B.: Cbl. 1874, Sp. 465.

393. NAGL, W., Ueber den gegenwärtigen Stand der baierisch-österreichischen Dialectforschung. (Blätter d. Ver. f. Landesk. von Niederöst. XX, 1886, S. 3—62.) Dass. mit Excursen über die Parallele-Dialekt-Dichtung und verwandte Literaturzweige. Wien 1886. 8°. 64 S.

394. P[OPOWITSCH], J. S. V., [Ueber die bairisch-österreichische, besonders steiermärkische Mundart.] (Untersuchungen vom Meere. Frkf. u. Lpz. 1750. 4°. S. 286—319.) [Lautliches und Besprechung einzelner Wörter.]

395. WEINHOLD, K., Bairische Grammatik. Berlin 1867. 8°. XVI S., 1 Bl., 394 S. (Grammatik d. dt. Maa. II.)
M. LEXER: Zs. f. vgl. Spr. XVII, 1868, S. 376—385.

396. PRINZINGER, A., Die baierisch-österreichische Volkssprache und die salzburger Mundarten. (Mittl. d. Ges. f. Salzb. Landesk. XXII, 1882, S. 178—199.)

397. BIRLINGER, A., Zur Sprache der bairischen Vogel- und Fischwaid. (Dt. Maa. VII, 1877, S. 92—120.)

Baiern im ganzen.
Allgemeines.

398. HILDENBRAND, T., [Kurze Darstellung der geogr. Grenzen der Dialekte des Baiernvolkes.] (Einleit. zu dess.: So is's bei'n uns in Boarnland. Kempten.* [Jahr?]) [Vgl. Jahresber. XII des Münchener Geogr.-Ver. S. 155.]

399. Der bayerische Dialekt in seinem Verhältnisse zur allgemeinen, insbesondere zur antiken Sprachwissenschaft. (Abendbl. z. neuen Münchner Ztg., 1856, Nr. 194 u. 195, S. 773—774, 777—778.)

400. SCHMELLER, J. A., [Umlaufschreiben als Aufforderung zu Beiträgen für das »bayrisch-deutsche Sprachbuch« nebst erläuternden Anmerkungen über Gestalt und Umfang der Beiträge.] (Zs. f. Baiern u. d. angränz. Länder, II, 1816, S. 107—123.)

401. NICOLAI, F., Über die Sprache in Baiern. (Beschr. einer

Reise durch Dtschl. u. s. w. VI, Berlin 1785. 8°. S. 779—784.) [Allg. Bemerkungen.]

402. KAYSER, G. H., Uiber süddeutsche Mundarten, mit besonderer Hinsicht auf das Königreich Baiern. (Teutoburg, Zs. f. Gesch., Erltrg. u. Fortbildg. d. dt. Spr. Heft II, 1815, S. 97—107.)
Grammatik.
[Vgl. Nr. 167.]

403. GÖTZINGER, M. W., Bairische Mundart. (Die dt. Spr. u. ihre Lit. I, 1. Stuttg. 1836. 8°. § 19. S. 60—65.) [Ganz kurze Characteristik. Sprachproben.]

404. MUTZL, S., Die bayerische Mundart (in Ober- und Niederbayern). (Bavaria I, 1, 1860, S. 339—363.) [Enth.: Zur allg. Characteristik, grammatische Einzelheiten, örtl. Abstuf. d. Dial. u. Sprachproben.]
H. RÜCKERT: Zs. f. dt. Philol. III, 1671, S. 181.

405. SCHMELLER, J. A., Die Mundarten Bayerns grammatisch dargestellt. Beygegeben ist eine Sammlung von Mundart-Proben.... nebst einem Kärtchen zur geographischen Uebersicht dieser Dialecte. München 1821. 8°. XII S., 6 Bl., 568 S.
K. H.: Allg. Hall. Litztg. 1828, Ergbl. S. 353—358. 361—364. F. H.: Münchener allg. Litztg. 1822, S. 81—85. Gött. gel. Anz. 1823, Nr. 12, S. 114—119.

406. BIRLINGER, A., Handschriftliche Nachträge Schmellers zu den »Mundarten Bayernsı. (Herrigs Arch. XXXVII, 1865, S. 29—58. 371—420.) [Auch besonders gedr.] Braunschw. 1865.*

407. RAPP, K. M., Bayrischer Dialect. (Vers. e. Physiol. d. Spr. IV, Stuttg. u. Tüb. 1841. 8°. S. 134—142.)

408. RADLOF, J. G., Verwandschaft der bayerischen Mundart mit manchen nordischen, besonders der ängelländischen. (Teutschkdl. Forsch. III, Berlin 1827. 8°. S. 54—61.) [Zuerst im kgl. bair. Intelligenzblatt 1813, St. 58* u. 60*.]

409. STEYRER, J., Die ursprüngliche Einheit des Vokalismus der Germanen, auf Grund einer Vergleichung der bajuwarischen Mundart mit dem Englischen. Wien 1887. 8°. 46 S.
R. K.: Cbl. 1888, Sp. 1416—1417.

410. O[BERMAIER], N., Uebereinstimmung einiger bayerischen und französischen Rede-Formen. (Verh. d. hist. Ver. in dem Unterdonaukreise I, 1, 1834, S. 36—39.)

411. RADLOF, J. G., Verwandtschaft der bayerischen Mundart, in Bezug auf den Mitlauter l. (Teutschkdl. Forsch. I, Berlin 1825. 8°. S. 264—269.) [Zuerst im bair. Intell.-Bl. 1811, St. 83—85*.]

412. SCHÖNWERTH, Mundartliches. (Oberbayer. Arch. f. vat. Gesch. XXXIV, 1874—1875, S. 343—344.) [Handelt üb. die Ausspr. des r im Bairischen.]

Wortschatz.

413. PRASCH, J. L., Dissertatio, de origine Germanica Latinae linguae. Ratisbonae 1686. 4°. 39 S. [Erwähnt u. bespricht versch. bair. Wörter, welche dann übersichtl. zusammengestellt sind in Jo. HEUMANNI Opuscula, Nürnberg 1747. 4°. S. 690—692.]

414. PRASCHII, J. L., Dissertatio altera de origine germanica latinae linguae, accedit glossarium bavaricum. Ratisbonae 1689.* [Das Glossar mit einigen Zusätzen wieder abgedruckt in Jo. HEUMANN'S Opuscula. Nürnb. 1747. 4°. S. 673—690.]

415. WESTENRIEDER, [Bairische] Provincialismen und Sprüchwörter. (Beschreibung der Haupt- und Residenzstadt München. München 1782. 8°. S. 323—327.)

416. NICOLAI, F., Verzeichniss einiger bairischen Provinzialwörter. (Beschr. einer Reise durch Dtschl. u. s. w. VI, Berlin 1785. 8°. Beil. II, 7, S. 96—104.)

417. ZAUPSER, A., Versuch eines baierischen und oberpfälzischen Idiotikons. Nebst grammatikalischen Bemerkungen über diese zwo Mundarten und einer kleinen Sammlung von Sprüchwörtern und Volksliedern. München 1789. 8°. 10 Bl., 105 S. — Nachlese dazu. Erste Abtheilung. Lebende Mundart. Ebd. 1769. 8 Bl., 51 S.

Allg. Litztg. 1792, II, Sp. 183—184. PK.: Allg. dt. Bibliothek XCVI, 1790, S. 246—248. GF.: ebd. XCVII, 1790, S. 579—580. Obd. allg. Litztg. 1789, I, S. 951*. 1790, I, S. 923.*

418. Provinzial- und andere Wörter, welche theils in einzelnen Gegenden Baierns, theils im ganzen baiernschen Kraise gewöhnlich sind, und einiger Erläuterung nöthig haben. (Geogr. Statist.-Topograph. Lexikon von Baiern... III, Ulm 1797. 8°. S. 667—676.)

419. DELLING, J. v., Beiträge zu einem baierischen Idiotikon. I. II. München 1820. 8°. XIV, 278 S. u. 1 Bl., 255 S.

420. SCHMELLER, J. A., Bayerisches Wörterkuch. Sammlung von Wörtern und Ausdrücken, die in den lebenden Mundarten sowohl, als in der ältern und ältesten Provincial-Litteratur des Königreichs Bayern, bes. seiner ältern Lande, vorkommen, und in der heutigen allgemein-deutschen Schriftsprache entweder gar nicht, oder nicht in denselben Bedeutungen üblich sind, mit urkundl. Belegen, nach den Stammsylben etymologisch-alphabetisch geordnet. I. Stuttgart u. Tübingen 1827. 8°. XVIII, 640 S. II. ebd. 1828. 8°. 1 Bl., 722 S. III. ebd. 1836. 8°. VI S., 1 Bl., 692 S. IV. ebd. 1837. 8°. 1 Bl., 310 u. XXX u. 2 S. — 2., mit d. Verf. Nachträgen vermehrte Ausgabe. Auf Veranlassung u. mit Unterstützung seiner Majestät des Königs ... Maximilian II. hrsg. durch die hist. Commission bei d. Kön. Ak. d. W. bearbeitet von G. K. FROMMANN. 1. Bd., enth. Theil

420—429. Baiern im ganzen. — Österreich im ganzen.

I u. II d. 1. Ausg. München 1872. 4°. XV u. 1 S., 1784 Sp. 2. Bd., enth. Thl. III u. IV d. 1. Ausg., ebd. 1877. '4°. XXIII u. 1 S., 1264 Sp.
Beil. z. allg. Ztg. 1827. (Bericht üb. d. Ostermesse.)* BENECKE: Gött. gel. Anz. 1828, S. 180—183 u. 1829, S. 1319—1320. 1838. S. 159—160. GRAFF: Jbb. f. wiss. Kritik, März 1828, Sp. 428—441. K. H.: Hall. Allg. Litztg. 1828, Erg.-Bll. Sp. 353—358, 361—366. A. S.: ebd. 1841, Sp. 225 —227. 233—234. — H. RÜCKERT: Zs. f. dt. Philol. III, 1871, S. 175—180. J. LAMBEL: Germ., XIV, 1869, S. 114—116. K. J. SCHRÖER: ebd. S. 247 —254. Allg. Ztg. 1869, S. 569. Cbl. 1869, Sp. 1176—1178. BIRLINGER: Theol. Lit.-Bl. VII, 1872. Sp. 612—613. (Vgl. Nr. 475.]

421. ROCKINGER, L., An der Wiege der bayerischen Mundart-Grammatik und des bayerischen Wörterbuches. Mit einem Bildnisse Schmellers. (Oberbayer. Arch. XLIII, 1886, S. 1—306 u. 1 S. Inhalt.)

Einzelnes.

422. KÜNSSBERG, Über die bairische Benennung des dritten Wochentags Ertag. (Jahresber. d. hist. Ver. in Mittelfr. XII, 1843, S. 44—50.)

423. J[IRASEK], F. A., Beiträge zur Forstterminologie von Baiern. (Zs. f. d. Forst- u. Jagdw. in Bayern, II, 1814, Heft 4, S. 43—56.) [Mit einigen Zusätzen des Hrsg.]

424. J[IRASEK], F. A., Beiträge zur Forst-Zoologie von Baiern. (Ebd. III, H. 2, 1815, S. 88—137.)

425. JIRASEK, F. A., Beiträge zu einer botanischen Nomenklatur von Salzburg, Baiern und Tirol. Salzb. 1806. 8°. 62 S.*

Österreich im ganzen.

Bibliographie.

426. TOSKANO DEL BANNER, J. G., Die deutschen Mundarten der österreichischen Monarchie und ihre Litteratur. (Die dtsche. Nationallitteratur ... der österr. Monarchie u. s. w. I. Wien 1849. 8°. S. 27—39.)

427. WAGNER, J. M., Zur literatur der deutschen mundarten Oesterreichs. Ein Nachtrag zu P. Trömel's Literatur d. d. Mundarten. (Dt. Maa. VI, 1859, S. 380—387.)

Sprachgebiet.

428. HÄUFLER, J. V., Sprachenkarte der österreichischen Monarchie, sammt erklärender Uebersicht der Völker dieses Kaiserstaates, ihrer Sprachstämme und Mundarten, ihrer örtlichen und numerischen Vertheilung. Pesth 1846. 1 Krte. u. 1 Tab. in Fol., 1 Bl., 9 S. Text. 8°.
BELTZ: Herrigs Arch. IX, 1651, S. 441—442.

429. FRÖHLICH, R. A., Neueste National- und Sprachenkarte des österreichischen Kaiserstaates und der angrenzenden Theile, mit genauer Angabe der einzelnen Sprachfamilien. Imp.

Fol. Lith. u. col. — Mit Text: Historisch-ethnographisch-statistische Erläuterungen zur neuesten National- und Sprachenkarte des österreichischen Kaiserstaates u. s. w. Wien 1849. 8°. 66 S. [Der Text erschien auch besonders.] Herrigs Arch. IX, 1851, S. 440—441.

430. Czoernig, K., Frhr. v., Ethnographische Karte der österreichischen Monarchie. Hrsg. von der K. K. Direction der administrativen Statistik. Wien 1855. gr. Fol.

431. Czoernig, K., Frhr. v., Deutsche Sprachgränzen in der österreichischen Monarchie. (Ethnographie der österr. Monarchie I. Wien 1857. 4°. S. 26—32.)

432. Kiepert, H., Völker- und Sprachenkarte von Oesterreich und den Unter-Donau-Ländern. 1 : 3 000 000. Berlin 1867. Fol. — 2. Aufl. ebd. 1869.*

433. Andree, R., Deutsch-slovenische Sprachgrenze. (R. Andree u. O. Peschel, Physikal.-statist. Atl. d. dt. Reiches I, Bielefeld u. Leipzig 1876, S. 20—24.)

434. Andree, R., Deutsch-magyarische Sprachgrenze. (Ebd. S. 24.)

435. Le Monnier, F. Ritter von, Karte der Vertheilung der Bevölkerung Oesterreich-Ungarns nach der Umgangs- beziehungsweise Muttersprache auf Grund der Ergebnisse der Volkszählung v. 31. Dez. 1880. (Physik.-stat. Atl. v. Oest.-Ung. Wien 1885. Fol. Nr. 15.)

436. Le Monnier, F. Ritter von, Verbreitung der Deutschen in Oesterreich-Ungarn nach der Volkszählung vom 31. Dezember 1880. (Gerichts- und Stuhlbezirke.) Wien 1885. Fol. [Karte.]

437. Czoernig, C., Frhr. v., Die ethnologischen Verhältnisse des österreichischen Küstenlandes nach dem richtig gestellten Ergebnisse der Volkszählung vom 31. December 1880. Mit einer ethnogr. Karte in 2 Bll. Triest 1885. 8°. 35 + 3 S.
K—ff: Cbl. 1885, Sp. 1262—1263. W. Tomaschek: Litztg. VII, 1886, Sp. 1827.

438. Le Monnier, F. Ritter von, Sprachenkarte von Oesterreich-Ungarn bearbeitet nach der durch die Volkszählung vom 31. Dezember 1880 für jede einzelne Gemeinde erhobenen Daten. Auf topographischer Grundlage der ... Karte des oesterreichisch-ungarischen Reiches von Ritter von Schede. 1 : 1 000 000. Wien 1888. Fol. 4 Bll.*

Allgemeines.

439. Fischer, K., Von dem Purismus der österreichischen Mundart. Aus einer ungedruckten Dialektologie. (F. Schlegel's Dt. Mus. IV, 1813, S. 454—478.)

440. Heyss, C., Über das Kanzleideutsch in Oesterreich. (Dt. Sprwt. III, 1868, S. 52—58.) [Mit Anmerkungen von M. Moltke.]

441. LEWI, H., Das österreichische Hochdeutsch. Versuch einer Darstellung seiner hervorstechenden Fehler und fehlerhaften Eigenthümlichkeiten. Wien 1875. 8°. VI, 48 S.*

442. NICOLAI, F., [Ueber die österreichische Mundart.] (Beschr. einer Reise durch Dtschl. u. s. w. V, Berlin 1785. 8°. S. 300—315.) [Allgemeine Bemerkungen.]

443. FISCHER, K., Von den poetischen Elementen der österreichischen Volkssprachen. (Friedensblätter. Wien 1814. 4°. Nr. 71—78.)*

444. SCHOTTKY, M., Oesterreichs deutsche Mundarten. Einige Andeutungen. (Wiener Jahrbücher d. Lit. 1818. 4°. Anz.-Bl. S. 31—40.)

445. Idiotismen und Idiotika. (Fr. Gräffer's öster. National-Encyklopädie III, 1838, S. 25—29.) [Handelt über die österr. Mundart im allgemeinen.]

446. SENGSCHMITT, B., Ueber den Zusammenhang der österreichischen Volkssprache mit den drei älteren deutschen Mundarten. (Jber. d. Gymn. z. d. Schotten in Wien 1852. 4°. S. 3—19.) HÖLSCHER: Herrigs Arch. XIV, 1853, S. 219.

447. CAPILLERI, W., Ueber das Idiom Oesterreichs und dessen hervorragendste Dialectdichter. (Kürschner, Der literar. Verkehr Nr. 23.)*

Grammatik.

448. SCHUCHARDT, H., Slawo-Deutsches und Slawo-Italienisches. Dem Herrn Franz von Miklosich zum 20. Nov. 1883. Graz 1884. 4°. 140 S.* [Beh. den Einfl. des Slawischen auf das Deutsche u. Italienische, bes. in d. österr. Monarchie.]
A. BRÜCKNER: Litztg. VI, 1885, Sp. 933—934. H. PAUL: Litbl. X, 1885, Sp. 93—97. L. L.: Revue crit. N. S. XX, 1885, S. 190—191. W. R. MORFILL: Academy XXVII, 1885, S. 261—262. SCHUCHARDT: ebd. S. 441—442. G. V. D. G.: Cbl. 1885, Sp. 1552—1553.

449. SCHUCHARDT, H., Zu meiner Schrift: Slawo-Deutsches und Slawo-Italienisches. (Zs. f. d. öst. Gymn. XXXV, 1884, S. 900—901. XXXVII, 1886, S. 321—352.)

450. NAGL, H. W., Die wichtigsten Beziehungen zwischen dem österreichischen und dem čechischen Dialect. (Blätt. d. Ver. f. Landesk. v. Niederösterr. XXI, 1887, S. 356—388. XXII, 1888, S. 417—434.)

451. RAPP, K. M., Oestreichisch. (Versuch e. Physiologie d. Spr. IV. Stuttg. u. Tüb. 1841. 8°. S. 139—142.) [Kurze Lautlehre u. Proben.]

Wortschatz.

452. HEUMANN, J., [Glossar haupts. österreichischer Wörter.] (Opuscula, Norimb. 1747. 4°. S. 692—704.)

453. Justi, J. H. G. v., [Oesterreichische Provincialwörter.] (Anweisung zu einer guten deutschen Schreibart. ... Leipzig 1755. 8°. S. 36—37. Anmerkung.)

454. Nicolai, F., Versuch eines östreichischen Idiotikon, oder Verzeichniss östreichischer Provinzialwörter. (Beschr. einer Reise durch Dtschl. u. s. w. V, Berlin 1785. 8°. Beil. XIV, 1, S. 70—145.)

455. Höfer, M., Etymologisches Wörterbuch der in Oberdeutschland, vorzüglich aber in Oesterreich üblichen Mundart. I—III. Linz 1815. 8°. 1 Bl., 342 S., 1 Bl.; 362 S., 1 Bl.; 344 S., 36 Bll.

J. v. Hammer: Wiener Litztg. III, 1815, Sp. 1085—1097 und 1501—1507.

456. Ziska, F., Proben aus einem Oesterreichischen Idiotikon. (Wien. Jbb. d. Lit. VI, 1819. Anz.-Bl. S. 17—29.)

457. Ziska, F., Probe eines Wörterbuchs der österreichischen Mundart [d. Buchstabe A.] (Schmidl's Lit. Anz. 1822, Sp. 713 —717, 721—724.)

458. Ziska, F., Auszug a. d. noch ungedr. österreichischen Idiotikon. (Wiener Jbb. d. Lit. XXV,1824, Anz.-Bl. S. 1—27. XXVI, 1824, Anz.-Bl. S. 1—20.)

459. Mareta, H., Proben eines Wörterbuches der österreichischen Volkssprache mit Berücksichtigung der älteren deutschen Mundarten. (Programm des Schottengymn. in Wien. 1861. 8°. S. III—X, 1 Bl., S. 1—65; u. 1865. 8°. XI + 1 + 72 S.)

Herrigs Arch. XXXII, 1862, S. 113. XXXIX, 1866, S. 119. Schröer: Germania XI, 1866, S. 235—239. Blätter f. Landesk. v. Niederösterr. II, 1866, S. 49—55. 65—74. 85—94.

460. Hofer, A., Über Thier- und Pflanzennamen. Beil. z. 7. Jahresber. des niederöstr. Landes-Lehrerseminars in Wiener-Neustadt. 1880. 8°. 84 S.*

461. Scheuchenstuel, C. von, Idiotikon der österreichischen Berg- und Hüttensprache. Wien 1856. 8°. VIII, 270 S.

2. Niederbaiern.

Passau.

462. Keinz, Ergänzungen zum Bairischen Wörterbuch, besonders aus der Gegend von Passau. (Sitzber. d. bair. Ak. d. Wiss. 1887, II, S. 402—424.)

3. Oberbaiern.

463. Schnepf, Italobavarismen. (Coll.-Bl. f. d. Gesch. d. St. Neuburg a. D. XLV, 1881, S. 83—89.) [Enth. Oberbair. wälschen Ursprungs.]

München.

464. HEIGEL, K. T., Italianismen in der Münchener Mundart. (Hist. Vortr. u. Studien. 3. Folge. München 1887. 8°. S. 264—272.)

Werdenfels.

465. Proben eines Idiotikon aus den oberbaierischen Gebirgsgegenden, vorzüglich aus dem Landgerichte Werdenfels. (Münch. Intellig.-Bl. 1812, St. 5. 54. 97. 1813, St. 15. 49. 70. 1814, St. 2. 30. 32.)*

4. Tirol.

a) Im ganzen.

[Vgl. Nr. 277 ff. und 426 ff.]

Allgemeines.

466. STEUB, L., Die Sprachgränzen in Tirol. (Beil. z. Allg. Ztg. 1844, Nr. 209, 210, 211, 212, 284 = S. 1665—66, 1675—76, 1681—1683, 1689—90, 2265—2267.)

467. SCHÖPF, J. B., Ueberblick der sprachlichen elemente in Tirol. (Dt. Maa. II, 1855, S. 332—338.) [Mit Sprachpr. u. Erläut. ders.]

468. BIDERMANN, H. J., Die Nationalitäten in Tirol und die wechselnden Schicksale ihrer Verbreitung. Stuttgart 1886. 8°. (Forschungen zur deutschen Landes- u. Volkskde. I, 1885/6, S. 369—475.)

469. HINTNER, V., Über Tirolische Dialektforschung. (Verhdlgn. der 29. Philologenvers. zu Innsbr. 1874, S. 177—182.)

470. DE LUCA, I., Von den Mundarten in Tyrol. (Staatsanzeigen von den k. k. Staaten. Wien. Heft 6, S. 384*. Ferner in Leitfaden in den Geschäftsstil, zum Gebrauche der Studierenden. Innsbruck 1783. 8°. 31 S. — Verm. Ausg. in Joh. Christph. Adelung's Mag. f. d. dt. Spr. II, 1783, 1. St. S. 100—126.)

471. SCHÖPF, [J.] B., Ueber die deutsche Volksmundart in Tyrol mit Rücksicht auf das Mittelhochdeutsche und die gegenwärtige Schriftsprache. (Progr. d. Gymn. in Botzen 1853. 8°. S. 3—44.)

HÖLSCHER: Herrigs Arch. XX, 1856, S. 213.

472. THALER, J., Die deutschen mundarten in Tirol. (Dt. Maa. III, 1856, S. 317—334. 449—464.) [Mit Proben.]

Grammatik.

473. SCHÖPF, J. B., Zur Lautlehre des Oberdeutschen in der baierisch-österreichischen Volksmundart von Tirol. (Dt. Maa. III, 1856, S. 15—21, 89—113.)

Wortschatz.
[Vgl. Nr. 425.]

474. SCHOTTKY, J. M., Bezeichnung der verschiedenen Berg- und Felsen-Abstufungen [überwiegend a. d. Mundart]. (Bilder aus der süddt. Alpenwelt. Innsbruck 1834. 8°. S. 265—275.)

475. SCHÖPF, J. B., Nachträge aus Tirol zu Schmellers baierischem Wörterbuche. (Dt. Maa. IV, 1857, S. 56—72. 204—220. 331—347. 441—457. V, 1858, S. 217—233. 331—345. 433—449. VI, 1859, S. 145—161. 289—305. 433—449.)

476. SCHÖPF, J. B., Tirolisches Idiotikon. Nach dessen Tode vollendet von A. J. HOFER. Hrsg. auf Veranlassung und durch Unterstützung des Ferdinandeums. Innsbr. 1866. 8°. XVI, 835 S.
Cbl. 1866, Sp. 832.

477. PETTERS, I., Tirolisch intolmat, indessen. (Zs. f. vgl. Spr. XVI, 1867, S. 79—80.)

478. RAUSCHENFELS, C. v., Beytrag zu einer Tirolischen Flora, und zu einem Tirolisch-botanischen Idiotikon. (Sammler f. Gesch. u. St. v. Tirol III, 1808, S. 134—171.)

479. GREDLER, V. M., Beitrag zu einem zoologischen Idiotikon aus Tirol. (Dt. Maa. III, 1857, S. 51—56.)

b) Nördliches Tirol.
[Lechtal s. Nr. 390; Unterinntal s. a. Nr. 550.]

480. WALDFREUND, J. E., Zur Anfrage über nalen. (Dt. Maa. IV, 1857, S. 507.) [Vgl. VI, 1859, S. 374.]

Kitzbühel.

481. PRUGGER V. PRUGGHEIM, K., Ueber die Volkssprache im Lehengerichte Kitzbühel. (Sammler f. Gesch. u. St. v. Tirol, III, 1808. S. 25—38.)

Paznauntal : Galtür.

482. BERGMANN, JOS., Ueber das ursprüngliche Doppelelement der Bevölkerung zu Galtür in Tirol. (Wiener Jbb. d. Lit. CXV, 1846, Anz.-Bl. S. 45—48.) [Allgem. und Wörterverzeichnis.]

c) Gebiet der Etsch und Eisak.

483. THALER, J., Die Umstandswörter des Ortes nach den verschiedenen Mundarten an der Etsch und dem Eisak. (Dt. Maa. VI, 1859, S. 376.)

Burggrafenamt (Meran).

484. REINSBERG-DÜRINGSFELD, FRHR. V., Die Mundart des Burggrafenamtes. (Herrigs Arch. XLIII, 1868, S. 175—184.)

485. Maister, A., Die Vocalverhältnisse der Mundart im Burggrafenamte (Meran und Umgegend). Progr. d. k. k. Gymn. in Meran. Innsbruck 1864. 4°. 15 S.*
Herrigs Arch. XXXVII, 1865, S. 435. — M. Lexer: Zs. f. vgl. Spr. XVI, 1867, S. 77—78.

486. Zingerle, J. V., Einiges über tsch im Meraner Dialecte. (Dt. Maa. III, 1856, S. 6—9.) [Zus. v. Frommann ebd. S. 10—12.]

Passeier.

487. Weber, B., [Ueber die Sprache von Passeier.] (Das Thal Passeier und seine Bewohner. Innsbruck 1852. 8°. S. 273—276.)

Bozen.

488. Schöpf, J. B., Anfrage über malgrei. (Dt. Maa. II, 1855, S. 233—234.) [malgrei = ein gew. gemeindebezirk.] [Vgl. J. Thaler, ebd. V, 1858, S. 370.]

d) **Puster- und Defereggental.**

489. Unterforcher, A., Beitrag zur Dialekt- und Namensforschung des Pusterthales. (Progr. d. Staatsobergymn. z. Leitmeritz. 1887. 8°. S. 3—22.)

490. Rauschenfels, [C. v.,] Provincialbenennung einiger Pflanzen in Tyrol, im Pusterthale. (Hoppe's bot. Taschenbuch, 1801, S. 215—222.)

491. Hintner, V., Beiträge zur Tirolischen Dialektforschung. Der Deferegger Dialekt. Wien 1878. 8°. VIII, 271 S. [Zuerst als Jahresberichte d. Akad. Gymn. in Wien 1873 u. 1877 ersch.]
A. Birlinger: Alem. III, 1875, S. 93—95. Herrigs Arch. LIX, 1878, S. 469—470. R[ichard] M[uth]: Dt. Maa. VII, 1877, S. 255—256. Emil Henrici: Zs. f. dt. Phil. X, 1879, S. 381—382. Ign. Peters: Zs. f. d. östr. G. XXVI, 1875, S. 692—697; XXXI, 1880, S. 467—470. Zehetmayr: Bll. f. d. bair. Gymn.-Wesen, XVII, 1891, S. 283—294.

e) **Iseltal.**

492. Hintner, V., Benennung der Körperteile in Tirol, besonders im Iseltale. (Progr. d. akad. Gymn. Wien 1879. 8°. S. 3—16.) [Auch besonders mit d. Zusatz: Ein Beitrag zur tirolischen Dialektforschung. I.] Wien 1879. 8°. 20 S.

f) **Kolonieen in Südtirol und dem angrenzenden Italien.**

α) Im ganzen.

[Vgl. Nr. 35, 36, 38 und 160—164.]

493. Sulzer, Dissertazione dell' origine e della natura dei dialetti comunemente chiamati Romanici etc. Trento 1855.*

494. Czoernig, C., Frhr. v., Deutsche Sprachinseln im Süden der deutsch-wälschen Sprachgränze. (Ethnogr. d. oestr. Mon. I. Wien 1857. 4°. S. 32—33.)

495. SCHNELLER, C., Südtirol nach seinen geographischen, ethnographischen, geschichtlichen und politischen Verhältnissen. (Oestr. Revue, V, 1867. Heft 1, S. 101—116. 2, S. 76—95. 3, S. 26—43.)
496. PERKMANN, R., Das deutsche Element in Südtirol. (Oestr. Revue 1863, IV, S. 219—233.) [Vgl. dazu von dems.: Das italienische Element in Südtirol, ebd. V, S. 221—237.]
497. ATTLMAYR, F. v., Die deutschen Kolonien im Gebirge zwischen Trient, Bassano und Verona. [Mit Karte.] (Zs. d. Ferd., 3. F., XII, 1865, S. 90—127; XIII, 1867, S. 5—62) [nebst Anhang über die Verwandtschaft der Volkssprache in Deutschtirol mit jener der sogenannten Cimbern in den sette Comuni vicentini, den tredici Comuni veronesi und einigen Thälern von Welschtirol. S. 63—88.]
BIRLINGER: Zs. f. vgl. Spr. XVI, 1867, S. 429—430.
498. [SCHNELLER, CHR.], Das Vordringen des wälschen Elements in Deutsch-Süd-Tirol. (Peterm. Mittl. 1866, S. 350—351.) [Aus der Triester Ztg.].
499. SCHNELLER, CHR., Das Deutschthum in Wälschland. (Beil. z. Allg. Ztg. 1867, S. 4061—4062. 4078—4079. 4094—4095.)
500. STEUB, L., Ethnographische Betrachtungen. Die deutschen Ansiedelungen in Wälschtirol und im venedischen Gebirge. (Herbsttage in Tirol. München 1867. 8°. S. 168—191.)
501. [Über deutsche Sprachinseln in Südtirol.] [Referat üb. einen Vortr. von ZINGERLE auf der 27. Philol. Vers. 1869 von A. FREYBE.] (Germ. XV, 1870, S. 125—127.)
502. ZÖLLNER, R., Deutschthum und Romanenthum in Tirol. (Aus allen Weltheilen II, 1870—1871, H. 5.)*
503. ZINGERLE, J. V., und O. DELITSCH, Die Deutschen in Südtirol. (Ebd. III, 1871—1872, Heft 5. 6.)*
504. Mundart der deutschen Gemeinden auf den Venedischen Alpen und in Süd-Tirol. (Mit einem Sprachkärtchen.) (Dt. Sprwrt. VII. 1872—1873, S. 9—10. 313—316.)
505. SCHNELLER, CHR., Deutsche und Romanen in Süd-Tirol und Venetien. Mit Karte. (Peterm. Mittl. XXIII, 1877, S. 365—385.)
506. ANDREE, R., Die Sprachgrenze in Südtirol. (Allg. Hand-Atl., Bielefeld 1880—1881. Fol. Nr. 13. Nebenkarte.)
507. ANGERER, J., Deutsche und Italiener in Südtirol, Beitrag zur Nationalitätsstatistik Oesterreichs. Bozen 1881. 8°. 32 S.*
508. LECK, H., Deutsche Sprachinseln in Wälschtirol. Landschaftliche und geschichtliche Schilderungen. Mit einem Vorworte von HEDINGER. Stuttgart 1884. 8°. 68 S., 1 Bl. 1 Karte.
LOTZ: Jahrbücher d. Ver. v. Altertumsfreunden im Rheinlande LXXX, 1885, S. 209—222.

509. PATIGLER, J., Die deutschen Sprachinseln in Wälschtirol einst und jetzt. Historisch-ethnographische Untersuchungen. (Progr. d. dt. Staats-Realschule in Budweis 1886. 8°. S. 3—30.) Litbl. VIII. 1887, Sp. 164—165. F. KHULL: Zs. f. östr. Gymn. XXXVIII, 1887, S. 320. EMERICH MÜLLER: Zs. f. d. Realschulwesen XII, 1887, S. 701—702.

510. KLUGE, F., Deutsche Sprachinseln in Oberitalien. (GRÖBER's Grundriss d. roman. Philol. I, Strassbg. 1888. 8°. S. 389.) [Kurze Bemerkung allgemeinen Inhaltes.]

β) Fersinatal.

511. ZINGERLE, I. V., Ein Gang ins Fersinathal. (Aus allen Welttheilen 1872.)*

512. DELITSCH, O., Ein Besuch bei den deutschen Gemeinden des Fersinathales. (Aus allen Welt. VI, 1874—1875, S. 276—284.)*

γ) Cimbrisch.

513. PEZZO, MARCO, Dei Cimbri Veronesi, e Vicentini libri due. 3. edizione. Verona 1763. 8°. 4 Bll., 104 S., 1 Bl. [Mit Wörterbuch.] — [Weitere Ausg. in 2 Bdchen. u. d. T.]: Novissimi illustrati Monumenti de' Cimbri ne' monte Veronesi, Vicentini, e di Trento di MARCO PEZZO, e notabilissime altre cose di antichità. Verona 1785. 8°.* — [Nach der dritten Ausgabe übersetzt von E. F. S. KLINGE in Büsching's Mag. VI, 1771, S. 48—100. Vgl. auch Büschings wöchentl. Nachrichten V, 1777, S. 319—320. 329—334.]

514. FULDA, F. K., Von Veronesischen und Vicentinischen Deutschen. (Nast's Deutsch. Sprachf. II, Stuttg. 1778. 8°. S. 221—274.)

515. DALPOZZO, AGOSTINO. Memorie storiche delle popolazione alpine dette cimbriche e vocabolari de' loro dialetti. Vicenza 1820.*

516. GIOVANELLI, C. B., Dell' origine dei sette e tredici communi alemanne abitanti fra l'Adige e la Brenta nel Trentino nel Veronese e nel Vicentino. Trento 1826. 8°. 33 S. [Mit Wörterverzeichnis.]*

517. K[INKINGE]R, [J.], Die deutschen Bewohner der XIII und VII Gemeinden in den Veroneser und Vicentiner Alpen. (Echo. Mailand 1831, Nr. 16—19.)*

518. SCHMELLER, J. A., Ueber die sogenannten Cimbern der VII und XIII Communen auf den Venedischen Alpen und ihre Sprache. (Abhdlgen. d. Kön. Bayr. Ak. II, Abth. III, 1838, S. 557—708.)

519. ROSA, GABRIELE, Gli Abitanti de VII e XIII comuni sull' Alpi Venete. (Rivista Europea Agosto e Settembre 1845. S. 226—237.)*

520. KOHL, J. G., Bericht über eine Reise zu den cimbrischen und suevischen Bergbewohnern an der Gränze des lombardisch-venetianischen Königreichs. (Monatblätter z. Erg. d. Allg. Ztg. 1847, S. 480—491.) [Enth. auch gelegentliche Bemerkungen üb. die Sprache, nebst Angabe einzelner Wörter u. Proben.]

521. GALANTI, A., I tedeschi sul versante meridionale delle alpi. Rom 1885. 8°.*

522. HORMAYR, J. FRHR. v., [Ueber die Sprache der VII und XIII Comuni.] (Geschichte der gefürsteten Grafschaft Tirol. I, 1. Tübingen 1806. 6°. S. 134—182.) [Hauptsächl. Wörterverzeichnis.]

523. GRAFF, [Über die Sprache der VII u. XIII comuni.] (Jahrbücher f. wiss. Krit. 1830, I, S. 14—16.) [Gelegentl. Bemerkungen, haupts. Wortangaben.]

524. SCHMELLER, J. A., [Ueber einen Versuch eines cimbrischen Wörterbuchs.] ¡Münch. gel. Anz. XXXIV, 1852, Sp. 37—47. 49—54.)

525. SCHMELLER, J. A., Sogenanntes Cimbrisches Wörterbuch d. i. deutsches Idiotikon der VII. u. XIII. comuni in den venetianischen Alpen. Mit Einleitung und Zusätzen im Auftrage der Kais. Ak. d. Wiss. hrsg. von J. BERGMANN. Wien 1855. 8°. 212 S.

526. BERGMANN, [J.,] Einleitung zu Schmeller's cimbrischem Wörterbuche. Mit 2 Kärtchen. (Wiener S.-B. XV, 1855, S. 60—159.) [Auf S. 147—157 eine Aufzählg. d. Literatoren in cimbr. Spr.]
FROMMANN: Dt. Maa. II, 1855, S. 379—380.

527. PETTERS, I., Cimbrisch innarzent, innerhalb. (Zs. f. vgl. Spr. XVI, 1867, S. 78—79.)

Die dreizehn Gemeinden.
[Vgl. auch Nr. 610.]

528. Von den Veronischen Cimbern. (Büschings Mag. VIII, 1774, S. 497—508.)

529. CIPOLLA, F. E C., Dei coloni Tedeschi nei XIII communi veronesi. Rom 1884. 8°. (Arch. glottol. ital. VIII, 1882—1885, S. 161—262.) [Auch besonders ersch.*]
MARTIN: Litztg. VI, 1885, Sp. 305—306. A. FANTA: Mitth. d. Inst. f. östr. Gesch.-Fg. VI, 1885, S. 656—657.

530. CIPOLLA, C., La popolazione dei XIII comuni veronesi 1883.*

Die sieben Gemeinden.

531. [Notiz über die Deutschen der VII Comuni.] (Halberstädt. gemeinnützige Blätter IV, 1, 1794, S. 130.)

532. BERGMANN, J., Historische Untersuchungen über die heutigen sogenannten Cimbern in den Sette-Comuni. (Wiener

Jahrbücher f. Lit. CXX, 1847, Anz.-Bl. S. 1—35; CXXI, Anz.-Bl. S. 17—50.) [Ueb. die Sprache bes. CXX, S. 25—35, namentl. Beiträge aus Fozza.] [Auch besonders ersch.] Wien 1848. 8°.*

533. Heitger, J., Die sieben Deutschen Gemeinden bei Vicenza. (Dt. Sprwt. IV, 1869. S. 149—150.)

534. Rigoni, Gaetano, Vocabulario domestico oder Hauswörterbuch der sieben Gemeinden. (Mit Einleitung auszugsweise abgedruckt in: Sternberg, Caspar Graf von, Reise durch Tyrol in die Oesterreichischen Provinzen Italiens im Frühjahr 1804. Regensburg 1806. Fol. S. 147—160.)

Luserna.

535. Zingerle, I. V., Lusernisches Wörterbuch. Innsbruck 1869. 8°. VI, 80 S. [S. 7—18 Abriss der Laut- und Flexionslehre.]

Birlinger: Theol. Litbl. IV, 1869, S. 1002—1004.

d) In Friaul.

Sauris.

536. Czoernig, [K., Frhr.] von, Die deutsche Sprachinsel Sauris in Friaul. (Zs. d. dtsch. u. östr. Alpenvereins XI, 1880, S. 360—380.)

g) Kolonie in Mähren.

537. Lechner, K., Eine tirolisch-bayrische Sprachinsel in Mähren. (Petermanns Mitteil. XXXII, 1886, S. 109—113.)

5. Salzburg.

a) Im ganzen.

Allgemeines.
[Vgl. Nr. 396.]

538. Huber, N., Die Literatur der Salzburger Mundart. Eine bibliographische Skizze. Salzburg 1878. 8°. 31 S.

Edlingers Litbl. II, 1878, S. 284. Cbl. 1878, Sp. 1512. Zs. d. Salzb. Lehrervereins VIII, 1878, Nr. 3.*

539. Von einigen Provincial-Sprachfehlern. (Salzbger. Intelligenzblatt 1798, St. 27. 33. 34.)*

540. Koch-Sternfeld, J. E., Ritter von, Ideen über Sprache, Nahmen und Schreibkunde im Lande Salzburg; in historischer Beziehung. (Salzburg u. Berchtesgaden. II, Salzb. 1810. 8°. S. 332—388.) [Mit Wörterverzeichnis. Nachtrag dazu vgl. Nr. 563.]

541. Pillwein, B., Die Sprache. Mundart der verschiedenen Gaue. (Geschichte, Geographie u. Statistik d. Erzherzogthums Oesterreich ob d. Enns u. des Herzogthums Salzburg. V. Linz 1839. 8°. S. 98—101.)*

542. Zillner, F. V., Zur Volks- und Landeskunde. (Skizzenbuch aus Salzburg. Salzb. 1865. 8°. S. 193.) [Kurze Charakteristik d. Salzb. Mundart.]*

543. Zillner, F. V., Sprache. (Salzb. Kulturgesch. in Umrissen. Salzb. 1871. 6°. S. 150—160.) [Beh. d. Entstehung und Entwicklung der Salzb. Mundart.]

Wortschatz.

[Vgl. Nr. 425.]

544. [? Hübner, L.,] Beyträge zu einem Salzburgischen Idiotikon. (Journ. v. u. f. Dtschl. [I,] 1784, 11. St., S. 325—327. II, 1785, 5. St., S. 404—406.)

545. C***, Uebereinstimmung der Salzburgischen und Wirtembergischen Mundarten nach Anleitung der im XI. Stück d. Jg. 1784, S. 325 u. s. w. enth. Beyträge zu einem Salzburgischen Idiotikon. (Journ. v. u. f. Dtschl. II, 1785, 12. St., S. 500.) [Wörterverzeichnis.]

546. Moll, K. E., [Frhr. von,] Erklärung der in der Abhandlung über die Verfassung der Güteranschläge in Gebirgsgegenden vorkommenden Provinzialwörter. (Obdtsche. Beitr. zur Naturlehre und Oekonomie für d. Jahr 1787. Salzburg 1787. 8°. Vorrede S. 11 ff.)*

547. [Moll, K. E. Frhr. v.], Salzburgisches Idiotikon. (L. Hübners Beschr. d. Erzstifts u. Reichsfürstent. Salzburg. III, Salzburg 1796. 8°. S. 955—984.)

548. [Viertalher, F. M.,] Ueber einige Provinzialwörter des Salzburgischen Gebirges. (Salzb. Intell.-Bl. 1801, S. 39.)*

549. J[irasek], F. A., Etymologische Beiträge. (Amts- u. Intelligenzbl. z. k. k. priv. Salzb. Ztg. f. d. J. 1831. Salzb. 4°. S. 407. 438. 439.)*

550. Waldfreund, J. E. [Peter Moser], Beiträge zur deutschen Dialectologie. (Dt. Maa. III, 1856, S. 334—344.) [Wörterverz., Unterinnthal u. Salzburg betr.]

551. Moll, [K. E., Ritter von,] Beyträge zur naturhistorischen Provinzial-Nomenklatur. (Naturhist. Briefe üb. Oesterreich, Salzburg u. s. w. von Franz von Paula Schrank u. K. E. Ritter v. Moll. II, Salzb. 1785. 8°. S. 324—368.)

552. Hübner, L., [Provinzialbenennungen inländischer Thiere.] (Beschr. d. Erzst. Salzburg. III, Salzb. 1796. 8°. S. 860—873.)

553. Braune, F. A., von, Sammlung von Trivialbenennungen, welche einige Alpenpflanzen im Salzburgischen Gebürglande führen. (Hoppe's botanisch. Taschenbuch 1801, S. 211—215.)

554. Storch, F., Idiotikon zur Flora von Salzburg. (Skizzen zu einer naturhist. Topographie des Herzogth. Salzb. I, Salzb. 1857. 8°. S. 122—128.)

b) Pinzgau, Pongau und Lungau.

α) Im ganzen.

555. KOCH, M., Volk und Sprache im Pongau, Pinzgau und Lungau. (Reise in Oberösterr. u. Salzb. Wien 1846. 8°. S. 351 —356.) [Vgl. a. S. 305—306.]

556. BEER, J. K., Das Volk und die Sprache im Pon-, Pinz- und Lungau. Eine kleine Studie a. d. Salzburgischen Volksleben. (Allg. dt. Touristen-Ztg. Nr. 7 u. 8.) [Über die Sprache nur ein kleiner Abschnitt in Nr. 8. Dieser giebt ein paar Ausdrücke und Proben.]*

β) Pinzgau.

557. HÜBNER, L., [Lautliches über die Mundart der Pinzgauer.] (Beschr. d. Erzstiftes und Reichsfürstenthums Salzburg. II, Salzburg 1796. 8°. S. 677—682.)

558. HEUSLER, M., Provinzialwörter der Pinzgauer. (Salzb. Intelligenzbl. 1785, S. XVII.)*

559. R[EISIGL] ZU N[EUKIRCHEN], Noch ein Beytrag zu dem Idiotikon von Ober- und Unterpinzgau. (Salzb. Intelligenzbl. 1785. St. XXX.)*

560. [SPAUR, F., GRAF,] Provinzialismen im Pinzgau. (Reise durch Oberdeutschld. Leipz. 1800. 8°. S. 217—218.)

561. PRINZINGER, A., Die Tauern. (Mitth. d. Ges. f. Salzb. Landesk. VII, 1867, S. 46—78.) [Mit zahlreichen mundartl. Worterklärungen.]

γ) Pongau.

Abtenau.

562. HÜHNER, L., [Bemerkung über die Mundart von Abbtenau.] (Beschrbg. d. Erzst. Salzburg. Salzb. 1796. 8°. II, S. 338.)

Gastein.

563. KOCH-STERNFELD, J. E., RITTER VON, [Nachtrag zu den »Ideen über Sprache, Namen und Schreibart im Lande Salzburg«, das Thal Gastein betreffend.] (Die Tauern, insbes. d. Gasteiner-Thal und s. Heilquellen. München 1820. 8°. S. 190—192.) [Vgl. Nr. 540.]

564. MUCHAR, A. v., [Die Mundart der Gasteiner.] (Das Thal und Warmbad Gastein. Grätz [1834.] 8°. S. 134—135.)

565. EMIL** [TRIMMEL], Salzburgische Idiotismen. (Reise-Handb. f. Kranke od. Naturfrde., welche das Thal u. Wildbad Gastein ... zu bereisen wünschen. Wien 1827. 8°. S. 408—411. — 2. Aufl. ebd. 1832.*)

Goldeck.

566. HÜBNER, L., [Bemerkung über die Mundart von Goldeck.] (Beschreib. d. Erzst. Salzburg. II, Salzb. 1796. 8°. S. 418—419.)

Gross-Arl.

567. HÜBNER, L., [Bemerkung über die Mundart von Gross-Arl.] (Ebd. S. 451—452.)

Rauris.

568. HÜBNER, L., [Bemerkung über die Mundart von Rauris.] (Ebd. S. 484.)

Werfen.

569. Provinzialismen im Gebirgstheile Werfen. Gesammelt von einigen Schullehrern des Bezirkes. (Kön. bair. Salzach-Kreisblatt 1813, St. 99. 100.)*

δ) Lungau.

570. HUEBER, J. B., Die Sprache der Lungauer. (Topogr. Beschr. d. Landsch. Lungau. Salzb. 1786. 8°. S. 35.)*

571. HÜBNER, L., [Bemerkungen über die Mundart im Lungau.] (Beschr. d. Erzst. Salzburg. II, Salzb. 1796. 8°. S. 535—536.)

572. Sprechart der Lungauer. (Kön. baier. Intelligenzbl. 1812, S. 653—654.)*

573. KÜRSINGER, I. VON, [Die Sprache der Lungauer.] (Lungau. Salzb. 1853. 8°. S. 761—765.)

574. SARTORI, F., [Lungauisches Idiotikon.] (Neueste Reise durch Oesterreich u. s. w. II, Leipzig 1812. 8°. S. 119—121.)

c) Salzburggau.

Lessach.

575. KÜRSINGER, I. V., Lessacher Idiome. (Lungau, Salzburg 1853. 8°. S. 411—415.)

Hüttenstein.

576. HÜBNER, L., [Bemerkungen über die Mundart in Hüttenstein.] (Beschreibung des Erzstiftes Salzburg. I, Salzburg 1796. 8°. S. 291.)

Mattsee.

577. HÜBNER, L., [Bemerkung über die Mundart in Mattsee.] (Ebd. S. 275.)

Thalgau.

578. HÜBNER, L., [Bemerkung über die Mundart im Thalgau.] (Ebd. S. 250—252.)

6. Oberösterreich.

579. HÖFER, M., Die Volkssprache in Oesterreich, vorz. ob der Ens, nach ihrer innerlichen Verfassung und in Vergleichung mit andern Sprachen. In grammatisch-kritischen Bemerkungen entworfen. Wien 1800. 8°. 2 Bl., 142 S.
Allg. Litztg. 1801, II, Sp. 52—56. ADK.: Neue allg. dt. Bibl. LXV, 1801, S. 495—496. Obd. allg. Litztg. 1800, II, S. 840—855.*

580. PILLWEIN, B., [Allgemeines über die oesterreichische Mundart und Idiotismen.] (Geschichte, Geographie und Statistik des Erzherzogthums Oesterreich ob der Enns und des Herzogthums Salzburg. Linz 1827—1839. 8°. I, S. 106—107; II, S. 137—139; III, S. 120—121; IV, S. 83—84.)

581. SPAUN, A., RITTER V., Vergleichung der Sprache des Nibelungenliedes mit der heutigen oberösterreichischen Volkssprache. (Heinrich von Ofterdingen und das Nibelungenlied. Linz 1840. 8°. S. 78—81.)

582. MAYR, S., Zur Volkskunde Oberösterreichs: Mundart, Dialect und Volksdichtung. (Oesterreich-Ungarn in Wort u. Bild. Wien 1886. S. 171—185.)*

583. SPAUN, A. RITTER V., Über die Orthographie unserer Volkssprache. (Oberöstr. Jbb. f. Lit. u. Ldskde. I, 1844, S. 166 —184.)

7. Niederösterreich.

a) Im ganzen.

Allgemeines.

584. CASTELLI, I. F., Gedichte in niederösterreichischer Mundart. Sammt allgemeinen grammatischen Andeutungen über den niederösterreichischen Dialekt überhaupt und einem Idiotikon zur Verständlichmachung der in diesen Gedichten vorkommenden, der niederösterr. Mundart ganz eigenthümlichen Wörter. Wien 1828. 8°. 4 Bl., XXX, 248 S. 1 Bl. [Mit 1 Bild.]
Wiener Jahrbücher d. Lit. CXIII, 1846, S. 201—229.

585. TSCHISCHKA, F., Bemerkungen über die Mundart des Volkes im Lande Oesterreich unter der Enns. (Beitr. z. Landesk. Oesterreichs u. d. E. I, 1832, S. 74—95. II, 1832, S. 148—217. III, 1833, S. 123—130.) [Laut- u. Formenlehre, Idiotikon, Sprachpr., Literatur d. Mundart.]

Wortschatz.

586. CASTELLI, I. F., Wörterbuch der Mundart in Oesterreich unter der Enns, eine Sammlung der Wörter, Ausdrücke und Redensarten, welche von der Hochdeutschen Sprache abweichend, dem niederösterreichischen Dialekte eigenthümlich sind, samt beigefügter Erklärung und so viel möglich auch ihrer Abstammung und Verwandtschaft, beigegeben grammatische und dialektologische Bemerkungen über diese Mundart überhaupt. Wien 1847. 8°. VIII, 281 S. [S. 1—36 »Grammatikalische und dialektologische Bemerkungen über die niederösterreichische Mundart«.] HAMMER-PURGSTALL: Wiener Jahrbücher f. Lit. CXX, S. 93—125.

587. WURTH, J., Synonymen von »schlagen« in der Mundart von Niederösterreich V. U. W. W. (Dt. Maa. IV, 1857, S. 41—48.)

588. STEYRER, J., Der Wortschatz und der Vocalismus der niederösterreichischen Mundart im Englischen. (Progr. d. Wiedener Communal-Oberrealsch. in Wien. 1886. 8°. S. 3—43.) [Auch besonders.*]
F. KHULL: Zs. f. östr. Gymn. XXXVIII, 1887, S. 474—476. SWOBODA: Zs. f. d. Realschulw. XII, 1887, S. 635—636.

589. GRASSL, W., Zur Erklärung des Ausdruckes: »Die Huett dauschen«. (Blätter d. Ver. f. Landesk. v. Niederösterreich. N. F. XII, 1878, S. 81.)

590. KERNER, A., Oesterreichische Pflanzennamen. (Abhdg. d. k. k. zool.-bot. Ges. in Wien V, 1855.)*

591. HÖFER, F., Niederösterreichische Pflanzennamen. Aus dem Munde des Volkes gesammelt. (Bll. d. Ver. f. Landesk. von Niederöst. N. F. II, 1868, S. 116—118.)

592. HÖFER, F. u. J. WURTH, Nachtrag zu den niederösterreichischen Pflanzennamen, mitgeteilt in Nr. 8, Jg. 1868 der Blätter d. Ver. f. Landesk. (Ebd. N. F. IV, 1870, S. 205—206.)

593. HÖFER, F., Nachtrag zur Sammlung niederösterreichischer Pflanzennamen, mitgeteilt ebd. (Ebd. N. F. V, 1871, S. 152.)

594. HÖFER, F., Dialektnamen der in Nieder-Oesterreich vorkommenden Pflanzenarten als Beitrag zur Kenntnis der heimatlichen Flora gesammelt u. zusammengestellt. Bruck a. d. Leitha 1884. 8°. 53 S.
Litztg. VI, 1885, Sp. 48. PIETSCH: Litbl. VI, 1885, Sp. 103.

b) Die einzelnen Mundarten.

Horn.

595. DEIBL, J. u. A. GRÜNWALD, Dialektformen [aus Horn in Niederösterreich.] (Bll. f. Landesk. v. Niederösterr. II, 1866, S. 83.) [Wörterverzeichnis.]

Marchfeld.

596. LUICK, K., Zur geschichte der deutschen e- und o-laute. 1. Die langen e- und o-laute im bair.-österr. 2. Die klangfarbe von mhd. ê und œ. 3. Die e- und o-laute in der sprache der gebildeten in Oesterreich. 4. Nachtrag. (Beitr. XIV, 1889, S. 127—148.)

Neunkirchen.

597. NAGL, HANS W., Da Roanad. Eine Uebertragung des deutschen Thierepos in den niederösterreichischen Dialekt. I. [M. d. bes. T.:] Grammatische Analyse d. niederösterreichischen Dialektes im Anschlusse an den als Probestück der Uebersetzung abgedruckten VI. Gesang des Roanad. Mit ausführlichem Nachschlagebuch. Wien 1886. 8°. X, 536 S. [NAGL's Darstellungen (auch in d. beid. folg. Nrn.) beziehen sich hauptsächlich auf die Mundart von Neunkirchen.]
J. SPEMÜLLER: Dt. Wochenschr. Wien 19. Sept. 1886.* STITZ: Niederöstr. Volksbildungsbll. 1. Oct. 1886.* A. E. SCHÖNBACH: Dt. Ztg. Wien 5. Nov. 1886.* F. WILLOMITZER: Pädagogium 1887, Februar.* EDUARD PÖTZL: Neues Wiener Tagblatt 1888, 27. Febr.* J. SEEMÜLLER: Litztg. VIII, 1887, Sp. 416—418.

598. NAGL, J. W., Die Declination der drei Geschlechter des Substantivs im niederösterreichischen Dialekt. Mit zwei Anhängen über Anomala, über Eigennamen und Fremdwörter in derselben Mundart. Wien 1884. 8°. 36 S., 2 Bll. — Dass. Wien 1886. 8°. 36 S.*

599. NAGL, J. W., Die Conjugation des schwachen und starken Verbums im niederösterreichischen Dialekt. Nebst einer knappen Übersicht über den Gebrauch d. Conjunctivs in derselben Mundart. Wien 1883. 8°. 30 S., 1 Bl.

Pressburg.

600. W[INDISCH], V., Verzeichniss der meisten zu Pressburg und in derselben Gegend üblichen Idiotismen. (Ungr. Mag. IV, 1787, S. 58—85. 291—315.)

601. SCHRÖER, [K. J.], Pressburger Mundart. Kindersprache. (Dt. Maa. VII, 1877, S. 223—224.) [Angabe einiger Wörter.]

Wech'sel.

602. KORNHEISL, F., Provinzialismen aus der Umgebung des »Wechsel«. (Bll. f. Landesk. von Niederösterr. II, 1866, S. 218 —222, 236—238.) [Wörterverzeichnis.]

Wien.

603. WAGNER, H., Der Unterricht im Deutschen mit Rücksicht auf die österreichische Mundart. XII. Jahresber. der Wiener Communaloberrealschule im 9. Gemeindebezirke. Wien 1873. 8°. 33 S.* [Bezieht sich besonders auf die Wiener Mundart.]
R. M.: Dt. Maa. VII, 1877, S. 495—496.

604. [LORINSER,] Mundart der Oesterreicher oder Kern aller ächt österreichischen Phrasen und Redensarten. Wien 1800. 8°. 107 S. [Nur d. Buchst. A u. B enth.]
Erlanger Litztg. 1799, II, S. 1893—1896.*

605. ADELUNG, F., Wiener Glossarium. (Peusilippe, Petersburg 1801, S. 87.)*

606. [SONNLEITHNER, J. v.,] Mundart der Oesterreicher, oder Kern echt österreichischer Phrasen und Redensarten von A—Z. Wien 1811. 8°. 134 S. — 2. Aufl. [u. d. T.:] Idioticon Austriacum, das ist Mundart ... A—Z. 2. vermehrte Aufl. mit besonderer Rücksicht auf Wien. Wien 1824. 8°. 1 Bl., 131 S.

607. Einiges über die Mundart der Wiener und das Alter derselben. (Wiener Idiotikon.) (Arch. f. Gesch., Stat., Lit. u. Kunst XVI, 1825, S. 821—822, 862—865.)

608. LORITZA, C., Neues Idiotikon Viennense, das ist: Die Volkssprache der Wiener mit Berücksichtigung der übrigen Landesdialekte. Wien u. Leipzig 1847. 8°. 152 S.
HAMMER-PURGSTALL: Wiener Jahrbücher f. Lit. CXX, S. 93—125.

609. HÜGEL, F. S., Der Wiener Dialekt. Lexikon der Wiener Volkssprache. (Idioticon Viennense.) Wien, Pest, Leipzig 1873. 8°. 224 S.
VAL. HINTNER: Zs. f. dt. Phil. V, 1874, S. 469—470. ANT. SCHÖNBACH: Zs. f. d. östr. Gymn. XXIV, 1873, S. 568. W. B.: Cbl. 1873, Sp. 1623—1824. R. M.: Lit. Verkehr Nr. 10*, Dt. ʀMaa. VII, 1877, S. 256. Allg. Modenztg. Nr. 32.*

610. GOEHLERT, V., Oesterreichische (Wiener-)Dialect-Ausdrücke, welche in der Sprache der 13 deutschen Gemeinden (XIII Communi) bei Verona vorkommen; nach J. Schmeller's cimbrischem Wörterbuche. (Bll. d. Ver. f. Landesk. v. Niederöstr. N. F. XIII, 1879, S. 102—103.)

611. SCHILLER, K., Unsere deutschen Sprachgebrechen in Wien, im Allgemeinen und in Schrift und Rede des Wiener Kaufmanns insbesondere. Vortrag, geh. am 7. Nov. 1881 im Wiener Kaufmännischen Vereine. Wien, 1882.*
Zs. f. d. Realschw. VII, 1882, S. 181.

612. TEXTOR, L., Vindobonismen. (Festschrift, der 38. Versammlung Deutscher Philologen und Schulmänner gewidmet von dem Lehrer-Collegium des Grh. Gymnasiums zu Giessen. Giessen 1885. 8°. S. 1—52.)

8. Steiermark.
[Vgl. Nr. 394.]

613. Die deutsche Sprachgrenze im Südosten der Steiermark. (Beil. z. Allg. Ztg. 1844, Nr. 270, 271, 276 = S. 2153—2155, 2162—2163, 2201—2203.)

614. ROSEGGER, Über das A und das B im Steirischen. (Heimgarten IV, 1880, S. 359, 470, 634, 701, 794.)*

615. HERMANN, BENED. FRZ., [Steyerische Provinzialwörter.] (Reisen durch Oesterreich u. s. w. III, Wien 1783. 8°. S. 46—49.)

616. SARTORI, F., Sammlung einiger Steiermärkischen Provincialismen. (Neueste Reise durch Oesterreich. III, Leipzig 1812. 8°. S. 187—193.)
617. SCHRÖER, K. J., Steirische Dialectwörter. (Roseggers Heimgarten 1888. März.)*
618. KUPFERSCHMID, A., Linguistisch-kulturhistorische Skizzen und Bilder aus der deutschen Steiermark. Karlsruhe 1888. 8°. XI, 170 S.*

Heanzen-Mundart.

619. SCHRÖER, K. J., Heanzen-Mundart. (Dt. Maa. VI, 1859, S. 21—33. 179—185. 330—348.) [Hauptsächl. Idiotikon.]

9. Kärnten.

a) Im ganzen.

620. HERMANN, B. F., Kärnthische Provinzialwörter. (Reise durch einige Theile vom mittägigen Dtschld. Erfurt 1798.)*
621. WAGNER, JOS., Das Herzogthum Kärnten, geographisch-historisch dargestellt nach allen seinen Beziehungen und Merkwürdigkeiten. Ein Beitrag zur Topographie des österreichischen Kaiserstaates. Mit 1 Karte. Klagenfurt 1847. 8°. IV, 226 S.* [Enth. ein Kärntnisches Idiotikon.]
622. ÜBERFELDER, A., Kärntnerisches Idiotikon. Herausgegeben von S. M. Mayer. Klagenfurt 1862. 8°. VIII, 262 S.
623. LEXER, M., Kärntisches Wörterbuch. Mit einem Anhange: Weihnacht-Spiele und Lieder aus Kärnten. Leipzig 1862. 4°. XVIII S., 340 Sp.
624. ZWANZIGER, G. A., Verzeichniss der in Kärnten volksthümlichen deutschen Pflanzennamen. (PACHER, DAV., u. M. JABORNEGG, Flora von Kärnten. Hrsg. v. naturh. Landesmus. v. Kärnten. 1. Thl., 3. Abthl. Klagenfurt 1887. 8°.)*

b) Oberkärnten.

Mittleres Gailtal.

625. KRASSNIG, J., Versuch einer Lautlehre des oberkärntischen Dialectes. (1. Jahresschr. d. Unter-Realgymn. z. Villach f. d. Schulj. 1869/70. Villach 1870. 8°. S. 1—39.)
Herrigs Arch. XLVII, 1871, S. 466.

Lesachtal.

626. LEXER, M., Mundartliches aus dem Lesachthale im Herzogthum Kärnthen. (Dt. Maa. II, 1855, S. 241—245. 339—349. 513—521. III, 1856, S. 114—121. 305—314. 464—474. IV, 1857, S. 36—41. 155—163. 481—499. VI, 1859, S. 191—206.)

[Sauris s. Nr. 536.]

c) Unterkärnten.

627. VATER, J. S., Unterkärnther Provincialismen. (Proben deutscher Volksmundarten, Dr. Seetzen's linguistischer Nachlass und andere Sprach-Forschungen und Sammlungen, besonders über Ostindien, Leipzig 1816. 8°. S. 39—45.)

Lavantal.
628. GALLENSTEIN, J. G. v., [Die Sprache der Lavantaler.] (Kärntn. Zs. II, 1820, S. 10—13.)

10. Österreichische Sprachinseln.
a) Im ganzen.
[Vgl. Nr. 164, 643—644.]

629. GEHRE, M., Die deutschen Sprachinseln in Oesterreich. Abhandlung zum Programm der Realsch. in Grossenhain. Ostern 1886. 4°. 67 S. [Statistischen Inhaltes.] Herrigs Arch. LXXVII, 1887, S. 225.

630. CZOERNIG, K. FRHR. v., Deutsche Sprachinseln jenseits der deutsch-magyarischen und deutsch-slovakischen Sprachgränze in Ungarn, in der Wojwodschaft und im Banate, in Kroatien, Slavonien, der Militärgränze und in Siebenbürgen. (Ethnogr. d. oestr. Monarchie I. Wien 1857. 8°. S. 34—39.)

b) Sprachinseln in Krain.
[Vgl. Nr. 164.]

631. CZOERNIG, K. FRHR. v., Deutsche Sprachinseln im Süden der deutsch-slovenischen Sprachgränze. (Ebd. S. 33.)

Deutschruth.
632. CZOERNIG, K. FRHR. V., [Die vergessene deutsche Sprachinsel Deutschruth.] (Zs. d. dt. u. östr. Alpenv. VI, 1875, [I,] S. 247—253.)

Gottschee.
633. RICHTER u. VON RUDESH, Das Herzogthum Gottschee. (J. M. Schottky's Vorzeit u. Gegenwart. 1823. I. Bd., 3 St., S. 257—278.)*

634. TITZENTHALER, F., Ueber Gottschee (Krain) und einige ältere literarische Erscheinungen in Gottscheer Mundart. Vortrag, gehalten im »Verein für Erdkunde« zu Dresden am 2. April 1875. (Jahresber. d. Ver. f. Erdk. z. Dresden XIII/XIV, S. 18—34.)

635. KLUN, V. F., Die Gottscheer. (Anz. f. Kde. der deutschen Vorz. N. F. I, 1853—1854, Sp. 49—54.)

636. ELZE, T., Gotschee und die Gotscheewer. (Aus dem 3. Jahresheft des Krain. Landesmus. Laibach 1861.)*

637. RADICS, P. v., Die altdeutsche Colonie Gotschee in Krain. (Oestr. Rev. 1864, III, S. 210—221. IV, S. 220—231.)

638. SCHRÖER, K. J., Ein Ausflug nach Gottschee. (Jb. d. östr. Alpenver. IV, 1868, S. 374—379.)
639. CZOERNIG, K. FRHR. v., Die deutsche Sprachinsel Gottschee. Vortrag, geh. in d. Section Küstenland d. dt. u. östr. Alpenver. am 23. Nov. 1878. Mit 1 ethnogr. Karte. (Zs. d. dt. u. östr. Alpenver. IX, 1878, S. 273—287.)
640. SCHRÖER, K. J., Ein Ausflug nach Gottschee. Beitrag zur Erforschung der Gottschewer Mundart. (Wiener Sitzber. LX, 1868, S. 165—288.) [Auch besonders ersch.] Wien 1869. 8°. 2 Bll. 124 S.
641. SCHRÖER, K. J., Weitere Mittheilungen über die Mundart von Gottschee. (Ebd. LXV, 1870, S. 391—510.) [Auch besonders.] Wien 1870. 8°. 1 Bl. u. S. 125—244.*)

Zarz.

642. CZOERNIG, K. FRHR. v., Die deutsche Sprachinsel Zarz in Krain. (Zs. d. dt. u. östr. Alpenver. VII, 1876, S. 163—176.)

c) Ungarn.

[Ungar. Bergland s. unter Ostmitteldeutsche Maa.]
643. K., J. S., Versuch einer Geschichte der Deutschen Sprache in Ungarn, sammt ihren verschiedenen Dialekten. (K. K. Wiener Anzeigen III, 1773, S. 109 u. 118.)*
644. BALASSA, Aussprache des Schriftdeutschen in Ungarn. (Phonet. Stud. II, 1889, S. 136—138.)

d) Sprachinseln im Banat.

645. ZEYNEK, G., Ein Beitrag zur Sammlung des Volksthümlichen im temescher Banat. Mundart, Sprachproben, Sagen. (Neues oberlaus. Mag. XLII, 1865, S. 302—349.) [Giebt haupts. ein Idiotikon des Werschetzer Stadtbezirkes.]

e) Sprachinseln in der Bukowina.

646. CZOERNIG, K. FRHR. v., Deutsche Sprachinseln in der Bukowina. (Ethnogr. d. östr. Mon. I. Wien 1857, S. 43.)

B. Oberpfälzisch.

1. Im ganzen.

[Vgl. Nr. 395 und 398—424.]

647. FENTSCH, E., Die oberpfälzische Mundart. (Bavaria, II, 1, 1863, S. 193—217.)
H. RÜCKERT: Zs. f. dt. Phil. III, 1871, S. 180—181.
648. SCHÖNWERTH, F. X. v., Weinhold's bairische Grammatik und die oberpfälzische Mundart. Regensburg 1869. 8°. 27 S.*

---

*) Nr. 631 u. 632 sind auch zusammengefasst erschienen mit dem Titel: Wörterbuch der Mundart von Gottschee. Wien 1870. 8.°

649. Schönwerth, F. X. v., Joh. And. Schmeller und seine Bearbeitung der baierischen Mundarten mit Bezugnahme auf das Oberpfälzische. (Verhandlgn. d. hist. Ver. von Oberpf. u. Regensb. XXVIII, 1872, S. 221—249.) [Nachwort dazu von Hugo Graf von Walderdorff ebd. S. 250—263.]

650. Schönwerth, F. X. v., Sprichwörter des Volkes der Oberpfalz in der Mundart. (Verhdl. d. hist. Ver. von Oberpf. u. Regensb. XXIX, 1874, S. I—LX, 1—86.) [Vorwort (Allgemeines, Lautlehre u. dgl.), Text, Wörterverzeichniss.]

651. Gradl, H., Zum ostfränkischen Vokalismus. (Zs. f. vgl. Spr. XVII, 1868, S. 1—10. XVIII, 1869, S. 263—283.)

652. Gradl, H., Zur Kunde deutscher Mundarten. (Zs. f. vgl. Spr. XVII, 1868, S. 10—32. XIX, 1870, S. 48—70.) [Verz. oberpfälz. u. böhmisch-deutscher Wörter.]

2. Ansbach.

653. Sammlung einiger Provinzial-Wörter im Fürstenthum Anspach. (Journ. v. u. f. Dtschl. VI, 1789, 4. St., S. 377—384.)

654. Stengel, A., Beitrag zur Kenntnis der Mundart an der schwäbischen Retzat und mittleren Altmühl. (Dt. Maa. VII, 1877, S. 389—410.) [Kurze Laut- u. Wortbildungslehre u. Vocabularius rerum.]

3. Nürnberg.

655. [Ueber die nürnbergische Volkssprache.] (Nachrichten zur Geschichte der Stadt Nürnberg I, 1785. 8°. S. 147—174.) [Hauptsächl. Vokalismus und Wortschatz betr.]

656. Radlof, J. G., Fränkische Mundart zu Irgendhelm. (Teutschkdl. Forschungen I, Berlin 1825. 8°. S. 90—98. 169—173.) [Zuerst im »Verkündiger« XII, 1808, S. 221—234. 361—363.]

657. Rapp, K. M., Ostfränkisch oder Oberpfälzisch. (Vers. einer Physiol. d. Spr. IV, Stuttg. u. Tüb. 1841. 8°. S. 130—134.) [Lautlehre, eine syntakt. Bemerkung und Sprachproben d. Nürnbger. Ma.]

658. Mosner, H., Die Nürnberger Mundart aus hebräischer Quelle. Deutsche und griechische Mythologie aus hebräischer Quelle. Deutsche und ausländische Orthographie aus hebräischer Quelle. Nürnberg [1854]. 13 S.*

659. Rüdel, K., Die Partikel ge- vor dem Particip des Präteritums in der Nürnberger Volkssprache. (Dt. Maa. I, 1854, S. 226—228.)

660. H[äslein, J. H.], Probe einer Sammlung von Nürnbergischen Provinzialwörtern. (Dt. Mus. 1781, II, S. 457—467.)

661. Nicolai, F., Verzeichniss einiger Nürnbergischen Provinzialwörter. (Beschr. einer Reise durch Dtschl. u. s. w. I, Berlin 1783. 8°. Beil. XI, 9 = S. 137—140).

662. RADLOF, J. G., Fränkisches Wörterbüchlein. (Verkündiger XII, 1808, S. 185—190. Teutschkdl. Forschungen I, 1825, S. 204—214.) [Bezieht sich auf Nürnberg.]
663. ARNOLD, G., Der Nürnberger und sein Dialekt. (Alb. d. lit. Ver. in Nürnberg 1851, S. 166—196. 1853, S. 150—170. 1866, S. 195—229.) [Giebt in humorist. Form eine Reihe Dialektwörter, namentlich für Örtlichkeiten und Geräte.]
664. RÜDEL, K., Ein beitrag zur fränkischen lexicographie. (Dt. Maa. II, 1855, S. 245—247.) [Mit Zusätzen von FROMMANN S. 247—248. Bezieht sich vorwiegend auf Nürnberg. Vgl. noch PETTERS (ebd. III, 1856, S. 502—503) u. A. KOHL (ebd. V, 1858, S. 373—374).]

4. Oberpfalz.
[Vgl. Nr. 794.]

665. VIERLING, Verschwindende Dialektformen. (Beitr. zur Anthr. u. Urg. Baierns VI, 1885, S. 135—138.) [Hinweis auf zwei in der oberpfälz. Ma. vereinzelt sich zeig. Eigentümlichkeiten.]

5. Bairisch Böhmen.
Vgl. Nr. 652 und unter »Nordböhmisch«.]

a) Im ganzen.
666. GRADL, H., Der ostfränkische dialekt in Böhmen. (Zs. f. vgl. Spr. XIX, 1870, S. 321—352.)

b) Egerland.
667. [PACHELBEL], [Über die Mundart des Fichtelgebirges.] (Ausführl. Beschreibung des Fichtelberges, In Norgau liegend... Leipzig 1716. 4°. S. 100—101.)
668. GRADL, H., Die Herkunft der Egerländer. Ein Versuch zur Aufhellung dieser Frage. (Mitth. d. Ver. f. Gesch. d. Dtsch. in Böhmen. XVIII, 1880, S. 260—274.)
669. KOHL, A., Mundartliches aus dem Egerlande und seiner Umgebung. (Dt. Maa. VI, 1859, S. 170—175.) [Idiotismen.]
670. NEUBAUER, J., Altdeutsche Idiotismen der Egerländer Mundart. Mit einer kurzen Darstellung der Lautverhältnisse dieser Mundart. Ein Beitrag zu einem Egerländer Wörterbuche. Wien 1887. 8°. 115 S. [Der erste Teil der Arbeit erschien als Elbogener Programm von 1886.]
M. HEYNE: Anz. f. dt. Alt. XIV, 1888, S. 285. FR. KAUFFMANN: Litztg. VIII, 1887, Sp. 537. L. TOBLER: Litbl. VIII, 1887, Sp. 296—297. BHDR.: Cbl. 1887, Sp. 1115—1116. A. MAYR: Zs. f. d. Realschw. XI, 1886, S. 751—752; XIII, 1888, S. 635—636. J. SEEMÜLLER: Zs. f. d. oestr. Gymn. XL, 1889, S. 1060—1061. D.: Zt. f. dt. Spr. I, 1888, S. 86.
671. NEUBAUER, J., Über das Fremdwort im Egerlande. (Progr. d. Staatsrealsch. in Elbogen 1888. 8°. S. 11—14.)
Zs. f. d. östr. Gymn. XL, 1889, S. 862.

672. NEUBAUER, J., Die Fremdwörter im Egerländer Dialekte. (Mittl. d. V. f. Gesch. der Dt. in Böhmen XXVII, 1889, S. 171—186.) [Auch besonders ersch.] Prag 1889. 8°. 18 S.

c) Tepler Gebirge.

Tepl.

673. NASSL, J., Die Laute der Tepler Mundart. Prag 1863. 8°. 16 S. (Beiträge zur Gesch. Böhmens, hrsg. v. Ver. f. Gesch. d. Dt. in Böhmen II, 1, Nr. 1.)

674. NASSL, J., Über den mit der Dehnung und der Schärfung der Stammsilben verbundenen Lautwechsel in der Conjugation der Verba der Tepler Mundart. (Progr. d. Gymn. in Mies 1877. 8°. S. 1—5.)

Theusing.

675. MANNL, O., Die Sprache der ehemaligen Herrschaft Theusing. Als Beitrag zu einem Wörterbuch der fränkischen Mundart in Böhmen. (Progr. d. Oberg. zu Pilsen 1886. 8°. S. 1—32.)

A. NAGELE: Litbl. VIII, 1887, S. 319. J. NEUBAUER: Zs. f. d. Realschw. XII, 1687, S. 446—447.

d) Böhmerwald.

676. RANK, J., Deutsche Sprachalterthümer im Dialekte des Böhmerwaldes. (Oest. Wochenschr. IV, 1864, S. 1665—1672.) [Vgl. Mittl. d. Ver. f. Gesch. der Dt. in Böhmen III, 1865, S. 123—126.]

J. PETTERS: Mittl. d. Ver. f. Gesch. der Dt. in Böhmen, IV, 1865, S. 1—5.

III.
MITTELDEUTSCHE MUNDARTEN.
I. Mitteldeutsche Mundarten im ganzen.

677. Pfeiffer, Franz, Mitteldeutsch. (Germania VII, 1862, S. 226—230.) [Handelt über die Berechtigung dieser Bezeichnung u. bringt ein altes Zeugnis dafür bei.]

678. [Kletke, K.,] Bibliographie der grammatikalischen, lexikalischen und literaturhistorischen Arbeiten über die Dialekte Nord- und Mitteldeutschlands. (Bes. Beilage des Königl. Preuss. Staatsanz. Nr. 237 v. 9. Okt. 1869.)

679. Böckh, R., Sprachkarte vom preussischen Staat nach den Zählungsaufnahmen vom Jahre 1861 im Auftrage des königlichen statistischen Bureaus bearbeitet. Berlin 1864. 2 lith. Bll. in Fol. mit 2 S. Text in $4^{o\,*}$.

680. Andree, R., Sprachgrenze zwischen Niederdeutsch und Mitteldeutsch. (R. Andree u. O. Peschel, Physikal.-statist. Atl. d. dt. Reichs I, Bielefeld u. Lpz. 1876. Fol. S. 28.)

II. Fränkische Mundarten.
A. Im ganzen.

681. Wenker, G., Sprach-Atlas von Nord- und Mitteldeutschland. Auf Grund von systematisch mit Hülfe der Volksschullehrer gesammeltem Material aus ca. 30 000 Orten bearbeitet, entworfen und gezeichnet. [In 13 Abtheilungen à 6 Liefgen. 1. Abthlg. 1. Lfg.] Strassburg 1881. qu. Fol. 6 Bl. in Aubeldr. u. color. u. 1 Bl. Ortsverzeichniss, nebst XXIII S. Text. in 8°. Anz. f. dt. Alt. VIII, 1882, S. 283—284. Behaghel: Litbl. II, 1881, Sp. 434. Rödiger: Litztg. III, 1882, Sp. 248—249. Cbl. 1882, Sp. 1557—1559.

682. Rapp, K. M., Fränkische Dialecte. (Vers. e. Physiologie d. Spr. IV. Stuttg. u. Tüb. 1841. 8°. S. 126—134.)

683. Birlinger, [A.], Fränkisches. (Herrigs Arch. XLII, 1868, S. 477—478.) [Beh. einzelne Wörter versch. fränk. Mundarten.]

684. Bahder, K. v., Über ein vokalisches Problem des Mitteldeutschen. Habilitationsschrift. Leipzig 1880. 8°. 46 S. [Die Entwicklung von mhd. ie und uo, S. 6—10 in den heutigen Maa.] Behaghel: Litbl. I, 1880, Sp. 437—439.

B. Ostfränkisch.
[Vgl. Nr. 397—425 und 647 ff.]

1. Im ganzen.

685. NICOLAI, F., Anmerkungen über den Provinzialdialekt in Franken, und Verzeichniss einiger Provinzialwörter. (Beschr. einer Reise durch Dtschl. u. d. Schweiz im J. 1781. I, Berl. u. Stettin 1783. 8°. Beil. XI, 8. 9. S. 134—140.)

686. GÖTZINGER, M. W., Fränkische Mundart. (Die deutsche Sprache und ihre Literatur I, 1. Stuttgart 1836. 8°. § 20, S. 65—89.) [Kurze Charakteristik u. Sprachproben.]

687. HAUPT, Die Mundart der drei Franken. (Bavaria III, 1, 1865, S. 191—266.)
BIRLINGER: Zs. f. vgl. Spr. XVI, 1867, S. 422—423.

688. RADLOF, J. G., Umendigung durch den Umlaut in der fränkischen Mundart. (Dtschkdl. Forschungen I, Berlin 1825, 8°. S. 353—357.) [Vgl. Verkündiger 1811, St. 199*.]

2. Oberfränkisch.
[Ansbach s. Nr. 653 f.]

a) Das bair. Oberfranken.
[Vgl. auch Nr. 667.]

689. ZAPF, L., [Bemerkungen über Mundarten im Fichtelgebirge]. (Dt. Maa. IV, 1857, S. 257—258.)

b) Voigtländisch.

690. SCHMIDT, JUL., Sprach-Eigenthümlichkeiten [der Voigtländer]. (Medic.-physik.-statist. Topogr. der Pflege Reichenfels. Lpz. 1827. 8°. S. 134—139.)

691. DUNGER, H., Ueber Dialect und Volkslied des Vogtlands. Ein Vortrag, gehalten im Saale der Gesellschaft Erholung zu Plauen am 3. Januar 1870. Plauen i. V. 1870. 8°. 24 S.
A. SCHÖNBACH: Herrigs Arch.XLIX, 1872, S. 453. Blätt. f. lit. Unterh. 1670. Nr. 21.*

692. BÖHME, O., Beiträge zu einem vogtländischen Wörterbuche. (38. Jber. d. Realsch. mit Progymn. zu Reichenbach im V. Progr. 543. 1888. 4°. S. 3—22.)
F. KAUFFMANN: Litbl. IX, 1888, Sp. 490—491.

Greiz.

693. HERTEL, L., Die Greizer Mundart. (Mittl. d. Geogr. Gesellschaft z. Jena V, 1886, S. 132—165.)

Pössneck.

694. [F. A.'., Skizze der Pössnecker Mundart im 2. Drittel des 19. Jahrhunderts. Pössneck o. J. 8°. 25 + 1 S.

3. Grabfeldisch.

a) Itzgründer Mundart.

Koburg.

695. LOCHMANN, J. M., Ueber die Mundart der Einwohner der Stadt Coburg und der umliegenden Orte. Progr. Coburg 1793. 4°.*

696. FELSBERG, O., Die Koburger Mundart. (Mittl. d. geogr. Ges. f. Thür. z. Jena VI, 1888, S. 127—160.)

697. WENDEL, Von der Aehnlichkeit unseres [des Coburger] Volksdialectes mit dem im Grossherzogthum Posen. Eine Einladungsschrift zur öff. Prüf. im Herzogl. Gymn. a. 1. April 1822. Coburg [1822]. 8. 39 S. [Hauptsächl. Wörterverzeichnis.]

698. FROMMANN, G. K., Zur Erläuterung einiger Ausdrücke der Koburger Mundart. (Dt. Maa. II, 1855, S. 136—141.)

699. FROMMANN, G. K., Hilpertsgriffe. (Dt. Maa. II, 1855, S. 136—141.)

Mupperg.

700. LOTZ, G., Der Dialekt [des Dorfes Mupperg]. (Die Pfarre Mupperg, topogr. und geschichtl. dargestellt. Coburg 1843. 8°. S. 61—69.) [Einzelheiten und eine Erzählung mit Übersetzung.]

Sonneberg.

701. SCHLEICHER, A., Volksthümliches aus Sonneberg im Meininger Oberlande. Weimar 1858. 8°. VIII S., 1 Bl., S. IX—XXV + 1 + 158 S.

A. KUHN: Zs. f. vgl. Spr. VIII, 1859, S. 156—159. FROMMANN: Dt. Maa. VI, 1859, S. 88—89.

702. SCHLEICHER, A., Brechung vor r und h und mehrfacher umlaut des a in der nordfränkischen mundart der stadt Sonneberg am südabhange des düringer waldes. (Zs. f. vgl. Spr. VI, 1857, S. 224—230.)

703. SCHLEICHER, A., Grüserich. (Zs. f. vgl. Spr. X, 1861, S. 79.) [Vgl. dazu L. DIEFENBACH ebd. S. 236—238.]

b) Hennebergisch.

Grammatik.

704. BRÜCKNER, G., Die hennebergische Mundart. (Dt. Maa. II, 1855, S. 211—221, 320—331, 494—501; III, 1856, S. 122—143.)

705. Spiess, B., Die Fränkisch-Hennebergische Mundart. Mit einer Karte. Wien 1873. 8°. X, 102 S. [Gramm. m. Sprachpr.] W. B.: Cbl. 1873, Sp. 911—912.

706. Brückner, G., Abstammung und Sprache [der Bewohner des Herzogthums Meiningen]. (Landeskunde des Herzogthums Meiningen I, Meiningen 1851. 8°. S. 313—319.)

707. Reinwald, [F. W. H.], Etwas über hennebergische Spracheigenthümlichkeiten. (Bundschuh's fränk. Mercur, 1795, S. 310.)*

708. Sterzing, F. G., Einiges bemerkenswerthe aus der Hennebergisch-Fränkischen mundart. I—XXII. (Dt. Maa. II, 1855, S. 44—50. [M. Anm. d. Hg. S. 50—51.], 349—355 [Zus. d. Hg. S. 355—357]; III, 1856, S. 360—365, 474—451; IV, 1857, S. 220—225, 306—318, 457—462; V, 1858, S. 449—458. VI, 1859, S. 469—476.) [Vgl. dazu noch Latendorf ebd. VI, 1859, S. 229—232 u. 271 u. Woeste S. 530.]

709. Brückner, G., Der Volkssuperlativ im Hennebergischen, (Dt. Maa. I, 1854, S. 229—238.)

Wortschatz.

710. Verzeichniss einiger Hennebergischen Idiotismen. (Journ. v. u. f. Dtschl. III, 1786. 6. St. S. 531—533.) [Beytrag dazu ebd. IV, 1787, 10. St. S. 338—340.]

711. Reinwald, F. W., Hennebergisches Idiotikon, oder Sammlung der in der gefürsteten Grafschaft Henneberg gebräuchlichen Idiotismen, mit etymologischen Anmerkungen und Vergleichung anderer alten und neuen Germanischen Dialecte [I]. Berlin und Stettin 1793. 8°. XVI, 115 S. Zweyter Theil, welcher Berichtigungen, Ergänzungen und Vermehrungen des Ersten enthält. Voran ein Versuch über die sämmtlichen Germanischen Hauptdialekte und einige Unterscheidungszeichen derselben und am Ende ein Verzeichniss von Volkswörtern des mittleren Frankens. Ebd. 1801. 8°. 171 S.
Allg. Litztg. 1795 II, S. 179—180. EI: Neue allg. dt. Bibl. IX, 1794, S. 497—502. Mir: ebd. XI, 1791, S. 438—439. Erlanger gel. Ztg. 1794, S. 761—765*. Goth. gel. Ztg. 1793 II, S. 783—754*. Nürnberger gel Ztg. 1793, S. 329*. Würzburger gel. Anzeigen 1795 IV, S. 145—151*.

712. Brückner, G., Beitrag zu einem Hennebergischen Wörterbuche. (Progr. d. Realsch. zu Meiningen 1843. 4°. S. 1—19.) [Nur mit h beginnende Stämme enth.]

713. Spiess, B., Volksthümliches aus dem Fränkisch-Hennebergischen. Mit einem Vorwort von R. Bechstein. Wien 1869. 8°. XVI, 206 S. [Enth. ein Idiotikon.]
A. K.: Cbl. 1869, Sp. 887.

714. Spiess, B., Beiträge zu einem Hennebergischen Idioti-

kon. (Dt. Maa. VII, 1877, S. 129—176. 257—304.) [Auch besonders:] Wien 1881. 8°. V + 3 + 296 S.
L. FREYTAG: Mag. f. d. Lit. d. In- u. Ausl. 1881, S. 365. J. WOLFF: Litbl. II, 1661, Sp. 250—262.
715. BRÜCKNER, G., Ülfen. (Dt. Maa. VII, 1877, S. 332.) [Bitte um Erklärung dieses am Südabh. d. Thüringerw. gebr. Wortes.]

[Salzungen s. Nr. 904.]

Schmalkalden.

716. WAGNER, J. G., Schmalkalder Eigenwörter. (Geschichte der Stadt und Herrschaft Schmalkalden. Marburg u. Leipzig 1849. 8°. S. 424—437.)

c) Rhön-Mundart.

717. SCHAROLD, C. G., Rhöner Mundart. (Arch. d. hist. Ver. f. Unterfr. VII, 3, 1843, S. 164—169.) [Idiotikon.]

4. Unterfränkisch.

a) Der bayr. Regierungsbezirk Unterfranken.

[Rhön-Mundart s. Nr. 717.]

718. REINWALD, W. F. H., Auswahl einiger Idiotismen des mittleren Frankens, besonders aus denen an Henneberg gränzenden Würzburgischen Gegenden zur Bestätigung und Erläuterung der Hennebergischen Volkswörter. (Hennebergisches Idiotikon, Berl. u. Stettin 1793, 8°. S. 153—163.)

719. BIRLINGER, A., Etwas Sprachliches. 1. Noch einmal Fürhäss. 2. Sprachl. Bemerkungen zu Bensens Hospital im Mittelalter (1853). (Arch. d. hist. Ver. v. Unterfr. XX^V, 1871, S. 401—404.)

Würzburg.

720. SARTORIUS, J. B., Die Mundart der Stadt Würzburg. Würzburg 1862. 8°. IV + 2, 234 + 1 S. [Wörterbuch mit Texten.]
Cbl. 1862, S. 191—192.

b) Hohenlohisch.

[Ostfränk. in Baden vgl. Nr. 246.]

721. HIRSCHING, F. K. G., (Beytrag von) Idiotismen aus dem Fürstenthum Hohenlohe. (Journ. v. u. f. Dtschld. V, 1788, 7. St. S. 52—56. VI, 1789, 6. St., S. 59—61.) [Der Zusatz »Beytrag von« findet sich nur a. d. zweiten Stelle.]

[Backnang s. Nr. 362.]

Crailsheim.

722. [Die Mundart des Oberamts Crailsheim.] (Beschr. d. Oberamts Cr. Hg. v. d. K. stat.-top. Bur. Stuttg. 1884. 8°. S. 120—129.) [Kurze Lautlehre, Wortschatz, Proben.]

Gerabronn.

723. [FROMM,] [Über die Mundart von Gerabronn.] (Beschr. d. O.-A. Gerabronn. Hg. v. d. K. stat.-top. Bur. Stuttg. u. Tüb. 1847. 8°. S. 36.) [Kurze Bemerkung.]

Hall.

724. GRÄTER, F. D., [Einiges über die Mundart von Hall]. (Idunna u. Hermode III/IV, 1814/5, S. 90—92, 93—95.)

725. [Über die Mundart von Hall.] (Beschr. d. O.-A. Hall, Hg. v. d. K. stat.-top. Bur., verf. v. MOSER, Stuttg. u. Tüb. 1847. 8°. S. 51.) [Kurze Bemerkung.]

726. GRÄTER, F. G., Erste Anlage zu einem Wörterbuche der Schwäbisch-Hallischen Mundart. (Rüdiger's Neuester Zuwachs V, 1793, S. 186—216.) [Einl. dazu v. RÜDIGER ebd. S. 184—185.]

Künzelsau.

727. BAUER, H., Der ostfränkische Dialekt, wie er zu Künzelsau und in dessen nächster Umgebung gesprochen wird. (Zs. d. hist. V. f. d. wirt. Franken VI, 3, 1864, S. 369—419.)

728. [BORSERT?], [Die Mundart des Oberamtsbezirks Künzelsau.] (Beschreibung des Oberamts Künzelsau. Hg. v. d. K. statistisch-topograph. Bureau. Stuttgart 1883. 8°. S. 133—145.) [Kurze Lautlehre, Wortschatz.]

[Marbach s. Nr. 366.]

Mergentheim.

729. [SPEIER], [Die Mundart des Oberamtsbezirks Mergentheim]. (Beschr. d. O.-A. Merg. Hg. v. d. K. stat.-top. Bur. Stuttg. 1880. 8°. S. 137—179.) [I. Lautlehre. II. Wortschatz.]

Oehringen.

730. [Über die Mundart von Oehringen.] (Beschr. d. O.-A. Oehringen. Hg. v. d. K. stat.-top. Bureau. Stuttg. 1865. 8°. S. 43.) [Kurze Bemerkung.]

c) Pfälzisch-Schwäbische Grenzmundart am Neckar.

Besigheim.

731. [Über die Mundart von Besigheim.] (Beschr. d. O.-A. B. Hg. v. d. K. stat.-top. Bur. Stuttg. 1853. 8°. S. 40.) [Kurze Bemerkung.]

Brackenheim.

732. [VÖTSCH], [Über die Mundart von Brackenheim.] (Beschr. d. O.-A. Brackenheim. Hg. v. d. K. stat.-top. Bur. Stuttgart 1873. 8°. S. 90.) [Kurze Bemerkungen.]

Heilbronn.

733. [Über die Heilbronner Mundart.] (Beschr. d. O.-A. Heilbronn. Hrsg. v. d. K. stat.-top. Bur. Stuttgart 1865. 8°. S. 60—62.) [Lautliches.]

734. Ein kleiner Beytrag zum Studium unserer Muttersprache. (Journ. v. u. f. Dtschl. III, 1786, 11. St. S. 429—431.) [Ein Heilbronner Idiotikon. Nachtrag dazu ebd. VI, 1789, 2. St. S. 163.]

Neckarsulm.

735. [Die Mundart des Oberamts Neckarsulm.] (Beschr. d. O.-A. N. Hrsg. v. d. K. stat.-top. Bur. Stuttg. 1881. 8°. S. 115—121.) [Laut- u. Flexionslehre, besondere Ausdrücke u. Redensarten.]

Vaihingen.

736. [Über die Mundart des Oberamts Vaihingen.] (Beschr. d. O.-A. V. Hrsg. v. d. K. stat.-top. Bur. Stuttgart 1856. 8°. S. 32.) [Kurze Bemerkung.]

Weinsberg.

737. [Über die Mundart des Oberamts Weinsberg.] (Beschr. d. Oberamts Weinsberg. Hrsg. v. d. K. stat.-top. Bur. Stuttg. 1861. 8°. S. 45.) [Nur einige gelegentliche Bemerkungen.]

C. Rheinfränkisch.

1. Im ganzen.

[Vgl. Nr. 36f. und 397ff.]

738. RAPP, K. M., West- oder Rheinfränkisch. (Versuch einer Physiol. d. Spr. IV. Stuttg. u. Tüb. 1841. 8°. S. 127—129.) [Lautlehre und Proben.]

739. HILDEBRAND, R., Ein wunderlicher rheinischer accusativ. (Zs. f. dt. Phil. I, 1869, S. 442—448). [Vgl. dazu L. BOSSLER ebd. II, 1870, S. 190—191.]

740. PFISTER, H. VON, Ueber die sprachliche Grenze der Chatten. (Zs. d. V. f. hess. Gesch. N. F. IV, 1873, S. 117—141.)

2. Pfälzisch.
a) Im ganzen.

741. HEMMER, J., Abhandlung über die deutsche Sprache zum Nutzen der Pfalz. Mannheim 1769. 8°. 1 Bl. 226 S.
742. Provinzialwörter aus der Pfalz am Rhein. (Journ. v. u. f. Dtschl. III, 1786. 9. St. S. 235—236.)
743. Idiotismen aus der Unterpfalz. (Journ. v. u. f. Dtschl. IV, 1787, 9. St. S. 211—217.)
744. FABER, K. W., Beiträge zu einem Pfälzer Idiotikon. (Pfälz. Mus. II, 1885, S. 7—8, 39, 63—64.)
745. CHRIST, K., Zum Pfälzer Idiotikon. (Pfälz. Mus. II, 1885, S. 21—22.)

b) Südpfälzisch (Schwäb. Grenzmundart).

Maulbronn.

746. [Über die Mundart von Maulbronn.] (Beschr. d. O.-A. M. Hrsg. v. d. K. stat.-top. Bur. Stuttg. 1870. 8°. S. 75.) [Kurze Bemerkung.]

Neuenbürg.

747. [Über die Mundart von Neuenbürg.] (Beschr. d. O.-A. N. Hrsg. v. d. K. stat.-top. Bur. Stuttgart 1860. 8°. S. 42—43.) [Kurze, gelegentl. Bemerkungen.]

c) Rechtsrheinische Pfalz.
[Vgl. Nr. 249.]

748. CHRIST, K., Zum pfälzischen Idiotikon [Badische Pfalz.] (Pfälz. Mus. I, 1884, S. 39.)

Odenwald.

749. DIEHL, Einige eigenthümliche Ausdrücke im vorderen Odenwald. (Arch. f. hess. Gesch. XIII, 1874, S. 118—137).

Handschuchsheim.

750. LENZ, P., Der Handschuhsheimer Dialekt I. Wörterverzeichnis. Beil. z. Progr. d. Grh. Bad. Gymn. zu Konstanz. Konstanz 1887. 4°. 55 S.
BEHAGHEL: Litbl. IX, 1888, S. 391.

Heidelberg.

751. RADLOF, J. G., Rheinpfälzische Mundart. [Aussprache, Geschlechterbezeichnung, Wörterformung, Wörterbüchlein, gleichgültige Umkehrungen.] (Teutschkdl. Forschungen I, Berlin 1825. 8°. S. 216—256.) [Vgl. Badische Wochenschrift 1806* u. 1807*.]
752. RADLOF, J. G., Rheinpfälzische Verwechselung hoch-

teutscher Wörter. (Teutschkdl. Forschungen II, Berlin 1826. 8°. S. 123—124.) [Vgl. Badische Wochenschrift 1807*.]

d) Bairische Pfalz und Rheinhessen.

753. RIEHL, W. H., Sprachstudien [über die Rheinpfälzische Mundart]. (Die Pfälzer. Stuttgart u. Augsburg 1857. 8°. — 2. unv. Abdruck ebd. 1858. 8°. S. 271—297.)

754. SCHANDEIN, L., Mundart [der bayr. Pfalz]. (Bavaria. Landes- und Volksk. d. Königr. Bayern IV, 2, 1867, S. 217—263.) [Mit Proben.]

755. AUTENRIETH, Zum pfälzischen Idiotikon. [Linksrheinische Pfalz.] (Pfälz. Mus. I, 1884, S. 28—29.)

Oppenheim.

756. DIEHL, Einige eigenthümliche Ausdrücke aus der Gegend von Oppenheim a. Rh. (Arch. f. hess. Gesch. XIII, 1874, S. 252—276.)

e) Rheinpfälzisch in Amerika (Pennsylvania).

757. HALDEMANN, S. S., Pennsylvania Dutch: a dialect of South German with an infusion of English. London 1872. 8°. VIII, 69 S.

758. RAUCH, E. H., Pennsylvania Dutch Handbook. A Book for Instruction. Philadelphia 1880*.

759. HORNE, A. R., ᴣm Horn sei⁻ Pennsylvanisch Deitsch Buch.*

760. LEARNED, M. D., The Pennsylvania German dialect. [Ethnogr. Einleitung, Laut- und Flexionslehre.] (American journ. of philol. IX, 1888, S. 64—83, 178—197, 326—339, 425—456.) [Auch bes. ersch.] Baltimore 1889. 8°.*

3. Ostlothringisch.
[Vgl. Nr. 31—37.]

761. Verzeichniss einiger Provinzialwörter aus der Grafschaft Saarwerden und Deutsch-Lothringen. (Journ. v. u. f. Dtschl. V, 1788, 11. St. S. 423—425.)

762. MONE, F. J., Mundart der oberen Saargegend. (Anz. f. Kde d. dtsch. Vorz. VII, 1835, S. 118—122.)

763. SCHWALB, Sammlung und Erklärung der landschaftlichen, zum Theil eigenthümlichen Wörter an der Ober- und Mittel-Saar. A-G. (Progr. d. Gymn. in Saarbrücken 1833. 4°. S 1—30.) Zweite Slg. Ein Teil des Buchstabens H mit Einleitung. (Dgl. 1848. 4°. S. 3—20.)

764. Die Sprachgränze in Lothringen. (Allg. Ztg. 1844, ausserord. Beil. z. Nr. 6, S. 1.)

765. ANDREE, R., Lothringer Fahrten. (Daheim IX, 1873, S. 74—79.) [Behandelt gelegentl. auch die Sprachgrenze.]
766. HUHN, F. H. TH., [Über die Sprachgrenze in Lothringen.] (Deutsch-Lothringen. Landes-, Volks- und Ortskunde. Stuttgart 1875. 8°. S. 55—57.)
767. OBST, H., Die deutsch-französische Sprachgrenze in Lothringen. (Ausland LX, 1887, S. 956—958.)
768. Die deutsch-französische Sprachgränze in Lothringen. (Allg. Ztg. 1887, II, S. 1834—1835.)
769. THIS, C., Die deutsch-französische Sprachgrenze in Lothringen nebst einer Karte. Strassburg 1887. 8°. 1 Bl., 34 S. (Beitr. z. Landes- u. Volksk. v. Elsass-Lothringen I, 1887.)

L. NEUMANN: Litbl. IX, 1888, Sp. 214—217. Cbl. 1887, Sp. 1536—1537. PHIL. STRAUCH: Litztg. VIII, 1887, Sp. 1475—1476.

4. Hessisch-Nassauisch.

a) Im ganzen.

770. PFISTER, H. VON, Chattische Stammes-Kunde. Volkstümliche, sprachliche und geschichtliche Arbeit. Mit genauer Karte des stammheitlichen Gebietes sowie der sechs chattischen Gaue. Kassel 1880. 8°. XII, 195 S. 1 Karte.

M. HEYNE: Litztg. II, 1881, Sp. 1997. P. PIETSCH: Litbl. III, 1882, Sp. 303—306.

771. PFISTER, H. VON, Anhang zur Chattischen Stammes-Kunde. Kassel 1888. 8°. VIII, 54 S.

b) Untermain-Mundart.
[Vgl. Nr. 749.]

Frankfurt.

772. FINGER, L. F., Sprachliche Bemerkungen. (Mittl. an d. Mitglieder d. Ver. f. Gesch. u. Altertumskde in Frankfurt a. M. III, 1868, S. 281—283.) [Einige Frankfurter Idiotismen.]
773. FINGER, F. A., Der Eis. (Herrigs Arch. XXXVII, 1865, S. 477—478.)

c) Nassauisch.
[Westerwäldisch s. Nr. 792.]

774. KEHREIN, J., Volkssprache und Volkssitte in Nassau. Ein Beitrag zu deren Kenntniss. [I.] Weilburg 1860. 8°. 2 Bl., XII, 464 + 64 S. — [Neue Titelauflage.] Bonn 1872. 8°. [S. 1—30: Laut-, Wort- und Satzlehre; S. 31—464 und 1—64: Wörterbuch.]

A. K.: Cbl. 1862, Sp. 1019—1021.

775. VIETOR, W., Die Rheinfränkische Umgangssprache in und um Nassau. Wiesbaden. 1875. 8°. IV, 43 + 1 S. [Laut- u. Formenlehre, Sprachproben. Wörterbuch.]
R. HEINZEL: Anz. f. dt. Alt. II, 1876, S. 134—139.

Giessen.

776. Verzeichniss einiger in und um Giessen üblichen Provinzialismen. (Journ. v. u. f. Dtschl. IX, 1792, 1. St. S. 51—54.)

d) Wetterauisch.
[Vgl. Nr. 740, 776 und 779 ff.]

777. Erläuterungen [über die Lautlehre der Wetterauer Mundart]. (LANGSDORF, K. F., Der Fleischträger Römer. Gedicht in der Wetterauer Mundart. Verfasst im Jahr 1794. Aus Veranl. des 70. Geburtstages des Verf. 11. Febr. 1842 zum Druck befördert .... von dessen Söhnen. Darmstadt. 8°. S. 14—28.)

Hanau.

778. Beyträge zu einem Hanauischen Idiotikon. (Journ. v. u. f. Dtschl. II, 1785. 11. St. S. 479—480.)

e) Oberhessisch.
[Vgl. Nr. 776 f. und 783—787.]

779. ESTOR, J. G., Versuch eines Oberhessischen Wörterbuchs. (Teutsche rechtsgelahrtheit III, ausgefertiget von JOHANN ANDREEN HOFMANNE, Frankfurt a. M. 1767, S. 1403—1424.

780. VILMAR, [A. F. C.], Probe eines hessischen Wörterbuchs. (Zs. d. V. f. hess. Gesch. u. Ldk. IV, 1847, S. 49—103.) [Nicht ausschliesslich Oberhessisch.]

781. SIPPELL, C., Oberhessische Idiotismen. (SIPPELL, C., JOH. GEORG ESTOR ... zur Erneuerung seines Gedächtnisses... Marburg 1874. 8°. Anh. II, S. 22—32.)

Waldeck.
[Vgl. auch unter »Niedersächsische Maa.«]

782. BAUER, K., Die Sprachgrenze im Fürstenthum Waldeck (Ndd. Korr.-Bl. IV, 1879 S. 82—83.)

5. Niederhessisch.

783. VILMAR, A. F. C., Idiotikon von Kurhessen. Marburg und Leipzig 1868. 8°. VIII, 479 + 1 S. — Neue billige Ausg. Marburg 1883.
Cbl. 1867, Sp. 1450—1461. H. RÜCKERT: Grenzboten XXVII, 1969 II, 1 S. 390—400. Vgl. dessen Kl. Schr. I, Weimar 1877. 8°. S. 352—365. Siebenbg. Korrbl. VII, 1884, S. 70.

784. BECH, F., Beiträge zu Vilmars Idiotikon von Kurhessen. (Progr. d. Kön. Stiftsgymn. zu Zeitz 1868. 4°. 1 Bl. S. I—XXVI.)
HÖLSCHER: Herrigs Arch. XLIV, 1869, S. 452, Cbl. 1868, Sp. 1114—1116.
785. PFISTER, H. VON, Mundartliche und stammheitliche Nachträge zu A. F. C. VILMARS Idiotikon von Hessen. Mit einer Karte. Marburg 1886. 8°. XVI, 360 S.
F. KAUFFMANN: Litbl. VIII, 1887, S. 382—384. R. K.: Cbl. 1888, Sp. 157—158. E. SCHRÖDER: Litztg. VIII, 1887, Sp. 570—571.
786. VILMAR [A. F. C.] und PFISTER [H.], Idiotikon von Hessen. Erstes Ergänzungsheft durch HERMANN VON PFISTER. Marburg 1889. 6°. XII, 31 + 1 S.

Hersfeld.

787. SALZMANN, J., Die Hersfelder Mundart. Versuch einer Darstellung derselben nach Laut- und Formenlehre. Inaug.-Diss. Marburg 1888. 8°. 69 + 3 S.

[Waldeck s. Nr. 782.]

C. Moselfränkisch.
[Vgl. Nr. 36f., 684, 826f. und 882f.]

1. Siegerländisch.

788. SCHÜTZ, H., Das Siegerländer Sprachidiom. Ein Beitrag zur Kenntniss der deutschen Mundarten. [I.] (Progr. d. höh. Bürger- und Real.-Sch. zu Siegen 1845. 4°. S. 3—28.) Zweiter Beitr. (Dgl. 1848. 4°. S. 3—24.)
HÖLSCHER: Herrigs Arch. I, 1846, S. 237—239.
789. HEINZERLING, J., Die siegerländer Mundart. (XXXVII. Jber. d. Realsch. erster Ordnung zu Siegen 1874. 4°. S. 3—18.) [Mit Karte. Lautlehre.]
Herrigs Arch. LIV, 1875, S. 101—102.
790. HEINZERLING, J., Ueber den Vocalismus und Consonantismus der Siegerländer Mundart. Diss. Marburg 1871. 8°. 1 Bl., 127 + 3 S.
791. HEINZERLING, J., Die Namen der wirbellosen Thiere in der siegerländer Mundart, verglichen mit denen anderer deutscher Mundarten und germanischer Schriftsprachen. (XLII. Jber. der Realsch. I. Ord. zu Siegen. 1879. 4°. Pr. Nr. 317. S. 1—25.)
PH. WEGENER III, 1682, Sp. 13—14.

2. Westerwäldisch.

792. SCHMIDT, KARL CHRISTIAN LDW., Westerwäldisches Idiotikon oder Sammlung der auf dem Westerwalde gebräuch-

lichen Idiotismen, mit etymologischen Anmerkungen und der Vergleichung anderer alten und neuen Germanischen Dialekte. Hadamar und Herborn. 1800. 8°. XXVI, 384 S.
Allg. Litztg. 1801 IV, Sp. 180—183. Adk.: Neue allg. dt. Bibl. LXV, 1801, S. 489—494. Erlanger Litztg. 1801 I, S. 65, 66, 70—71*. Leipziger Jb. d. neuesten Lit. 1800 II, S. 442—445*.

3. Moselland der Rheinprovinz.

793. BLEUL, J. H., Freih. VON, Beiträge zum Idiotikon [moselländischer Idiotismen]. (Kurtrier. Intelligenzblatt 1787 Nr. 6—15.)*

794. BECKER, J. N., Idiotikon aus dem Moseldepartement. (Beschreibung meiner Reise in den Departementern vom Donnersberge, vom Rhein u. v. d. Mosel. Berlin 1799. 8°. S. 387—424. — 2. Aufl. ebd. 1808. 8°.)* [Am Schluss einige Bemerkungen über die Mundart.]

795. MIECK, Zu den deutschen Dialecten II. Oberdeutsch. Mosel zwischen Trier und Coblenz. (Herrigs Arch. XLVIII, 1871, S. 227—229.) [Wörterverzeichnis.]

796. MIECK, Zu den deutschen Dialekten. (Dtsch. Sprchwt. VI, 1871/2, S. 221—222, 303, 320, VII, S. 143—144, 380. Dt. Maa. VII, 1877, S. 487—488.) [Worterklärungen aus der Gegend d. Mosel, d. Niederrheins, Düsseldorfs.]

Coblenz.

797. WEGELER, J., Coblenz in seiner Mundart und seinen hervorragenden Persönlichkeiten. Coblenz 1876. 8°. VIII, 256 S.
A. REICHENSPERGER: Lit. Rundschau II, 1876, Sp. 66—67.

798. E., C. J., Verzeichniss von Provinzialwörtern und Ausdrücken, die in der Gegend von Coblenz gebräuchlich sind. (Journ. v. u. f. Dtschl. IV, 1787, 11. St., S. 413—421.)

799. [WEGELER, J.], Wörterbuch der Coblenzer Mundart. (Rhein. Antiquarius III, 14, 1869, S. 698—759.) [Auch besonders ersch.] Coblenz 1869. 8°. 2 Bl., 68 S.

4. Westlothringisch-Luxemburgisch.

[Vgl. Nr. 31—37.]

a) Im ganzen.

800. FOLLMANN, F. M., Die Mundart der Deutsch-Lothringer und Luxemburger. A. Konsonantismus. Metz 1886. 4°. 24 S. Beilage zum Progr. d. Realsch. z. Metz f. d. Schulj. 1885—86. Progr. Nr. 483.
HÖLSCHER: Herrigs Arch. LXXIV, 1887, S. 119—120.

b) West-Lothringen.
[S. Nr. 761—769.]

801. FOLLMANN, [F. M.], Die Sprache der deutschen Lothringer. (Allg. Ztg. 1885, S. 2689—2690.)

c) Luxemburg.

802. STRONCK, M., Historisch-philologische Studie über das belgische Gallien und die in demselben entstandenen Sprachgrenzen, mit besonderer Berücksichtigung des Luxemburger Dialektes. [Mit einer Karte.] (Publ. de la sect. hist. de l'Institut. Vol. XXIV [2], Luxemb. 1869. S. 271—294.)

803. GREDT, N., Die Luxemburger Mundart, ihre Bedeutung und ihr Einfluss auf Volkscharakter und Volksbildung. (Progr. d. Athenæums zu Luxemburg. 1871. 4°. S. 3—63.)

804. MEYER, A., Regelbüchelchen vum letzeburger Orthügraf. Luxemburg 1854.*

805. LA FONTAINE, ED. DE, Versuch über die Orthographie der luxemburger deutschen Mundart. Luxemburg 1855. 8. 15 S.

FROMMANN: Dt. Maa. II, 1855, S. 524—525.

806. GLODEN, [Grammatik und Wörterverzeichniss des Luxemburger Dialekts.] (A. MEYER, Luxemburgische Gedichte und Fabeln, Brünn [1845]. 8°. S. IX—XXXVIII und 175—195.)

807. KLEIN, PETER, Die Sprache der Luxemburger. (Publ. de la Soc. pour la rech. et la conserv. des mon. hist. dans le grand-duché de Luxembourg. Année 1854. X. Luxembourg 1855. 4°. S. 1—52.) [Auch besonders ersch. u. bezeichnet als] Bes. abdr. a. d. 10. jahresheft des verein f. vaterl. geschichts- u. altertumskunde. Luxemburg 1855. 8°. S. I—IV, 5—95 + 1.

FROMMANN: Dt. Maa. II, 1855, S. 525—527.

808. HANSEN, C. J., Het Luxemburgsch. (De Toekomst 1867, S. 97—112.)

Mag. f. d. Lit. d. Ausl. LXXI, 1867, S. 199—200.

809. Der luxemburgische Dialect. (Wiss. Beil. d. Leipz. Ztg. 1867, Nr. 47*.)

810. GANGLER, J. F., Lexicon der Luxemburger Umgangssprache (wie sie in und um Luxemburg gesprochen wird) mit hochdeutscher und französischer Übersetzung und Erklärung.... Luxemburg 1847. 8°. S. I—X, 11—495.

Sauer-Mundart.

811. HARDT, Vocalismus der Sauer-Mundart. Progr. des Progymn. z. Echternach 1843. 4°. 29 S.

5. Eifel-Mundart.

812. SCHMITZ, J. H., Sitten und Sagen, Lieder, Sprüchwörter und Räthsel des Eifler Volkes, nebst einem Idiotikon. Mit einer Nachrede von K. Simrock I. II. Trier 1856. 1858. 8°. XIV, 234 S. u. XIII + 1 S., 1 Bl., 152 S. [Das Idiotikon bef. sich I, S. 219—234.]

813. HOFFMANN VON FALLERSLEBEN [A. H.], Die Eifler Mundart. (Dt. Maa. VI, 1859, S. 11—21.) [Mit Bezug auf Nr. 812.]

814. BÜSCH, TH., Über den Eifeldialekt. Ein Beitrag zur Kenntnis des Mittelfränkischen. Beil. zum Progr. d. Progymn. zu Malmedy. Ostern 1888. 8°. 33 S.

J. R.: Jb. d. V. v. Altertumsfr. im Rheinl. LXXXVII, 1889, S. 185—186. [Vgl. Nr. 892.]

6. Siebenbürgisch.*)

a) Im ganzen.
[Vgl. auch Nr. 630.]

Allgemeines.

815. KÖPPEN, P. v., Literärnotizen betreffend die magyarischen und sächsischen Dialekte in Ungern und Siebenbürgen. St. Petersburg 1826. 8°. 32 S.

816. REISSENBERGER, K., Die Forschungen über die Herkunft des siebenbürgischen Sachsenvolkes in ihren wesentlichsten Erscheinungen. (Arch. d. Ver. f. siebb. Landesk. N. F. XIII, 1876, S. 538—564.) [Auch besonders ersch.] Hermannstadt 1877*.

817. SCHULLER, J. K., Zur Frage über die Herkunft der Sachsen in Siebenbürgen. Hermannstadt 1856. 8°. 2 Bll., 37 S. — 2. verb. Aufl. Prag 1866. 8°. 57 S.

FROMMANN: Dt. Maa. III, 1856, S. 386—387. E. KUHN: Zs. f. vgl. Spr. XVII, 1868, S. 151—152.

818. Die germanistischen Studien im Siebenbürger Sachsenland. (Im neuen Reich X, 1880, 2, S. 752—761.)

819. R[OTH], J., Grundsätze zur Feststellung einer einheitlichen Schreibung unserer [der siebenbürgisch-sächsischen] Mundart. (Siebb. Korrbl. X, 1887, S. 79—81.)

820. BINDER, J., Ueber die Sprache der Sachsen in Siebenbürgen. (Siebenbg. Quartalschr. IV, 1795. S. 201—211. 362—393.)

821. B—N, Ueber die Sprache der Sachsen in Siebenbürgen. (Gräter's Idunna u. Hermode 1816, S. 150—152.) [Allgemeines.]

---

*) Von den zahlreichen hierher gehörigen Beiträgen im »Korrespondenzblatt des Vereins für siebenbürgische Landeskunde« sind nur die umfänglicheren angeführt.

822. Schuller, J. K., Zwei Vorlesungen über Volksglauben, Volkssitten und Volkssprache der siebenbürgischen Sachsen. (Transilvania, Beibl. z. Siebenb. Boten 1851, Nr. 1. 2. 4. 5. 6.)*

823. Roth, J., Zur Dialektkunde. (Siebb. Korrbl. X, 1887, S. 10.)*

Grammatik.

824. [Vergleichung der sächsischen Sprache mit der Englischen.] (Siebb. Provbl. I. II.)*

825. Schuller, J. K., Ueber die Eigenheiten der siebenbürgisch-sächsischen Mundart und ihr Verhältniss zur hochdeutschen Sprache. (Arch. f. d. Kenntniss v. Siebenbürgens Vorzeit u. Gegenwart I, 1840, S. 97—130.)

826. Marienburg, [G.] F., Über das Verhältniss der siebenbürgisch-sächsischen Sprache zu den niedersächsischen und niederrheinischen Dialecten. (Arch. d. Ver. f. siebb. Landesk. I, 1845, 3. Heft, S. 45—70.)

827. Schuller, J. K., Mundartliche Parallelen. (Transilvania 1863.) [Beh. die Verwandtschaft der siebb. Mundart.]*

828. Marienburg, G. F., Ueber einige Eigenthümlichkeiten der siebenbürgisch-sächsischen Mundart. (Mag. f. Gesch. u. s. w. Siebenbürgens. N. F. II, 1860, S. 39—60.)

829. Keintzel, G., Über die Herkunft der Siebenbürger Sachsen. (Progr. d. evang. Obergymn. A. B. zu Bistritz. Bistritz 1887. 4°. S. 3—52.) [Vergleichende Lautlehre des Mittelfränk. und Siebenbürg. S. 41—52: Über das Verwandtschaftsverhältnis der Deutschen in der Zips und der Sachsen in Siebenbürgen.]
J. R[oth]: Siebb. Korrbl. X, 1887, S. 93—95.

830. R[oth], J., Gemeinsächsisch und Nösnisch und ein gemeinsächsisches Lautgesetz. (Siebb. Korrbl. XI, 1888, S. 69—72.) [Vgl. auch ebd. X, Hft. 8, XI, Hft. 1. 5.]*

831. Keintzel, G., Nösner Dialekt und Gemeinsächsisch. (Siebb. Korrbl. XI, 1888, S. 45—54.) [Konsonantenstand betr.]*

832. Wolff, J., Über die Natur der Vokale im Siebenbürgisch-Sächsischen Dialekt. Eine physiologisch-sprachwissenschaftliche Untersuchung. (Progr. d. ev. Untergymn. z. Mühlbach f. d. J. 1874/75. Hermannstadt 1875. 8°. S. 2—78.)
Cbl. 1875, Sp. 1612—1613. Reissenberger: Siebb. Tageblatt 1875, 14. Sept.

833. Wolff, J., Die Vertreter des alten stammhaften û und î und die Mouillirung der Konsonanten im Siebenbürgischen. (Siebb. Korrbl. II, 1879, S. 1—3. 14—17. 21—26.)

834. Wolff, J., Der Consonantismus des Siebenbürgisch-Sächsischen mit Rücksicht auf die Lautverhältnisse verwandter

Mundarten. Ein Beitrag zur siebenbürgisch-sächsischen Grammatik. (Progr. d. ev. Untergymn. z. Mühlbach 1873. 4°. S. 3—71.) W. B.: Cbl. 1873, Sp. 1423.

835. KEINTZEL, G., Der Konsonantismus des Mittelfränkischen verglichen mit dem des Siebenbürgisch-Sächsischen während des 13. bis zum Beginne des 16. Jahrhunderts. (Korr.-Bl. d. V. f. siebb. Ldk. VIII, 1885, S. 15—19. 26—30.) [Etwas verändert u. m. einigen Zusätzen wieder abgedruckt in KEINTZELS Schrift »üb. d. Herk. d. Siebenb. Sachsen« S. 14—20. (Vgl. Nr. 829.)]

836. SCHULLERUS, A., Zu Keinzels [sic!] Aufsatz über den Konsonantismus des Mittelfränkischen. (Siebb. Korr.-Bl. VIII, 1885, S. 44—47.)

837. KEINTZEL, G., Zur Herkunftsfrage. (Siebb. Korrbl. VIII, 1885, S. 74—75.)

838. WOLFF, J., J für G im Anlaute. (Siebb. Korrbl. I, 1878, S. 90—93.)

839. ROTH, J., Ch für f in Siebenbürgisch-Sächsischen. (Siebb. Korrbl. II, 1879, S. 114.)

840. WOLFF, [J.,] Epithetisches t. (Siebb. Korrbl. IV, 1881, S. 4—6. 13—18. 37—40.)

841. SCHULLERUS, A., Nochmals zum Ausfall des Nasals vor s und f im Siebenb.-Sächsischen. (Siebb. Korrbl. VIII, 1885, S. 89—91.)

842. ROTH, J., Laut- und formenlere der starken verba im siebenbürgisch-sächsischen. Ein beitrag zur grammatik dieses idioms. (Arch. d. V. f. siebb. Ldk. N. F. X, 1872, S. 423—451. XI, 1873, S. 3—60.) [Auch besonders ersch.] Hermannstadt 1872. 8°. 67 + 1 S.

843. WOLFF, J., Zur Laut- und Formenlehre. (Siebb. Korrbl. II, 1879, S. 90—92.) [Zur Declination im Siebenbürgischen, Verlust von Casus.]

Wortschatz.
[Vgl. Nr. 887 und 895.]

844. SEYVERT, J., Von der Siebenbürgischsächsischen Sprache. (Ungr. Mag. I, 1781, S. 257—282.) [Hauptsächl. Idiotikon. Vgl. auch ebd. IV, 1787, S. 22—34.]

845. KARAJAN, [T. G.] v., Bericht über Joh. Karl Schullers Siebenbürgisch-Sächsische Etymologien und Analogien. [Probe eines Wörterb. d. Siebenbürg.-Sächsischen Mundart.] (Sitzber. d. Kais. Ak. d. Wiss. in Wien. Phil.-Hist. Cl. [III,] 1849, S. 227—236.)

846. MARIENBURG, [G.] F., Mittheilung und Erklärung einiger sächsischen Idiotismen. (Sächs. Hausfrd. Kal. f. 1850.)"

847. SCHULER VON LIBLOY, F., Notizen über den sieben-

bürgisch-sächsischen Volksdialect. (Dt. Maa. IV, 1857, S. 192
—198.) [Eigentüml. Wörter u. Wortformen.]
848. HALTRICH, J., Aufforderung zu Vorarbeiten für ein
Wörterbuch der siebenbürgisch-deutschen Volkssprache. (Bll. f.
Geist, Gemüth u. Vaterldsk. 1857, Nr. 51.)*
849. HALTRICH, J., Plan zu Vorarbeiten für ein Idiotikon
der siebenbürgisch-sächsischen Volkssprache.... Kronstadt 1865.
8°. 2 Bll., X, 150 S., 1 Bl.
850. SCHULLER, J. C., Beiträge zu einem Wörterbuche der
siebenbürgisch-sächsischen Mundart. Prag 1865. 8°. XI, 75 S.
Beigegeben ist: Necrolog des Verf. von J. RANNICHER. XV S.
[Aus d. Hermannstädter Ztg.*]
E. KUHN: Zs. f. vgl. Spr. XVII, 1868, S. 151—152.
851. HALTRICH, J., Bericht an den Ausschuss des Vereins
für siebenbürgische Landeskunde über den Stand der Vorarbeiten
zu einem siebenbürgisch-deutschen Wörterbuch. (Arch. d. V. f.
siebb. Landesk. N. F. XII, 1874, S. 176—183.)
852. WOLFF, J., Zum Wörterbuch. (Siebb. Korrbl. III, 1880,
S. 77—82.) [Über ein siebenb. Dialektlexikon.]
853. WOLFF, J., Beiträge zum siebenbürgischen Wörterbuche
I—III. (Siebb. Korrbl. III, 1880, S. 97—101. 121—123 u. IV,
1881, S. 90—94.)
854. ROTH, [J.,] KISCH, K., GEBBEL, F., HALTRICH, J.,
Beiträge zum siebenbürgischen Wörterbuche IV. (Siebb. Korrbl.
V, 1882, S. 90—92.)
855. SCHULLER, J. K., Das siebenbürgisch-sächsiche Wort
Muoser oder Mooser. Eine Studie. (Mag. f. Gesch. u. s. w.
Siebenbürgens. N. F. I, 1859, S. 131—144.)
856. ROTH, [J.], Schwund des Sprachgefühls [frèzen gefrèz
— frèssen gefrèss]. (Siebb. Korrbl. III, 1880, S. 12—15.)
857. SCHULLER, J. K., Zur Kunde siebenbürgisch-sächsischer
Spottnamen und Schelten. Sylvestergabe für Gönner und Freunde
siebenbürgischer Landeskunde. Hermannstadt 1862. 8°. 24 S.
A. K.: Cbl. 1862, Sp. 662.
858. HALTRICH, J., Negative Idiotismen der siebenbürgisch-
sächsischen Volkssprache. (Progr. d. ev. Gymn. zu Schässburg.
1865/6. Hermannstadt 1866. 8°. S. 1—56.)
Herrigs Arch. XLII, 1868, S. 467—468.
859. HALTRICH, J., Ausdrücke sinnlicher Rede im Sieben-
bürgischen. (Siebb. Korrbl. V, 1882, S. 92.)
860. HALTRICH, J., Zur deutschen thiersage. Progr. d. ev.
Gymn. in Schässburg. Kronstadt 1855. 4°. 74 S. [Erkl. viele
siebenb. Wörter.]
O. BARTSCH: Dt. Maa. III, 1836, S. 146—148. Cbl. 1855, Sp. 661—662.
861. WOLFF, J., Haus, Hof und Heim. I. (Siebb. Korrbl.
IV, 1881, S. 127—130.) [Lexikalische Untersuchung.]

862. Ziegler, J., Siebenbürgisch-deutsche Bauernarbeiten (Bräuche, Geräte, Bezeichnungen). 1. Die Bereitung und Verarbeitung des Hanfes. (Siebb. Korrbl. VII, 1884, S. 16—19.)

863. Marienburg, G. F., Die siebenbürgisch-deutschen Namen der Haustiere und was damit zusammenhängt. (Siebb. Korrbl. V, 1882, S. 4—9. 32—34. 67—69.) [Herausgeber ist J. Wolff, der auch Anmerkungen dazu giebt. Ausserdem Nachträge von Mehreren ebd. S. 100—103.]

864. Fuss, M., Alphabetarische Zusammenstellung der sächsischen, ungarischen, walachischen und deutschen Trivialnamen in Siebenbürgen wildwachsender oder allgemein cultivirter Pflanzen. (Siebb. Arch. III, 1848, S. 177—208.)

b) Nösnisch (Nordsiebenbürgisch.)
[Vgl. Nr. 830 und 831.]

Klein-Bistritz.

865. Bertleff, G., Zur Schreibung unserer [der Klein-Bistritzer] Mundart. (Siebb. Korrbl. XI, 1888, S. 103—105.)*

866. Bertleff, G., Beiträge zur Kenntniss der Nösner Volkssprache [I.] II. (Progr. d. ev. Obergymn. in Bistritz 1866/67. Hermannstadt 1867. 6°. S. 3—46 u. 1867/68. Hermannstadt 1868. 8°. S. 0—23.) [I giebt Muster, II den Vokalismus u. Consonantismus in Worttabellen, nach den verschiedenen Orten geordnet.]
Herrigs Arch. XLVII, 1871, S. 333—334.

867. Bertleff, A., Beiträge zur Kenntnis der Klein-Bistritzer Mundart. (Progr. d. ev. Obergymn. ... zu Bistritz. Bistritz 1888. 4°. S. 3—38.) [Vorbemerkung u. Sprachproben.]
R[oth]: Siebb. Korrbl. XI, 1888, S. 81—85.*

868. Einige Idiotismen der Sachsen im Bistritzer Distrikte. (Siebb. Quartalschr. V, 1797, S. 257—259.)

869. Kramer, F., Idiotismen des Bistritzer Dialectes. Beitrag zu einem siebenbürgisch-sächsischen Idiotikon. (Progr. d. ev. Obergymn. etc. Bistritz 1876. 8°. S. 1—83.)
Schröer: Germania XXII, 1877, S. 241—246.

870. Kramer F., Dass. Schluss. (Progr. ders. Anst. ebd. 1877. S. 85—147.)
Schröer: Germania XXII, 1877, S. 367—370.

871. J. W. L., Sprachliches und Anderes aus dem Nösnerlande. (Siebb. Korrbl. VII, 1884, S. 69.) [Einige Idiotismen.]

872. Schuster, F., Vom Nösner Dialekt. (Siebb. Korrbl. VII, 1884, S. 135—138.)

873. Schuster, F., Benennung der Feldarbeiten im Nösnergau. (Siebb. Korrbl. VIII, 1885, S. 95—96.)

c) Südsiebenbürgisch.
Hadad.
874. KOSCH, T., u. GROOS, Die deutsche Kolonie in Hadad. (Siebb. Korrbl. IX, 1886, S. 7—9. 15.)*

Mediasch.
875. SCHEINER, A., Die Mediascher mundart. (Beitr. XII, 1887, S. 113—167.) [Laut- u. Flexionslehre.]
J. WOLFF: Siebb. Korrbl. X, 1887, S. 147.*
876. SCHULLER, ROTH u. SCHEINER, Zur heimischen Dialektkunde. (Siebb. Korrbl. IX, 1886, S. 37. 104. 126.) [Z. Flexion und Wortbildung, bes. im Mediascher Dialecte.]*

Schaas.
877. MÜLLER, M., Der Schaaser Bauer in der Feldarbeit. (Siebb. Korrbl. III, 1880, S. 83—84.) [Idiotismen.]

Schässburg.
878. MÄTZ, J., Zum Consonantismus der siebenbürgisch-sächsischen Mundart. (Dt. Maa. V, 1858, S. 361—369.)

D. Ripuarisch.
[Vgl. Nr. 36, 37, 796.]

879. WINKLER, J., [Über ripuarische Mundarten.] (Alg. nederduitsch en friesch dialecticon I, 's Gravenhage 1874. 8°. S. 249—264.)
880. CRECELIUS, W., Über die Grenzen des Niederdeutschen und Mittelfränkischen. (Ndd. Jb. [II], 1876, S. 1—10.)
881. WAHLENBERG, F. W., Die niederrheinische (nordrheinfränkische) mundart und ihre lautverschiebungsstufe. (Progr. d. kath. Gymn. a. d. Apostelkirche z. Köln 1871. 4°. S. 1—18.)
Herrigs Arch. L, 1872, S. 227—228.
882. WENKER, G., Das rheinische Platt. Den Lehrern des Rheinlandes gewidmet. Düsseldorf 1877.* — 2. Aufl. Düsseldorf 1877. 8°. 16 S. 1 Krte. [Behandelt die Grenzlinien der Maa.] DE BODE I, 3.*
883. NÖRRENBERG, K., Studien zu den niederrheinischen Mundarten. I. Die Lautverschiebungsstufe des Mittelfränkischen. II. Ein niederrheinisches Accentgesetz. III. Die Heimat des niederrheinischen Marienlobs. (Beitr. IX, 1884, S. 371—421.) [Auch besonders als Giessener Inaugural-Dissertation] Halle a. S. 1884. 8°. 2 Bll. S. 371—421, 1 Bl.
Ndd. Korr.-Bl. IX, 1884, S. 45—46.
884. MÜLLER, Jos., Niederrheinische Provinzialismen. Eine Abhandlung. Aachen und Leipzig 1839. 4°. 32 S.
885. MIECK, Zu den deutschen Dialekten I. (Herrigs Arch.

XLVII, 1871, S. 219—221.) [Wörter aus Düsseldorf, Trier, Coblenz u. d. Eifel. Vgl. Nr. 795f.]

886. Fuss, M., Zur Etymologie nordrheinfränkischer Provincialismen. [Erste Sammlung.] (XXXI. Progr. d. Rhein. Ritter-Academie zu Bedburg 1873. S. 3—14.) Zweite Slg., (dgl. XXXIV, Düren 1877. 4°. S. III—XV.) Dritte Slg., (dgl. XXXVII, Düsseldorf 1880. 4°. S. III—XXX.)
O. B.: Litbl. I, 1860, Sp. 336. Herrigs Arch. LIX, 1878, S. 469 u. LXV, 1881, S. 336.

887. Pick, R. u. J. Wolff, Niederrhein. und siebenb.-sächs. Bezeichnungen für Schwein. (Siebb. Korr.-Bl. I, 1878, S. 41—42.) [Vgl. auch Nr. 140.]

Aachen.

888. Weitz, W., Einige Bemerkungen über die Aachener Mundart. (Alfr. Reumont, Aachens Liederkranz u. Sagenwelt. Aachen u. Leipzig 1829. 8°. S. 346—378.)

889. Müller, Jos. u. W. Weitz, Die Aachener Mundart. Idiotikon nebst einem poetischen Anhange. Aachen u. Leipzig 1836. 8°. XI + 1 + 276 S.

890. Rovenhagen, An Essay on the Dialect of Aix-la-Chapelle. (Progr. d. Realsch. z. Aachen 1860. 4°. S. 1—29.)

891. Keller, L., Öcher Dütsch. Prosa und Gedichte in Achener Mundart nebst einer kurzen grammatischen Abhandlung und einem Wörterverzeichnisse. Aachen 1880. 8°. 78 S.* — 2. verb. Aufl. Aachen 1881. 12°. 78 S.*

Ahrgau.

892. R., J., Volkssprache am Rhein. (Jb. d. Ver. v. Altertumsfrd. im Rheinl. LXXXVII, 1889, S. 185—186.) [Allgemeines, in Verbdg. m. e. Rec. von Joerres, Sparren, Spähne u. Splitter von Sprache, Sprüchen u. Spielen, aufgeles. im Ahrgau. Jber. d. höh. Stadtschule zu Ahrweiler 1889. Auch Büsch, Eifeldialekt [vgl. No. 814] wird bespr.]

Düren.

893. Fischbach und van der Giese, Dürener Volkstum. Redensarten, Sprichwörter, Rätsel, Spiele u. s. w. nebst Wörterbuch der merkwürdigsten in der Dürener Volkssprache vorkommenden Ausdrücke. Hrsg. von H. J. Werners. Düren 1880. 8°. 204 S.*

Köln.

894. Hönig, Fritz, Wörterbuch der Kölner Mundart. Nebst Einleitung von F. W. Wahlenberg. Köln 1877. 8°. 173 + 1 S. [S. 13—31 der Einleitung »Über die Laute der kölnischen Mundart und deren Bezeichnung«.]

895.: KEINTZEL, G., Kölnische Idiotismen. (Korr.-Bl. d. Ver. f. sieb. Landesk. XI, 1888, S. 1—3.) [Übereinst. m. d. sieb. sächs. Ma.]

III. Thüringisch-obersächsische Mundarten.

A. Thüringisch.

1. Im ganzen.

896. BECHSTEIN, L., [Über die Sprache der Thüringer.] (Thüringen in der Gegenwart. Gotha 1843. 8°. S. 34—40.)

897. REGEL, K., Zur dialectforschung. 1. duckeln, verduckeln. 2. kutten. 3. Dorl. (Zs. f. vgl. Spr. XI, 1862, S. 104—123.)

898. WINKLER, E. G., Aufforderung an Thüringens Sprachfreunde, und Ankündigung eines thüringischen Idiotikons. (Sächs. Provbll. X, 1801, S. 90—95.)

899. WINKLER, E. G., Beiträge zu einem thüringischen Idiotikon. (Sächs. Provbll. X, 1801, S. 353—368. 439—455. 509—528. XI, 1802, S. 50—64. 174—179. 246—251. 342—348. 433—439. XIV, 1803, S. 41—48. 127—134. 203—210. 286—293. 307—338. 387—402.)

2. Südwestthüringisch.

900. HOFF, K. E. A. u. C. W. JACOBS, [Über die Mundart der Bewohner des Thüringer Waldes.] (Der Thüringer Wald, besonders für Reisende geschildert. I. Hälfte, 1. Heft. Gotha 1807. 8°. S. 204—207.)

901. Mundarten [des Thüringer Waldes.] (Beiträge zur Landes- u. Volkskde. des Thüringer Waldes. Heft 1. Hrsg. v. FR. REGEL. Jena 1884. 8°. S. 44—50.) [Einzelheiten u. eine Sprachprobe.]

Erfurt.

902. ANDREAE, W., Sammlung von Wörtern aus der Volkssprache in der Umgegend Erfurts. 1—6. [A—Z.] (Dt. Sprwt. N. F. I, 1866, S. 298—300. 312. 327—329. 350. 361—364. 378—379.)

Ruhla.

903. REGEL, K., Die Ruhlaer Mundart. Weimar 1868. 8°. VIII, 314 S. [Laut- und Wortbildung, Wortvorrat und Textproben.]

A. BIRLINGER: Herrigs Arch. XLIII, 1868, S. 441—442. E. KUHN: Zs. f. vgl. Spr. XX, 1872, S. 72—75. REINH. BECHSTEIN: Germ. XVI,

1871, S. 456—462. Allg. Lit. Anzeiger III, 5b. H. RÜCKERT: Zs. f. dt. Phil. III, 1871, S. 196—197.

Salzungen.

904. HERTEL, L., Die Salzunger Mundart. (Neue Beitr. z. Gesch. d. dt. Alt., hrsg. v. d. Henneberg. altertumsforsch. Ver. V, 1888, S. 1—150.) [Auch bes. als Jenens. Inaug.-Diss.] Meiningen 1888. 8°. 1 Bl., 150 S.

3. Südostthüringisch.

Altenburg.

905. PASCH, E., Das Altenburger Bauerndeutsch, eine sprachliche Studie. Altenburg 1878. 8°. 3 Bll., 114 + 1 S.

906. WEISE, O., Die Altenburger Mundart. (Mittl. d. geschichts- u. altertumsforschenden Ver. zu Eisenberg. H. III, 1888, S. 1—128.) [Laut-, Formenlehre und Wortschatz.]

Böhlen.

907. HAUSHALTER, B., Eine ethnographische Fahrt nach Böhlen am 16. u. 17. Aug. 1881. Vortrag, in der meteorolog. Gesellschaft zu Rudolstadt gehalten. [Aus »Schwarzb.-Rudolst. Landesztg.«] Rudolstadt 1882. 8°. 24 S.*

Gera.

908. SCHLUTTER, H., Zur Geraer Mundart. (Fürstl. Reuss. Geraer Ztg. 1887, Nr. 189, 190, 192, 195, 198. [14., 16., 18., 21., 25. Aug.].)

Rudolstadt.

909. HAUSHALTER, B., Der Vokalismus der Rudolstädter Mundart. Vortrag. Separatabdruck aus der »Schwarzburg-Rudolstädtischen Landeszeitung«. Rudolstadt 1882. 8°. 20 S.

Schwarzatal.

910. KELLER, J. H., Beiträge zu einem Idiotikon des Thüringer Waldgebirges. Jena 1819. 8°. 54 S. [Beh. vorwiegend das Schwarzatal u. die beiden Seiten desselben.]

4. Nordthüringisch.

911. SCHULTZE, M., Idioticon der nord-thüringischen mundart... Nordhausen 1874. 8°. VII + 1 u. 69 + 1 S.

W. B.: Cbl. 1875, Sp. 120—121. E. SIEVERS: Jen. Litztg. I, 1874, S. 414.

912. KLEEMANN, S., Beiträge zu einem nordthüringischen

Idiotikon. Progr. d. kön. Gymn. zu Quedlinburg 1882. Prgr. Nr. 218. 4°. 26 S.
Herrigs Arch. LXX, 1883, S. 118.

913. RACKWITZ, R., Zur Volkskunde von Thüringen, insbesondere des Helmegaus. (Mit einer Kartenbeilage von K. Meyer.) (Mittl. d. V. f. Erdk. z. Halle 1884, S. 1—26.) [Beh. S. 24 f. die Mundart.] [Auch bes. ersch.] Halle a. S. 1884. 8°. 1 Bl., 26 S., 1 Krte.

914. S*R, C. F., Provinzialismen des flachen Landes neben der Südseite des Harzgebirges. (Journ. v. u. f. Dtschl. VII, 1790, 7. St. S. 34—41.)

Grafschaft Hohenstein.

915. Beytrag zu einem Idiotikon der Grafschaft Hohenstein. (Journ. v. u. f. Dtschl. III, 1786. 8. St. S. 115—118.)

B. Obersächsisch.

1. Im ganzen.

916. RÜDIGER, J. C. C., Ueber das Verhältnis der hochdeutschen Sprache und obersächsischen Mundart. (Neuester Zuw. z. teutschen ... Sprachkde. 2 St. Leipzig 1783. 8°. S. 1—140.) [Enthält auch ein Idiotikon, welches sich besonders auf Hallische Ma. bezieht.]

917. GÖTZINGER, M. W., Obersächsische Mundart. (Die deutsche Sprache u. s. w. I, 1. Stuttgart 1836. 8°. § 21, S. 89 —99.) [Kurze Charakteristik u. Sprachproben.]

918. RAPP, K. M., [Über den obersächsischen Dialekt.] (Versuch e. Physiologie d. Spr. III. Stuttg. u. Tüb. 1840. 6°. S. 311—314.) [Lautlehre u. Probestücke.]

919. FRANKE, C. G., Der obersächsische Dialekt. 10. Progr. d. Realsch. II. Ordn. zu Leisnig 1884. Progr. 518. 4°. 43 S. [Allgem. u. Lautlehre.]

C. NÖRRENBERG: Litztg. VIII, 1887, Sp. 788—789. Hess. Blätter Nr. 1026.*

920. BRAUNE, W., Zu den deutschen e-Lauten.. (Beitr. XIII, 1888, S. 573—585.) [Meissnisch u. schlesisch.]

921. HILDEBRAND, H. R., Kickerling. (Dt. Maa. IV, 1857, S. 503—504.)

2. Mansfeldisch.
(Thüringisch-Obersächsisch.)

922. JECHT, R., Grenzen und innere Gliederung der Mansfelder Mundart. (Mit einer Karte.) (Zs. d. Harzver. XX, 1887, S. 96—115.)

923. JECHT, R., Wörterbuch der Mansfelder Mundart. Görlitz 1888. 8°. VIII, 129 S.

3. Sälisch.
[Halle s. Nr. 916.]

4. Nordosterländisch.

Leipzig.

924. Der Leipziger Dialekt. (Globus XIX, 1871, S. 45—46.) [Nach einem im Leipziger Tageblatt enthaltenen Bericht üb. einen von K. L. Merkel im Verein f. d. Gesch. Leipzigs gehaltenen Vortrag.]

925. Näheres über den Leipziger Dialekt. (Dt. Sprw. VI, 1871/2, S. 25—29.) [Bezieht sich auf den in der vorigen Nr. erwähnten Vortrag.]

926. Die Leipziger Mundart. (Für Mussestunden VIII, 1880, S. 9—11.) [Referat üb. einen Vortrag von Albrecht.]

927. ALBRECHT, K., Die Leipziger Mundart. Grammatik und Wörterbuch der Leipziger Volkssprache. Zugleich ein Beitrag zur Schilderung der Volkssprache im Allgemeinen. Mit einem Vorwort von RUD. HILDEBRAND. Leipzig 1881. 8°. XVIII S., 1 Bl., 243 S. [S. 1—69 Gramm., S. 71—243 Wörterbuch.]
Litztg. II, 1881, S. 1409—1410. RUD. KÖGEL: Litbl. III, 1882, S. 14—15. Cbl. 1882, Sp. 1459—1460.

928. Die Leipziger Mundart. (Die Grenzboten XLI, 2, 1882, S. 217—226.) [Anschliessend an Albrecht.]

5. Meissnisch.

929. GELBE, TH., Die sächsische Mundart und ihr Verhältnis zur Lautverschiebung. (Zweiter Jber. üb. d. Realsch. zu Stollberg 1875. 4°. S. 3—16.)

Grossthiemig.

930. BRAUNE, W., [Über die e-laute der mundart von Grossthiemig.] (Beitr. XIII, 1888, S. 581—585.)

IV. Ostmitteldeutsche Mundarten.
(Ostfränk.-thür.-obersächs. Mischmaa.)

A. Erzgebirgisch und Nordböhmisch.

1. Erzgebirgisch.

931. GOEPFERT, E., Die Mundart des sächsischen Erzgebirges nach den Lautverhältnissen, der Wortbildung und Flexion. Mit einer Uebersichtskarte des Sprachgebietes. Leipzig 1878. 8°. VIII, 119 S.
Cbl. 1879, Sp. 522—524. WINTELER: Jen. Litztg. VI, 1879, S. 522—526.

932. Türk, Ueber den erzgebirgischen Dialekt. (Glück auf! Org. d. Erz.-Geb.-V. III, 1885, S. 71, 81, 93—94, 99—100, 105—107.)

933. Arnold, H., [Über die Mundart im Erzgebirge.] (Glück auf! Organ des Erzgeb.-V. III, 1885, S. 107.)

934. Göpfert, E., Dialectisches aus dem Erzgebirge. (29. Bericht üb. die Progymnasial- u. Realschulanstalt zu Annaberg 1872. 4°. S. 3—62 + 1 Bl.) [Lautverhältnisse, Eigenthüml. a. d. Wortbildg. u. Flexion und Wörterverzeichnis.]

935. Göpfert, E., Dasselbe. Nachtrag zum Wörterverzeichniss. (30. Bericht üb. dies. Anst. ebd. 1873. 4°. 1 Bl. u. S. 3—13.)

936. Goepfert, E., Altertümliches im erzgebirgischen Dialekt. Vortrag. (Glück auf! Org. d. Erzgeb.-V. III, 1885, S. 50—54, 61—66, 70, 77—80.)

937. Stiehler, E., Die Fremdwörter des westerzgebirgischen Dialectes mit besonderer Rücksicht auf diejenigen lateinischen Ursprunges. (Glück auf! E. Jahrb. f. d. Erzgeb. u. s. Frde. I, 1883, S. 154—163.)

Kolonie im Oberharz.

[Vgl. auch unter »Niederdeutscher Harz«.]

938. Bochmann, E., Zusammenhänge zwischen den Bevölkerungen des Obererzgebirges und des Oberharzes. Progr. d. kgl. Gymn. zu Dresden-Neustadt, 1889. Progr. Nr. 510. 4°. 29 S. [Sprachliches auf S. 10—15.]

939. Günther, F., [Über die Mundart des Oberharzes.] (Zs. d. Harzver. XVII, 1884, S. 24—29.)

940. Schulze, G., Ewerharzische Zitter. Harzische Gedichte mit Grammatik und Wörterbuch. Mitgetheilt von Heinrich Pröhle. (Herrigs Arch. LX, 1878, S. 383—448. LXI, 1879, S. 1—52.) [Grammatik u. Wtbch. befinden sich LX, S. 384—444.] v. Wegener: Litbl. I, 1880, S. 361—362.

2. Nordböhmisch.

a) Im ganzen.

[Vgl. Nr. 426—461, 666—675 und 972.]

Sprachgebiet.

941. Andree, R., Deutsch-tschechische Sprachgrenze. (R. Andree u. O. Peschel, Physikal.-stat. Atl. d. dt. Reichs I, Bielefeld u. Leipzig 1876. Fol. S. 24—26.)

942. Czoernig, K. Frhr. v., Deutsche Sprachinseln in Böhmen und Mähren. (Ethnogr. d. oest. Mon. I, Wien 1857. 6°. S. 40—43.)

943. ANDREE, R., Nationalitätsverhältnisse und Sprachgrenze in Böhmen. (Jahresber. d. Ver. v. Frd. d. Erdk. zu Leipzig, IX, 1869, S. 49—88.) [Auch besonders.] Lpz. 1870. 8°. 40 S.* — 2. Aufl. ebd. 1871. 8°. 47 S.

944. PROCHAZKA, A., Das deutsche Sprachgebiet in Böhmen. (Mitth. d. Ver. f. Gesch. d. Dtschen. in Böhmen XIV, 1876, S. 221—224, 267—283.)

945. SCHLESINGER, L., Die Nationalitäts-Verhältnisse Böhmens. Stuttgart 1886. 8°. 27 S. (= Frschgen. z. dt. Landes- u. Volkskde. II, 1888, S. 1—27.) —R: Mittl. d. Ver. f. Gesch. d. Dtsch. in Böhmen XXVI, 1888, Lit. Beil. S. 7—8. MEITZEN: Litztg. X, 1889, Sp. 171—172.

946. HERBST, E., Das deutsche Sprachgebiet in Böhmen. Prag und Leipzig 1887. 8°. 1 Bl., 54 S. [Statist. Inhaltes.] —R: Lit. Beil. z. d. Mittl. d. V. f. G. d. Dt. in Böhmen XXVI, 1888, S. 7—8.

Allgemeines.

947. Ein Beitrag zur Charakteristik der Deutschthümelei in Böhmen. Leipzig 1846. 8°. 3 Bg.*

948. PETTERS, I., Andeutungen zur Stoffsammlung in den deutschen Mundarten Böhmens. (= Beiträge zur Gesch. Böhmens, hrsg. v. Ver. f. Gesch. d. Dt. in Böhmen II, 1, Nr. 2.) Prag 1864. 8°. 51 + 1 S.

949. SCHLEICHER, [A.], Ueber die wechselseitige Einwirkung von Böhmisch und Deutsch. (Herrigs Arch. IX, 1851, S. 38—42 u. 255.)

Grammatik.

950. JARISCH, A., Harfensaiten zu den »Heimatsklängen« oder der Dialekt der Deutschen in Böhmen. Systematisch dargestellt. Nebst einem Anhange. Wien 1870. 8°. IV, 84 S.* [Die Heimatsklänge sind eine Sammlung von Gedichten in nordböhmisch-schles. Mundart.]

951. PETTERS, I., Ueber ein pronominaladjectivum mitteldeutscher mundarten. (Zs. f. vgl. Spr. XI, 1862, S. 159—160.) [Bezieht sich auf Böhmisch.]

952. SCHÖN, J., Etymologische Spiele. (Bohemia [Nebenblatt d. Prager Ztg.] 1830.) [Beh. »das böhmisch-deutsche Mischkauderwälsch des gemeinen Volkes in B.«]*

Wortschatz.

[Vgl. Nr. 669 f. und 997.]

953. PETTERS, I., Mundartliches aus Nordböhmen. (Dt. Maa. II, 1855, S. 30—32. 234—240.) [Mit nachtr. Bemerk. v. FROMMANN auf S. 32—33. Vgl. dazu WAGNER ebd. VI, 1859, S. 373.]

954. PETTERS, I., Beitrag zur Dialekt-Forschung in Nord-Böhmen. (Progr. d. Gymn. in Leitmeritz 1858. 4°. S. 3—16. 1864. 4°. S. 3—12. 4°. 1865. 4°. S. 1—11.) Herrigs Arch. XXVII, 1860, S. 341. XXXVII, 1865, S. 436. XXXIX, 1866, S. 120. FROMMANN: Dt. Maa. VI, 1859, S. 92—93.

955. HIRSCH, F., Dialektisches [aus Nordböhmen.] (Mittl. d. nordböhm. Excurs.-Cl. III, 1880, S. 235—238.) [Erkl. einz. Wörter.]

956. JUST, J., Dialektisches. (Mittl. d. nordböhm. Excursionsclubs IV, 1881, S. 28—30. 136—140. V, 1882, S. 198—200. X, 1887, S. 293—294.) [Wortschatz betreffend.]

957. PETERS, I., Ein Wort unserer Volkssprache. (Mittl. d. Nordböhm.-Excurs.Clubs V, 1882, S. 274—276.) [Ausbejszen = Auszäumen des Pferdes.]

958. WURM, F., Provinzialnamen von Thieren und Pflanzen. (Mittl. d. Nordböhm. Excurs.-Cl. III, 1880, S. 250—253.)

959. BRANKY, F., Einige Vogelnamen aus dem nördlichen Böhmen. (Zs. f. dt. Phil. XXI, 1889, S. 207—214.) [Hier wird, speziell über Vogelnamen, noch mancherlei oberd. u. mdd. Literatur angegeben.]

B. Lausitzisch-Schlesisch.

[Vgl. auch »Maa. zwischen Elbe und Havel und in der Neumark« unter Ostniederdeutsch].

1. Lausitzisch.

a) Im ganzen.

960. BRONISCH, Grundzüge der deutschen Mundart, welche inmitten der Sorbischen Bevölkerung und Sprache in der Niederlausitz und in den nördlichen Theilen der Oberlausitz gesprochen wird. (N. Laus. Mag. XXXIX, 1862, S. 108—195.) [Am Schlusse lexikalische Zusätze.]

b) Oberlausitzisch.

961. PREUSKER, K., Die schlesisch-lausitzische Gebirgsmundart und die früheren Bewohner des östlichen Deutschlands. (Blicke in die vaterländische Vorzeit II, Leipzig 1843. 8°. S. 49—99.)

962. KIESSLING, (G.), Blicke in die Mundart der südlichen Oberlausitz. (4. Bericht des Königl. Seminars zu Löbau auf die Jahre 1881—1883. Löbau 1883. 26 + 2 S. 4°.) [Auch bes.] Zschopau 1883.

963. ANTON; [K. G.], Der Oberlausitzische teutsche Dialekt trägt Spuren von der Unterjochung der Wenden. (Provinzialblätter oder Sammlungen zur Geschichte... hrsg. v. d. Oberlaus. Ges. d. Wiss. 4. St. 1782, S. 482—484.) [Wörterverzeichnis.]

964. ANTON, K. G., Alphabetisches Verzeichniss mehrerer in der Oberlausitz üblichen, ihr zum Theil eigenthümlichen Wörter und Redensarten. Stück 1—19. (Görlitzer Schulprogramme 1824—1829. 1832—1833. 1835—1839. 1842—1848. 4°.) X.: Herrigs Arch. I, 1846, S. 243—244. 448—449.

965. DORNICK, Supplemente zu dem alphabetischen Verzeichniss mehrer in der Oberlausitz üblichen, ihr zum Theil eigenthümlicher Wörter und Redensarten des K. G. ANTON, 1.—19. St. Görlitz 1824—1848. Nebst Anhang Oberlausitzer Sprichwörter und sprichwörtlicher Redensarten. (N. Laus. Mag. XLIV, 1868, S. 46—66.)

c) Niederlausitzisch.

966. FRANKE, F., Die vermittelnde Aussprache und die schlesisch-niederlausitzer Umgangssprache. (Zs. f. Orthogr. III, 1884, Nr. 5.)*

967. FRANKE, F., Die Umgangssprache der Niederlausitz in ihren lauten. Aus F. Frankes nachlass mitgeteilt v. O. JESPERSEN. (Phonet. Stud. II, 1889, S. 21—60.)

968. SCHULTZE, J. DN., Einige Vorarbeiten zu einem künftigen niederlausitzischen Idiotikon. (Sprach- u. Sittenanzeiger der Deutschen 1817, Nr. 101—104.)*

969. NEUMANN, J. W., Sammlung mancher vorzugsweise niederlausitzischer Spracheigenthümlichkeiten (Provincialismen und Idiotismen). (Neues Laus. Mag. XXX, 1853, S. 234—252.)

Sorau.

970. SAALBORN, Sprachproben aus der Landschaft um Sorau in der Niederlausitz. (Neues Laus. Mag. LVII, 1882, S. 183—227.) [Enth. hauptsächl. Beiträge zur Laut- u. Flexionslehre, sowie zum Wortschatze; am Ende eine längere Sprachprobe aus der Sprachinsel bei Sorau von JUL. SCHMIDT. Auch besonders ersch.] Sorau 1881. 8°. 1 Bl. 57 S.

2. Schlesisch.

a) Im ganzen.

Allgemeines.

[Vgl. Nr. 961, 966 und 1003.]

971. ANDREE, R., Deutsch-polnische Sprachgrenze. (R. ANDREE u. O. PESCHEL, Physik.-stat.-Atl. d. dt. Reichs I, Bielefeld u. Leipzig 1876. Fol. S. 26—27.)

972. WEINHOLD, K., Die Verbreitung und die Herkunft der Deutschen in Schlesien. Stuttgart 1887. 8°. 88 S. (= Forschgen.

z. dt. Landes- u. Volksk.... hrsg. v. A. KIRCHHOFF II, 3, 1888, S. 156—244.) [Über die Mundart handelt S. 214—222.]
—R—: Litztg. VIII, 1887, Sp. 1700—1701. L. S.: Lit. Beil. z. d. Mittl. d. V. f. G. d. Dt. in Böhmen XXVI, 1888, S. 41—43.

973. SCHURTZFLEISCH, CONR. SAM. (MEISNER, CHRISTIAN), Silesiam loquentem ... praeside C. Sam. Schurtzfleischio ... protulit auctor et respondens Christian. Meisnerus. Vitembergae 1705. 4°. 3½ Bg.* [Enth. u. a. einiges üb. schles. Ma. u. ein schles. Idiotikon.]
Crit. Vers. d. dt. Ges. in Greifswald I, 1742, S. 255—271.)

974. WEINHOLD, K., Schlesien in sprachlicher Hinsicht. (Schles. Prov.-Bl. N. F. I, 1862, S. 521—524.)

975. ARVIN, Schlesiens Mundarten. (Schles.-Prov.-Bl. N. F. II, 1863, S. 385—389. 451—456. 513—517. 577—583).

976. STRUSCHE, [Pseudonym] H., Ueber schlesische Art und Mundart. (Rübezahl, Schles. Prov.-Bll. LXXII, N. F. VII, 1868, August.)*

977. WANDER, K. F. W., Ein Wort über schlesische Mundart. (Rübezahl. Schles. Prov.-Bll. LXXII, N. F. VII, 1868, S. 266—269.)*

978. RÜCKERT, H., Zur characteristik der deutschen mundarten in Schlesien. I—III. (Zs. f. dt. Phil. I, 1869, S. 199—213. IV, 1873, S. 322—344. V, 1874, S. 125—140.)

979. RÖSSLER, R., Die schlesische Mundart. (Deutsche Revue IV, 2, 1880 März, S. 410—423.) [Zur Gesch. u. Characteristik und über ihre Verwendung in der Poesie.]

980. [Patriotischer Wunsch, das Studium der schlesischen Volkssprache betreffend.] (Lit. Beil. z. d. Schles. Prov.-Bll. 1797, S. 163—173.)*

981. WEINHOLD, K., Aufforderung zum Stoffsammeln für eine Bearbeitung der deutsch-schlesischen Mundart. Breslau 1847.*

982. [PFEIFFER, FRIEDRICH,] Aufforderung zum Stoffsammeln für eine Bearbeitung der deutsch-schlesischen Mundart. [Breslau 1854.] 8°. 15 S.
Dt. Maa. I, 1854, S. 253—255.

983. WANDER, Ein schlesisches Provinzial-Wörterbuch (Idiotikon.) (Rübezahl. Schles. Prov.-Bll. LXXV, N. F. X, 1871, S. 72.) [Sucht ein solches anzuregen.]

Grammatik.
[Vgl. Nr. 920.]

984. Von der Schlesier Sprache und Mundart, und Poeten. (Schlesische Kern-Chronicke II, Frankfurt und Leipzig 1741. 8°. S. 712—734.) [Lautliches u. Idiotikon.]

985. Ueber einige gangbare Fehler in der Sprache der Schlesier. (Schles. Prov.-Bll. XXXVI, 1802, S. 319—325. 456—465.)

986. RAPP, K. M., [Über den schlesischen Dialekt.] (Versuch e. Physiologie d. Spr. III, Stuttgart u. Tüb. 1840. 8°. S. 314—315.) [Lautlehre und Sprachprobe.]

987. WEINHOLD, K., Ueber deutsche Dialectforschung. Die Laut- und Wortbildung und die Formen der schlesischen Mundart. Mit Rücksicht auf verwantes in deutschen Dialecten. Ein Versuch. Wien 1853. 8°. VI S., 1 Bl., 144 S. [Die 1. Abth. 1847 gedruckt.]
   Dt. Maa. I, 1854, S. 53—54. Vgl. auch II, 1855, S. 32. F. PFEIFFER: Zs. f. vgl. Spr. III, 1854, S. 144—150. Cbl. 1853, Sp. 542—543.

Wortschatz.

988. Sammlung von schlesischen Provinzialismen, Volksausdrücken und einigen sprüchwörtlichen Redensarten. (Schles. Prov.-Bll. IV, 1786, S. 129—138, 214—221, 336—352.)

989. EHRHARDT[, S. J.]', Beytrag zu einem Schlesischen Idiotikon. (Journ. v. u. f. Dtschld. IV, 1787, 8. St. S. 133—137.)

990. [BERNDT, J. G.,] Versuch zu einem slesischen Idiotikon, nebst einer grossen Anzahl anderer veralteten Worte, welche in Documenten und sonderlich bey alten slesischen Dichtern angetroffen werden. Stendal 1787. 8°. 4 Bll. XXXII, 168 S. [Zusätze in d. Lit. Beil. z. d. Schles. Prov.-Bll. 1787, S. 232—235.*]
   Allg. Litztg. 1787, IV, Sp. 677—679. GR.: Allg. dt. Bibl. Anh. z. 53—86. Abth. IV, S. 2298—2301.

991. Beiträge zu den schon vorhandenen Sammlungen schlesischer Provinzialwörter. (Oberschles. Monatsschr. II, 1789, S. 161—179.)*

992. Versuch einer schlesischen Nachlese zu Adelungs grammatisch-kritischem Wörterbuche. (Lit. Beil. z. d. Schles. Prov.-Bll. 1799, S. 1—20. 1801, S. 43—50. 193—201. 1802, S. 161—167.)*

993. Silesiasmen, (Breslauischer Erzähler I, 1800, S. 598—600. 663—665. VII, 1806, S. 313—315. 440—442.)*

994. SAUERMANN, J. W., Auch ein muthmasslicher Beweis, dass Schlesiens erste Bewohner germanischen Stammes gewesen sind. (Correspondenz d. schles. Ges. f. vaterld. Kultur I, 1820, 1, S. 79—81. 2, S. 121—122.) [Kleines Idiotikon.]

995. WEINHOLD, K., Deutsches und slavisches aus der deutschen mundart Schlesiens. (Zs. f. vgl. Spr. I, 1852, S. 245—257.)

996. WEINHOLD, K., Beiträge zu einem schlesischen Wörterbuche. (Sitzb. d. Kais. Ak. d. W. in Wien XIV, 1855, Beilage S. 1—56 u. XV, 1855, Beil. S. 57—110.) [Auch besonders ersch.] Wien 1855. 8°. 110 S.
   G. K. FROMMANN: Dt. Maa. II, 1855, S. 378—379.

997. PETTERS, I., Lexikalisches im Anschlusse an Weinhold's Beiträge zu einem schlesischen Wörterbuche. (Dt. Maa. V, 1858, S. 472—479.)

998. HOFFMANN V. FALLERSLEBEN, [H.], Beiträge zu einem schlesischen Wörterbuche. (Dt. Maa. IV, 1857, S. 163—192. [Vgl. auch VI, 1859, S. 83—84. 372—373.]) [Auch besonders ersch.] Nürnberg 1857. 6°. 1 Bl., 30 S.

999. F. F., Zu den aus dem Polnischen stammenden schlesischen Provinzialismen. (Schles. Prov.-Bll. N. F. VI, 1867, S. 596—598.)

1000. HAUPT, K., Ueber Tätzegärten. Eine etymologische Untersuchung. (Rübezahl. Schles. Prov.-Bll. LXXV, N. F. X, 1871, S. 17—19.) [Vgl. auch ebd. LXXIV, N. F. IX, 1870.*]

1001. KNÖTEL, A., Tätze. (Rübezahl. Schles. Prov.-Bll. LXXV, N. F. X, 1871, S. 138—139.) [Vgl. auch B(eyersdorf)f ebd. S. 442.]

1002. KNÖTEL, A., Fuggen. (Rübezahl. Schles. Prov.-Bll. LXXV, N. F. X, 1871, S. 296—297.) [Vgl. auch Palm ebd. S. 81 u. B(eyersdorf)f S. 441.]

b) Mährisch und Österreichisch-Schlesisch.

α) Im ganzen.
[Vgl. Nr. 426 ff. und 629.]

1003. HELD, F., Das Deutsche Sprachgebiet von Mähren und Schlesien. (Mit 4 Karten in 3 Blättern.) Hrsg. v. d. hist.-stat. Section d. k. k. mähr.-schles. Ges. z. Beförd. des Ackerbaues, der Natur- u. Landeskunde. Brünn 1888. Gr. 8°. 16 S.

β) Mährisch.
[Vgl. Nr. 537.]

1004. KIRCHMAYR, Besuch einer deutschen Sprachinsel in Mähren. Brünn 1881. 8°. 38 S. [Aus »Moravia«.]*

Iglau.

1005. NOË H. K., Beiträge zur Kenntniss der Mundart der Stadt Iglau. (Dt. Maa. V, 1858, S. 201—217. 310—323. 459—472.) [Laut-, Flexions- u. Wortbildungslehre.]

1006. WALLNER, J., Geschichte der Iglauer Sprachinsel. (Deutscher Volkskalender für die Iglauer Sprachinsel, 1887.)*

γ) Österreichisch-Schlesisch.

1007. JURENDE, K. J., Beiträge zu dem Idiotikon des Gesenkes. [In der Mitte der Debrata, in der Gegend von Hof, Sprachendorf und Freudenthal niedergeschrieben.] (Moravia I, 1815, Nr. 59, 61, 64, 65, 83, 87, 89, 91, 93, 97, 99, 101, 103 u. S. 236 u. 244.)*

Mundart an der Biala.

1008. WANIEK, G., Zum Vocalismus der schlesischen Mundart.

Ein Beitrag zur deutschen Dialektforschung. Progr. d. k. k. Staatsobergymn. in Bielitz. 1880. 8°. 52 S.
FRZ. LICHTENSTEIN: Litztg. II, 1881, Sp. 203—204. Herrigs Arch. I.XVII, 1882, S. 457—458.

Jägerndorf.

1009. WOLF, Ueber die Jägerndorfer Mundart. (Moravia I, 1815, Nr. 113.)*

c) **Gebirgsschlesisch.**

α) Im ganzen.

1010. Bemerkungen über verschiedene Eigenheiten des schles. Gebirgs-Dialekts und Beiträge zu einem Idiotikon desselben. (Lit.-Beil. z. d. Schles. Prov.-Bll. 1797, S. 351—360.* 1798, S. 33—39, 137—139.* 1801, S. 297—312. 1802, S. 59, 60, 160 ff., 225—235.)

1011. BEER, Ueber den schlesischen Gebirgsdialekt und seine Aehnlichkeit mit der schwedischen Sprache. (Schles. Prov.-Bll. XXXIV, 1801, S. 33—40.)

β) Riesengebirgisch.
[Vgl. Nr. 950.]

1012. KNOTHE, Die schlesische Mundart in Böhmen. (Das Riesengeb. in Wort u. Bild. 7. Jahrg., 1888, S. 1, 34, 59, 91.)*

γ) Glätzisch.

1013. KLESSE, A., Zur Grammatik des in der Grafschaft Glatz gesprochenen deutschen Dialekts. (Vierteljahrsschrift f. Gesch. u. Heimatsk. d. Grafsch. Glatz III, 1883/4 S. 148—159.)

1014. Ueber die Gläzische Gebirgssprache. Ein Beitrag zum Schlesischen Idiotikon. (Schles. Prov.-Bll. XXVII, 1798, Litt. Beil. S. 97—110.) [Enth. auch einige die Lautlehre betreffende Bemerkungen.]

1015. KLESSE, A., Aus dem Wortschatze des Grafschafters. Mundartliches Vokabularium. (Vierteljahrsschrift f. Gesch. u. Heimatsk. d. Grafsch. Glatz III, 1883/4, S. 224—235. 311—320. IV, 1884/5, S. 152—160. 245—253. V, 1885/6, S. 39—44. 113—121. 212—215. VI, 1886/7, S. 38—46.)

1016. Ichthyologia Glaciensis. (Gläzische Monatsschr. v. BLOTTNER u. POHLE, 1799, S. 260—269, 317—321, 361—368, 620—629, 680—690.)*

Frankenstein.

1017. KNÖTEL, A., Die Mundart in und um Frankenstein. [Mit Wörtersammlung.] (Rübezahl. Schl. Prov.-Bll. LXXIV, N. F. IX, 1870*; LXXV, N. F. X, 1871, S. 74—77. 127—129.

177—179. 233—234. 282—284. 392—395.) [Vgl. B(eyersdorf)f ebd. S. 441—442.]

1018. ULF[ILAS], Zur Frankensteiner Wörtersammlung. (Rübezahl. Schles. Prov.-Bll. LXXV, N. F. X. 1871, S. 440.)

δ) Oberschlesisch.

1019. HEIMBROD, J., Ueber die deutsche Sprache in dem polnischen Oberschlesien. (Jahresbericht d. kön. kathol. Gymnasiums in Gleiwitz 1865. 4°. S. 2—23.) [Wieder abgedruckt mit »Nachwort«] Oberglogau 1872. 8°. 25 S.

d) Niederschlesisch.

1020. RÜCKER, J., Die Mundarten der Dörfer an der Oder oberhalb Breslau bis Ohlau. (Rübezahl. Schles. Prov.-Bll. LXXV, N. F. X, 1871, S. 438—439.)

Posen.
[Vgl. Nr. 697.]

1021. BERND, C. S. T., Die deutsche Sprache in dem Grossherzogthume Posen und einem Theile des angrenzenden Königreichs Polen mit Vergleichungen sowohl der Mundarten, als auch anderer Sprachen, und mit eigenen Forschungen. Bonn 1820. 8°. 104 + 427 S. [Sprachwiss. Einleitung u. Wörterbuch.]

e) Schlesische Kolonie im Ermlande.
[Vgl. Nr. 1057—1059 und 1687 ff.]

1022. U.*, Breslau in Ermeland. (Rübezahl. Schles. Prov.-Bll. LXXVIII, N. F. XIII, 1874, S. 95—96.) [Anfrage über den Dialekt.]

1023. v. W. und A. KNÖTEL, Breslau im Ermelande und Copernicus. I. II. (Rübezahl. Schles. Prov.-Bll. LXXVIII, N. F. XIII, 1874, S. 310—311.)

1024. KNÖTEL, A., Der Breslauer Dialekt in Preussen und seine Aehnlichkeit mit dem schlesischen. (Rübezahl. Schles. Prov.-Bll. LXXVIII, N. F. XIII, 1874, S. 477—478.)

1025. KNÖTEL, A., Die Breslauer Mundart im Ermelande, näher untersucht. (Rübezahl. Schles. Prov.-Bll. LXXVIII, N. F. XIII, 1874, S. 553—555.)

1026. K[NÖTE]L, A., Schlesier und schlesische Kolonien im Ordenslande Preussen. (Schlesische Volkszeitung 1882, Nr. 431. 433. 443. 445.)*

C. Nordungarisch.

1. Im ganzen.
[Vgl. Nr. 426 ff., 630 und 815.]

1027. KRONES V. MARCHLAND, F., Zur Geschichte des deutschen Volksthums im Karpatenlande mit besonderer Rücksicht auf die Zips und ihr Nachbargebiet. Studie. Festschrift der K. K. Universität Graz aus Anlass der Jahresfeier am 15. Nov. 1878. Graz 1878. 4°. 33 + 1 S.

F. ILWOF: Jen. Litztg. VI, 1879, S. 133—134.

1028. SCHRÖER, K. J., Die Deutschen im ungarischen Berglande und ihr Dialekt. Eine Skizze. (Oesterr. Wochenschr. V, 1865, S. 129—138. 179—187. 205—211.)

1029. SCHRÖER, K. J., Versuch einer Darstellung der deutschen Mundarten des ungrischen Berglandes, mit Sprachproben und Erläuterungen. (Sitzb. d. K. Ak. d. Wiss. in Wien, XLIV, 1863, S. 253—436.) [Auch besonders.] Wien 1864. 8°. 186 S. 1 Krte.

1030. SCHRÖER, K. J., Die Laute der deutschen Mundarten des ungrischen Berglandes. (Ebd. XLV, 1864, S. 181—256.) [Auch besonders.] Wien 1864. 8°. 78 S. [Inhaltsübers. üb. d. beid. Abhdlgn. (Nr. 1029 u..1030.) Sitzb. XLV, S. 257—258.]

1031. SCHRÖER, K. J., Beitrag zu einem Wörterbuche der deutschen Mundarten des ungrischen Berglandes. (Ebd. XXV, 1857, S. 213—272. XXVII, 1858, S. 174—218.) [Auch besonders.] Wien 1858. 8°. 136 S. 1 Bl.

FROMMANN: Dt. Maa. V, 1858, S. 235—238.

1032. SCHRÖER, K. J., Nachtrag zum Wörterbuche der deutschen Mundarten des ungrischen Berglandes. (Ebd. XXXI, 1859, S. 245—292.) [Auch besonders.] Wien 1859. 8°. 50 + 1 S.

FROMMANN: Dt. Maa. VI, 1859, S. 89—92.

1033. ETTM., Gothische Sprache. (Anz. f. Kde. d. dtsch. Mittelalt. II, 1833, S. 314—315.) [Giebt einige Wörter aus der Ma. der Deutschen im Gömör Comitat, welche Verf. für Abkömmlinge der Goten hält.]

2. Zipserisch.

[Vgl. Nr. 829.]

1034. AB H[ORTIS], [Über die Sprache der Zipser Deutschen.] (Ungr. Mag. II, 1782, S. 483—486.) [Vokalismus u. einige Wörter.]

1035. GENERSICH, J., Versuch eines Idiotikons der Zipser Sprache. (Zs. v. u. f. Ungern V, S. 31—37. 94—102. 142—158. VI, S. 295—316. 347—364.)*

1036. BREDETZY, S., Sammlung einiger Zipser Idiotismen. (Beyträge zur Topogr. d. Königr. Ungarn II, 1803, S. 143—159.)

1037. PETTERS, I., Zipserisch und nordböhmisch pottom. (Zs. f. vgl. Spr. XVI, 1867, S. 80.)

1038. RUMI, K. G., Beytrag zu einem Idiotikon der sogen. Gründnerischen deutschen Sprache in der Zipser Gespannschaft. (Zs. v. u. f. Ungern VI, S. 230—242. 293 ff.)*

IV.

NORDDEUTSCHE MUNDARTEN.

1. Im ganzen.
[Vgl. Nr. 678 und 1087 ff.]

1039. [Thiess, J. O.,] Versuch, unsern jungen Landsleuten, besonders Niedersachsen, die gemeinsten und beträchtlichsten Sprachfehler abzugewöhnen. Lübeck 1768. 8°. 62 S.*
Allg. Litztg. 1788, IV, Sp. 39—40. Du.: Allg. dtsch. Bibl. LXXVII, 1789, S. 567—568.

1040. Fröbing, J. C., Ueber die in Niedersachsen gewöhnlichen Sprachfehler. (Hannöv. Mag. XXVIII, 1790, Sp. 1473—1504, 1505—1508.)

1041. Fröbing, J. C., Ueber einige der gewöhnlichsten Sprachfehler der Niedersachsen. Ein Büchlein zum Unterricht und zur Unterhaltung. Bremen 1796. 8°. 200 S.
Allg. Litztg. 1796, III, S. 654—656. Kd.: Neue allg. dt. Bibl. XXXIII, 1797, S. 189—192. Erlanger gel. Ztg. 1796, S. 343.*

1042. Sprengell, W. H. Mielck u. A., ar der Schriftsprache, ausgesprochen er. (Ndd. Korrbl. IV, 1879, S. 83. V, 1880, S. 3—4.)

2. Rheinisch.

1043. Radlof, J. G., Mundartliche Anwendung oder Weglassung eines t. (Teutschkundl. Forschungen II, Berlin 1826. 8°. S. 187—189.) [Hochdeutsch der Rheinprovinz.]

3. Hannoversch.

1044. Huss, H., Das Deutsche im Munde des Hannoveraners. Hannover 1879. 8°. 47 S.

1045. Beytrag zu einem Hannöverischen Idiotikon. (Journ. v. u. f. Dtschld. VI, 1789, 2 St., S. 161—163.) [Aus der Sprache der Gebildeten; wesentlich hochdt. Wörter.]

4. Braunschweigisch.

1046. Damköhler, E., Ein Brunsvicismus. Vortrag. Blankenburg a. H. 1889. 5 Bl.* [Über die Ausspr. des hochdt. a als ä.]
W. Seelmann: Ndd. Korrbl. XIII, 1888, S. 79.

5. Anhältisch.
[Vgl. Nr. 922 und 1527 ff.]

1047. Wäschke, H., Über anhaltische Volksmundarten. (Mittheil. d. Ver. f. anh. Gesch. u. Alt.-K. II, 1880, S. 304—317. 388—411. 473—482.) [Charakteristik derselben. Kurze Grammatik.]

1048. Dunkel, J. W. G., Verzeichniss von vielen deutschen im Anhalt-Köthen'schen gebräuchlichen Wörtern, welche mit denen in Richey's Idiotico Hamburg. übereinkommen. [A—L.] (Hamb. Nachrichten von gelehrten Sachen 1757, S. 237—240. 245—248. 252—255.)*

6. Brandenburgisch.
[Vgl. Nr. 1674 ff.]

Stadt Brandenburg.

1049. Maass, Wie man in Brandenburg spricht. Vortrag, geh. im hist. Ver. z. Brandenburg am 5. März 1875. (Ndd. Jb. [IV.], 1878, S. 28—41.)

Berlin.

1050. Moritz, K. P., Ueber den Märkischen Dialekt. In Briefen. St. I. Berlin 1781. 8°. 24 S. St. II. [m. d. T.:] Anweisung die gewöhnlichsten Fehler, im Reden, zu verbessern, nebst einigen Gesprächen. Ebd. 1781. 8°. 36 S. [Auch in seinen kleinen Schriften, die deutsche Sprache betreffend. Berlin 1782. 8°. — Neue Aufl. 1792. — 6. Aufl. 1817. 8°. — Behandelt die Berliner Ma..]

1051. Rapp, K. M., Uebergang [v. Plattdeutschen zum Hochdeutschen. Berliner Dialekt.] (Versuch e. Physiologie der Spr. III, Stuttgart u. Tübingen 1840. 8°. S. 308—310.) [Lautlehre u. Sprachprobe.]

1052. Graupe, B., De dialecto Marchica quaestiunculae duae. Diss. inaug.... Berolini 1879. 8°. 1 Bl., 51 + 1 S. [Behandelt das Märkische des 14.—16. Jhs. und das heutige Berlinisch.]
Jber. I, 1879, S. 174—175.

1053. Trachsel, C. F., Glossarium der Berlinischen Wörter und Redensarten dem Volke abgelauscht und gesammelt. Berlin 1873. 8°. VIII, 68 S.

1054. Der richtige Berliner in Wörtern und Redensarten. Berlin 1878. 8°. IV, 46 S.* — 2., verm. u. verb. Aufl. ebd. 1879. 8°. X, 85 S. — 3. Aufl. ebd. 1880. 8°. XI + 1 u. 112 S. — 4. Aufl. ebd. 1882. 8°. XIV, 139 S.
Jber. I, 1879, S. 178.

1055. LINDENBERG, P., Berliner geflügelte Worte. Eine Sammlung Berliner Worte und Redensarten. 1. u. 2. Aufl. Berlin 1887. 6°. III, 70 S.*

7. Westpreussisch.

[Vgl. Nr. 391 und 1657 ff.]

Danzig.

1056. FÖRSTEMANN, E., Zur Bedeutungslehre der Danziger Mundart. (N. pr. Prov.-Bl. And. F. III, 1853, S. 294—304.) [Auch bes.] Königsb. 1853. 8°. 1 Bl., 10 S.

Elbing.

1057. SCHEMIONEK, A., Ausdrücke und Redensarten der Elbingischen Mundart mit einem Anhange von Anecdoten dem Volke nacherzählt. Danzig 1881. 8°. VI, 53 S.
Herrigs Arch. LXXVII, 1887, S. 446—447. C. MAROLD: Altpreuss. Mschr. XIX, 1882, S. 134—136.

8. Ostpreussisch.

[Vgl. Nr. 1022—1026 und 1087 ff.]

1058. HOFFHEINZ, G. T., Ueber den ostpreussischen hochdeutschen Dialect. Vortrag, gehalten in der Königlich Deutschen Gesellschaft zu Königsberg. (Altpreuss. Monschr. N. F. IX, [Prov.-Bll. LXXV], 1872, S. 447—461.)

1059. SPERBER-NIBORSKI, L., Des Volkes Rede. Eine Sammlung ostpreussischer Ausdrücke und Redensarten. Loebau 1878. 8°. 46 S.* [Gruppiert für »die vom Oberdeutschen stammenden Dialekte Altpreussens die provinzialistischen Ausdrücke«. Vgl. MAROLD, Altpreuss. Monschr. XIX, 1882, S. 135.]

9. Deutsche Mundarten in den russischen Ostseeprovinzen.

a) Im ganzen.

1060. GROSS, R., Ein Versuch über das deutsche Idiom in den baltischen Provinzen. Vortrag. Riga u. Leipzig 1869. 8°. 40 S.

1061. FALCK, P. T., Etwas über den deutsch-estnischen Dialect in Est- und Nordlivland. (Die Oberpahlsche Freundschaft. Ein Gedicht in deutsch-estnischer Mundart von JACOB JOHANN MALM. Mit einer linguistischen und literarhistorischen Einleitung zum ersten Male hrsg. v. PAUL THEODOR FALCK. Leipzig 1882. 8°. S. 1—13. — 5. Aufl. Reval 1885. 8°.*)
BUCHHOLTZ: Herrigs Arch. LXVIII, 1882, S. 233. K. v. BAHDER: Litbl. II, 1881, Sp. 433—434.

1062. [HUPEL, A. W.,] Idiotikon der deutschen Sprache in Lief- und Ehstland. Nebst eingestreueten Winken für Liebhaber. Riga 1795. 8°. XX, 272 S. (Abgedruckt aus HUPELS Neuen Nordischen Miscellaneen St. 11. 12. 1795.*) [Nachträge ebd. St. 17. S. 225—235* und in J. C. PETRI, Esthland und die Esthen. II, Gotha 1802. 8°. S. 82—104.]

b) Livland.

1063. LINDNER, J. G., Beytrag zu Schulhandlungen. Königsberg 1762. 8°.* [Livländische Provinzialismen.]

1064. [BERGMANN, G. F.,] Sammlung livländischer Provinzial-Wörter. Salzburg 1785. 8°. 80 S.*
JT.: Allg. dt. Bibl. LXIX, 1786, S. 576—579.

1065. GUTZEIT, W. v., Wörterschatz der deutschen Sprache Livlands. Riga 1859 ff. 8°. [Noch unvollendet. Bisher erschienen] Band I, Riga 1864. 8°. XXIV, 304 S. Teil II. K. L. M. N. O. P. Q. Riga 1889. 8°. 422 S.

c) Estland.

1066. [WIEDEMANN, F. J.,] Einige Bemerkungen über die deutsche Sprache in Ehstland. Dorpat 1854. 8°. [Sonderabdr. aus dem »Inlande«.*]

1067. HOHEISEL, C., Einige Eigentümlichkeiten der deutschen Sprache in Estland. (Progr. des Gymn. in Reval 1860.)*

1068. SALLMANN, C., Die deutsche Mundart in Estland. Ein Versuch. (Balt. Monatsschr. XXI, 1872, S. 401—418.) [Auch besonders.] Cassel 1873. 8°. IV, 69 S.

1069. SALLMANN, [K.,] Zur Grammatik der deutschen Mundart in Estland. (Balt. Monatsschr. XXI, 1872, S. 497—513.)

1070. SALLMANN, K., Lexikalische Beiträge zur deutschen Mundart in Estland. Leipzig 1877. 8°. 88 S. [Jenenser Inauguraldiss.]

1071. SALLMANN, K., Neue Beiträge zur deutschen Mundart in Estland. Gedr. m. Unterst. d. estl. liter. Gesellschaft. Reval 1880. 8°. 2 Bl., 159 + 1 S. [Lexikalisch.]
BAHDER: Litbl. I, 1880, Sp. 359—360.

1072. SALLMANN, K., Eine Nachlese zur deutschen Mundart in Estland. (Balt. Monatsschr. XXXIV, 1888, S. 463—471.)

V.
NIEDERDEUTSCHE MUNDARTEN.
I. Niederdeutsche Mundarten im ganzen.
Bibliographie.
[Vgl. Nr. 678.]

1073. BERGH, L. PH. C. VAN DEN, Opgaaf van geschriften over-en in Nederduitsche Provincial-Dialekten, benevens eenige gemengde Aantekeningen. (Taalk. Mag. II, 1837, S. 193—209.) [Giebt viel handschriftliches Material.]

1074. SEELMANN, W. u. H. BRANDES, Niederdeutsch. (Jahresbericht üb. d. Erscheinungen auf dem Gebiete der germ. Philologie I, 1879, S. 172—196. II, 1880, S. 235—246. III, 1881, S. 226—239. IV, 1882, S. 221—230. V, 1883, S. 235—241. VI, 1884, S. 304—318. VII, 1885, S. 284—295. VIII, 1886, S. 249—260. IX, 1887, S. 256—265. X, 1888, S. 294—306. XI, 1889, S. 316—329.)

Zeitschriften.

1075. Jahrbuch des Vereins für niederdeutsche Sprachforschung. Jahrg. 1875—1878, Bremen 1876—1889. Jahrg. 1879—1880, V.—VI., Bremen 1880—1881. Jahrg. 1881—1888, VII.—XIV., Norden u. Lpz. 1882—1889. 8°.

1076. Korrespondenzblatt des Vereins für niederdeutsche Sprachforschung. Herausgegeben im Auftrage des Vorstandes. I.—II. Jahrg., Hamburg 1877—1878. III.—V. Jahrg., Hamburg 1878—1880, Bremen 1879—1881. VI.—VIII. Jahrg., Hamburg 1881—1883, Norden u. Lpz. 1882—1884. Jahrg. 1884—1888, Heft IX—XIII, Hamburg 1884—1889, Norden u. Lpz. 1885—1890. 8°. [Die zahlreichen kleineren Beiträge dieser Zeitschrift, namentlich über einzelne ndd. Wörter, sind nicht besonders erwähnt.]

Sprachgebiet.
[Vgl. Nr. 18—37, 680, 880, 1079, 1127, 1355f. und 1670.]

1077. JELLINGHAUS, H., Zur Einteilung der niederdeutschen Mundarten. Ein Versuch. Kiel 1884. 8°, XVI, 83 + 1 S.
Ndd. Korrbl. VIII, 1883, S. 33—34. Vgl. auch S. 2—3. SPRENGER: Litbl. V, 1884, Sp. 212—213. SEELMANN: Litztg. V, 1884, Sp. 1234—1235. H. TÜMPEL: Ndd. Jb. X, 1884, S. 158—160.

Allgemeines.

1078. CLASSEN, J., Über den gegenwärtigen Stand der niederdeutschen Sprache. Lübeck 1836. 4°.*

1079. CLEMENT, K. J., Die plattdeutsche Sprache. Ihr voriges und ihr jetziges Gebiet. Ihr veränderter Character. (Herrigs Arch. V, 1849, S. 302—325.)

1080. GÖTZINGER, M. W., Niederdeutsche Mundarten. (Die deutsche Sprache und ihre Literatur I, 1, Stuttgart 1836. 8°. § 22, S. 100—104.) [Kurze Charakteristik.]

1081. WINKLER, J., Nederduitsche tongvallen. (Navorscher XX, 1870, S. 199.)*

1082. WINKLER, J., Algemeen Nederduitsch en Friesch dialecticon. I. II. 's Gravenhage 1874. 8°. XVI, 500 S. u. 2 Bl., 449 S. *)
P. J. COSIJN: De Gids 3. S., II, 1874, III, S. 529—543.

1083. WINKLER, J., [Die niederdeutsche Mundart in Deutschland.] (Dialecticon [vgl. Nr. 1082] I, S. 3—5).

1084. DANNEHL, G., Ueber niederdeutsche Sprache und Literatur. Berlin 1875. 8°. 64 S. (= Samml. gemeinverst. wiss. Vortr., Ser. X, Heft 219 u. 220.)

1085. LÜBBEN, A., Aus dem zu Herford gehaltenen Vortrag über »de modersprake«. (Ndd. Korrbl. VI, 1881, S. 64—67.) [Vgl. Zs. f. dt. Phil. XIII, 1882, S. 490—491.]

1086. SEELMANN, W., [Referat üb. e. Vortrag v. Lübben: Zur geschichte der niederdeutschen sprache.] (Zs. f. dt. Phil. XII, 1881, S. 356—357.)

Niederdeutsch und Hochdeutsch.
[Vgl. Nr. 1039 ff. und 1360 ff.]

Allgemeines.

1087. Etwas von deutschen Mundarten. (Dt. Mus. 1782, I, S. 276—284. 1783, I, S. 143—159.)

1088. GROTH, K., Briefe über Hochdeutsch und Plattdeutsch. Kiel 1858. 8°. 2 Bll., 171 S.

1089. Hochdeutsch und plattdeutsch. (Neue preuss. Ztg. 1859, Beil. z. Nr. 13.)*

1090. ESCHENHAGEN, H., Zur plattdeutschen Sprache und deren neue Literaturbewegung. Berlin 1860. 6°. 64 S.

1091. FREIMUND [L. C. WIENBARG], Die plattdeutsche Propaganda und ihre Apostel. Ein Wort zu seiner Zeit. Hamburg 1860. 6°. 36 S.*

---

*) Die den einzelnen ndd. Mundarten gewidmeten Abschnitte, die jeder an ihrer Stelle Erwähnung finden werden, bestehen, neben allgemeineren Bemerkungen, in der Regel hauptsächlich aus Lautlehre u. Proben.

1092. SACHSE, [F.,] Ueber das Plattdeutsche und sein Verhältniss zum Hochdeutschen. (Jahresb. üb. d. höh. Knabensch. z. Berlin. Ostern 1867. 6°. 16 S.)*
HELLER: Herrigs Arch. XLI, 1867, S. 100—103.

1093. ZECHLIN, Ueber den Werth der plattdeutschen Mundart. (Jber. d. altmärk. Ver. f. vaterl. Gesch. u. Industrie. Abtheilg. f. Gesch. XVI, 1868, S. 43—48.)

Grammatik.

1094. JÄNICKE, O., Ueber die niederdeutschen Elemente in unsrer Schriftsprache. (Progr. d. höh. Bürgersch. z. Wriezen. 1869. Berlin 1870. 4°. 35 S.)*
Herrigs Arch. XLVII, 1871, S. 330.

1095. DEVANTIER, F., Ueber die Lautverschiebung und das Verhältnis des Hochdeutschen zum Niederdeutschen. Mit 1 Holzschnitt. Berlin 1881. 8°. 44 S. (= Samml. gemeinverstdl. wiss. Vorträge, Ser. XVI, Heft 376.)
Jber. III, 1881, S. 24—25.

Wortschatz.

1096. GEDIKE, F., Ueber deutsche Dialekte. (Beiträge z. dt. Sprachkde. 1. Slg. Berlin 1794. 6°. S. 292—332.) [Beh. d. Verhältnis d. Hochdeutschen zum Ndd. namentlich hinsichtl. d. Wortschatzes.]

1097. [VERNALEKEN, T.,] Reihe von niederdeutschen Wörtern, welche das Hochdeutsche nicht besitzt. (Herrigs Arch. V, 1849, S. 467—468.) [Vgl. dazu ebd. XV, 1854, S. 363.]

1098. GOOR, G. A. C. VAN, Niederdeutsche Elemente in der Schriftsprache. (Taalstudie VIII, 1887, S. 310—312. IX, 1888, S. 44—45. 255—256. 314—315. X, 1889, S. 43—46. 107—108. 189—190. 252—253.) [Wörterverzeichnis.]

Niederdeutsch in Schule und Kirche.
[Vgl. Nr. 1556.]

1099. UNRUH, T., Über plattdeutsches Predigen und Unterrichten. (Ev. Kirchen-Zeitung CXVI, 1885, S. 395—404.)

Mundartenforschung.
[Vgl. Nr. 1369f. und 1656—1658.]

1100. COLLITZ, H., Über das vergleichende Studium der niederdeutschen Mundarten. (Ndd. Korrbl. XI, 1886, S. 23—32.)
TECHMER, Internat. Zs. IV, 1889, S. 201—202.

Grammatik.

1101. WILLEMS, J. F., Over den oorsprong, den aert, en de natuerlyke oorming der Nederduitsche tael. I. II. (Belg. Mus.

1101—1109. Niederdeutsch im ganzen.

v. d. Nederd. Tael- en Letterk. I, 1837, S. 3—20. 209—223.) [Enth. vieles über ndld. und ndd. Maa.]

1102. JOSTES, F., Schriftsprache und Volksdialecte. Bemerkungen zu einer historischen Grammatik der niederdeutschen Sprache. (Ndd. Jb. XI, 1885, S. 65—98.)

Lautlehre.

1103. JELLINGHAUS, H., Das Englische in seinem Verhältnisse zu den niederländischen, niederdeutschen uud jütischen Mundarten. (Herrigs Arch. LXXVIII, 1887, S. 271—306.) [Hauptsächlich Lautliches.]

1104. HOEFER, A., Zur Laut-, Wort- und Namenforschung. IV, XVIII—XIX, XXVII—XXVIII, XXXVI—XLI, XLIV—XLVII. (Germ. XIV, 1869, S. 201—205. XV, 1870, S. 61—67. 79—83. XVIII, 1873, S. 208—209. 301—309. XXIII, 1878, S. 4—10.) [Die übrigen Abschnitte mit diesem Titel behandeln nichts hierher gehöriges.]

Wortbildung.

1105. SEELMANN, W., Niederdeutsche Betonungsanomalien und ihr Einfluss auf den Accent dänischer und neuhochdeutscher Wörter. (Ndd. Korrbl. IV, 1879, S. 18—20.) [Vgl. dazu H. SCHULTS: ebd. S. 39. SPRENGELL u. A., S. 76—79. V, 1880, S. 31.]

1106. STOSCH, S. J. E., Von dem niederdeutschen Suffixe sche. (Kleine Beiträge zur näheren Kenntniss der deutschen Sprache III. Berlin 1782. 8°. S. 187—190.)*)

Syntax.

1107. ANDRESEN, K. G., Sitten gån. (Herrigs Arch. XXXVI, 1864, S. 475.)

Wortschatz.

1108. KOSEGARTEN, J. G. L., Wörterbuch der Niederdeutschen Sprache älterer und neuerer Zeit. Greifswald 1855—1860. 4°. XX, 440 S. [Unvollendet. A — Angetoget.]

C. BARTSCH: Dt. Maa. III, 1856, S. 24—25. Herrigs Arch. XIX, 1856, S. 457—458. F. WOESTE: Zs. f. vgl. Spr. VI, 1857, S. 75—79 u. IX, 1860, S. 69—76. A. HOEFER: Germania X, 1865, S. 121—125. Cbl. 1860, Sp. 506—507.

1109. BERGHAUS, H., Der Sprachschatz der Sassen. Ein Wörterbuch der Plattdeütschen Sprache in den hauptsächlichsten

---

*) Stoschs kleine Beiträge zur näheren Kenntniss der deutschen Sprache (3 Bde., Berlin 1774—1782. 8°) bringen gelegentlich Bemerkungen über allerlei niederdeutsche Wörter. Diese sind nicht besonders angeführt.

ihrer Mundarten. I. A—H. Brandenburg 1880. 8°. XI + 1 u.
752 S. II. I—N. Berlin 1883. 8°. 1 Bl., 814 S.
A. LÜBBEN: Zs. f. dt. Phil. X, 1879, S. 245—251. J. W[OLFF:]
Siebb. Korrbl. III, 1880, S. 106—107. V, 1882, S. 46—47. VII, 1884,
S. 23—24. DE BODE I, 1878, April.* Jber. I, 1879, S. 177—178. H.
COLLITZ: Litztg. V, 1884, Sp. 272—275.

1110. ANDRESEN, K. G., Aus der niederdeutschen mundart.
(Herrigs Arch. XXVIII. 1860, S. 356—358.) [Etymologien.]

1111. WOESTE, F., Beiträge aus dem Niederdeutschen. (Dt.
Maa. VII, 1877, S. 425—447.) [Namentlich Westfälisches, Ostpreussisches, Niederrheinisches.]

1112. MIELCK, W. H., Zeitlose. (Ndd. Jb. [IV] 1878,
S. 65—68.)

1113. REGEL, K., C. WALTHER u. SCHIERENBERG, Quanswis. (Ndd. Korrbl. V, 1880, S. 20—24.)

1114. WALTHER, C., Kai. (Ndd. Jb. X, 1884, S. 1—5.
103—107.) [Über die Redensart »Kai kennen.«]

1115. SÖHNS, F., Niederdeutsche Tiernamen. (Die Natur
XXXVIII, N. F. XV, 1889, S. 589—591.)

1116. KRAUSE, K. E. H., Die niederdeutschen Namen der
Ulme (Ulmus L.) (Ndd. Korrbl. XII, 1887, S. 67—69. XIII,
1888, S. 59—60.)

II. Niederfränkische Mundarten.

A. Im ganzen.

Bibliographie.

1117. PETIT, L. D., Proeve eener Bibliographie der Nederlandsche dialecten. (Onze Volkstaal I, 1882, S. 48—82. 129
—149.)

1118. BRANDES, H., Niederländisch. (Jahresbericht über die
Erscheinungen auf dem Gebiete der Germanischen Philologie I,
1879, S. 198—203. II, 1880, S. 247—251. III, 1881, S. 240
—244. IV, 1882, S. 231—236. V, 1883, S. 241—245. VI,
1884, S. 319—322. VII, 1855, S. 295—301. VIII, 1886,
S. 261—268. IX, 1887, S. 265—272. X, 1888, S. 308—313.
XI, 1889, S. 330—335.)

Zeitschriften.

1119. Onze Volkstaal. Tijdschrift gewijd aan de studie der
Nederlandsche tongvallen, onder redactie van Taco H. DE BEER.
I ff. Culemborg, Roeselare 1882 ff. 8°.
H. KERN, Een tijdschrift voor de Nederlandsche tongvallen: De
Gids XLVII = 4. S. I, 1883, IV, S. 148—151. [Rezension des 1. Jahrganges.]

1120—1132. Niederfränkisch im ganzen.

Sprachgebiet.

[Vgl. Nr. 31—37 und 680.]

1120. Winkler, J., [Über die niederdeutschen Mundarten in den Niederlanden.] (Dialecticon I, S. 265—268.) [Beh. d. Einteilung ders. in die 4 Gruppen: fränkisch, sächsisch, frisofränkisch und friso-sächsisch.]

1121. Beer, T. H. de, Linguistische Kaarten. (Noord en Zuid II, 1879, S. 289—305 und III, 1880, S. 172.) [Entwurf einer künftigen Sprachkarte der Niederlande auf Grund von Fragebogen.]

1122. Fester, J., [Die flämisch-wallonische Sprachgrenze.] (Stricker's Germania I, 1847, S. 129.)

1123. Menke, T., Sprachgrenze in Belgien. Massstab 1 : 5000000 [Karte.] (K. v. Spruners Hand-Atlas f. d. Gesch. d. M.-A. und d. neueren Zeit. 3. Aufl. bearb. v. T. Menke. Gotha 1880. Fol. Nr. 13, Nebenkarte.)

1124. Andree, Die flämische Sprachgrenze in Belgien. (Allg. Handatl. in 80 Karten mit erl. Text. Bielefeld u. Lpzg. 1880—1881. Fol. S. 13. Nebenkarte.)

1125. Brämer, K., Nationalität und Sprache im Königreiche Belgien. Stuttgart 1887. 8°. 127 + 1 S. [Mit Karte der Sprachgrenze in Belgien f. 1860. Rein statistisch.] (= Forschungen z. dt. Landes- u. Volkskde. II, 1888, S. 29—156.)
Cbl. 1887, Sp. 1592—1593. Meitzen: Litztg. X, 1889, Sp. 171—172.

Allgemeines.

1126. Götzinger, M. W., Flamändische Mundart. (Die deutsche Sprache u. s. w. I, 1. Stuttgart 1836. 8°. § 25, S. 118—122.) [Kurze Charakteristik u. Proben.]

1127. Vandenhoven, H., La langue flamande, son passé et son avenir. Projet d'une orthographe commune aux peuples des Pays-Bas et de la Basse-Allemagne. Avec une carte des divers territoires où l'on parle le nederduitsch. Bruxelles 1844. 8°. 101 + 1 S., 1 Krte.

1128. Halbertsma, De Tongvallen in Nederland. Deventer 1846. 8°.*

1129. Bôn, F., Identité linguistique entre le flamand et l'allemand, ou similitudes grammaticales de ces deux langues, unissant à une théorie lumineuse, exacte et concise, une pratique facile et d'une grande étendue. 2. éd. Bruxelles 1848. 8°. 118 S.* [Das Erscheinungsjahr der 1. Ausg. habe ich nicht ermitteln können.]

1130. Teipel, Wichtigkeit des Studiums der flamändischen Sprache für den Philologen. (Herrigs Arch. V, 1849. S. 326—336.)

1131. Winkler, J., [Über die Mundarten von Zuid-Nederland.] (Dialecticon II, S. 230—233.) [Maa. in Belgien.]

Mundart und Schriftsprache.

1132. VLOTEN, J. VAN, Spraakwoording, taal en schrift; Nederlandsche spraak- en schrijftaal; Inleidende taalbespiegeling. (Met eene bijlage over Prof. Rooda's verhandeling.) Zutphen 1859. 8°.* [Darin S. 79, III: Spreektal en schrijftaal.]

1133. DE FLOU, K., »De Nederlandsche taal«. Tongvallen en schrijftaal. (Jaarboek van het Willem-Fonds voor 1878, S. 185.)*

1134. JOOS, A., Spraakkunst en volkstaal. (Het katholiek onderwijs VI, 1884—1885, Nr. 3. 4. VII, 1885—1886, Nr. 4 —9.)* [Auch besonders ersch.] Gand 1886. 8°. 83 S.*

1135. DE BO, Over de dialectische woorden en wendingen die burgerrecht in de schrijvende taal verdienen. Redevoering Brugge 1875. 8°.*

1136. CORT, F. DE, Misbruik van provincialismen. (De Toekomst 4. R., IV, 1875, S. 59—67.)

Mundart und Unterricht.

1137. TERNEST, K. L., Over de dialecten ten obzichte van het onderwijs. (De Toekomst 1860, p. 238.)*

Niederländisch und Deutsch.

[Vgl. Nr. 1325 f.]

1138. VIGELIUS, W., Einiges zur Charakteristik des Holländischen im Vergleich mit dem Hochdeutschen. Progr. d. K. Friedrichs-Gymn. zu Frankfurt a. d. O. 1878. 4°. 19 + 1 S.

1139. HANSEN, C. J., Platduitsch en Nederlandsch of het Nederduitsch en de Dietsche beweging. Antwerpen 1878. 8°. [Mit Proben.]*

1140. WINKLER, J.. Nederland in Frankrijk en Deutschland. (Tijdspiegel 1886, II, S. 1—36. 121—155. 284—307.)*

Mundartenforschung.

1141. JAGER, A. DE, Over het belang van de Kennis der idiotismen onzer taal, en over hetgeen aan die Kennis nog ontbrekt. (Handel. v. h. 2° Nederl. letterk. Kongres. Amsterdam 1850 S. 151,* wieder abgedruckt in: A. DE JAGER, Latere verscheidenheden uit het gebied der Nederd. taalkunde. Deventer 1858. 8°. S. 21.)*

1142. HEREMANS, J. F. J., Over het belang van de Kennis der Nederlandsche en inzonderheit der Vlaamsche dialecten. (Handel v. h. 4° Ned. taal- en letterk. Congres. Utrecht 1854, S. 126.)*

1143. HEREMANS, J. F. J., Eenheid en provincialisme op't gebied der Nederlandsche taal. (Handel v. h. 7° Nederl. taal- en letterk. Kongres 1862, S. 278.)*

1144. KERN, H., Belangrijkheid der tongvallen. (De Toekomst 3. R., IV, 1870, S. 170—172.)
1145. TE WINKEL, L. A., De dialecten en de vocaalspelling. (Taalgids VI, S. 153—201.)*

Grammatik.

Allgemeines.

1146. KALCKHOFF, J. G. C., Proeve van Taalkundige opmerkingen en bedenkingen. (Vaderl. Letteroef. 1826, II, S. 326.) [Vgl. dazu A. DE JAGER ebd. S. 467.]* — Naschrift op de Proeve enz., benevens een woord voor den Heer A. DE JAGER. (Vaderl. Letteroef. 1826, II, S. 621.)*
1147. CALLENFELS, H. A., Eenige taalkundige opmerkingen. (Taalk. Mag. III, 1840, S. 515—518.) [Meist Mundartliches.]

Lautlehre.
[Vgl. Nr. 1042.]

1148. RAPP, K. M., Holländisch. (Versuch einer Physiologie der Sprache III, Stuttg. u. Tüb. 1840. 8°. S. 263—293.) [Lautlehre u. Proben. Allgemein Niederld.]
1149. N. N. S., Zacht- en scherpheldere e e en o o. (Noord en Zuid V, 1882, S. 113 f.)
1150. KOUSEMAKER PZ., J., Zacht- en scherpheldere e e en o o. (Noord en Zuid V, 1882, S. 184.)
1151. WILLEMS, F., Zacht- en scherphlange e e en o o. (Noord en Zuid V, 1882, S. 185 f.)
1152. MENSINGA, J. A. M., E en o. (Noord en Zuid V, 1882, S. 186 f.) [Dazu Bem. d. Red. S. 187 f.]
1153. N. N. S., Nog eens de zacht- en scherpheldere e e en o o. (Noord en Zuid VI, 1883, S. 160.)
1154. KERN, H., De klanken der r in't Nederlandsch. (Taalk. Bijdr. I, 1877, S. 214—216.) [Mit Rücksicht auf die Mundarten.]

Wortschatz.

1155. LENNEP, J. VAN, Woorden op bijzondere plaatsen in gebruik. (Navorscher XIV, 1864, S. 21.)*
1156. MONTMORENCY, V., Woorden en uitdrukkingen in Zuid-Nederland. (Noord en Zuid VI, 1883, S. 384; VII, 1884, S. 94.)
1157. STELLWAGEN, A. W., Woorden en uitdrukkingen in Zuid-Nederland. (Noord en Zuid VI, 1883, S. 105—109.) [Vgl. ebd. S. 278—280.]
1158. JOOS, A., Schatten uit de volkstaal. (Het Katholiek onderwijs VI, 1884—1885, Nr. 7—11. VII, 1885—1886, Nr. 1 —8. VIII, 1886—1887, Nr. 1. 2.)* [Auch besonders ersch.] I. II. Gand 1885—1886. 8°. 26 u. 31 S.*

B. Flandrisch.

1. Im ganzen.
[Vgl. Nr. 36f., 1126ff., 1182 und 1190—1192.]

1159. LANSENS, P., Kort taelkundig onderzoek naar de bevolkers van West-en Oost-Vlaenderen. Dixmude 1850. 8°.*
1160. GEZELLE, G., Namen van den duivel. (Rond den Heerd. Een leer-en leesblad. 1877. S. 45.)* [Aus der fläm. Mundart.]

2. Französisch-Flandern.

1161. Sprachkarte des französischen Flanderns. (Ausland XVIII, 1845, S. 327.) [Bericht über den Plan einer solchen Karte.]
1162. COUSSEMAKER, E. DE, Délimitation du flamand et du français dans le nord de la France. (Jbb. d. »Vlaemsch Comiteyt van Vrankrijk« [Comité flamand de France.] III.)*
1163. WINKLER, J., [Über die Volkssprache von Französisch-Flandern.] (Dialecticon II, S. 391—407.) [Mit Sprachproben.]
1164. COUSSEMAKER, E. DE, Quelques recherches sur le dialecte flamand de France. Proverbes et locutions proverbiales chez les Flamands de France par D. CARNEL. Dunkerque 1859. 8°. (Jb. d. Vlaemsch Comiteyt v. Vrankryk IV.)*
1165. ROIÈRE, C. DE LA, De la necessité de maintenir l'enseignement de la langue Flamande dans les arrondissements de Dunkerque et d'Hazebrouck. Lille 1863. 12 S.
1166. MENSINGA, J. A. M., De westelijke grenz van onze modertaal. (Noord en Zuid V, Extra Nommer, 1882, S. 87—92.]

St. Omaar.

1167. COURTOIS, M., L'ancien idiome audomarois. St. Omaars 1856.*

3. Westflandern.
[Vgl. Nr. 1142 und 1183.]

1168. LOQUELA, Blad voor eigenvlaamsch en taalliefhebberije en taalgeleerdheid. Rousselaere 1881 ff. 4°.*
C. EYKMANN: Onze Volkstaal I, 1852, S. 102—104. J. WINKLER Ndd. Korrbl. VI, 1881, S. 73—74.
1169. WINKLER, J., [Über die westflämische Mundart.] (Dialecticon II, S. 252—388.) [Mit Sprachproben.]
1170. JANSEN, H. Q., De belangrijkheid van het West-Vlaamsch dialect voor de Nederduitsche taal. (Handel. v. h. 7° Nederl. taal- en letterk. Kongres 1862, S. 139.)*
1171. NOLET, J., De Brauwere van Steeland, Notice sur le particularisme linguistique flamand de la Flandre occidentale. (Bulletins de l'Ac. d. Belg. XXXVII, 1874, S. 206—235.)

1172. Roos, G. P., Nederlandsch en Westvlaamsch. (Navorscher XXV, 1875, S. 302.)*
1173. Meersseman, D. G., Over de rechten van het Westvlaamsch in de algemeene Nederduitsche taal. Redevoering. Brugge 1875. 8°.*
1174. Bruyne, K. de, De Bo's West-Vlaamsch Idioticon en de West-Vlaamsche taalbeweging. (Het Belfort I, 1886, 11. Lfrg.)*
1175. Vercouillie, J., Spraakleer van het Westvlaamsch Dialect. (Onze Volkstaal II, 1885, S. 1—47.)
1176. De Bo, L. L., Westvlaamsch Idioticon, Brugge 1873. gr. 8°. XIV + 1 u. 1488 S. [Mit einer Karte von Westflandern.] M.: Onze Volkstaal I, 1882, S. 244—246. Vgl. auch Nr. 1174.
1177. Deflou, K., Woorden en Vaktermen uit West-Vlaanderen. (Onze Volkstaal III, 1, 1885, S. 1—40.)

Nieuwpoort.

1178. Meynne van de Casteele, A. de, Het Nieuwpoortsch dialect. (Sleutel om op het eerste zigt de ... etymologien te vinden: 1° van de benamingen der steden ... 2°. Familienamen ... Brugge 1860. 8°.* — Tweede uitgave ... Nieupoort 1862. 8°.)*
[Kortrijk s. Nr. 1204.]

Ypre.

1179. Lambin, Straettael van Ypre. (Belg. Mus. I, 1837, S. 396—407.) [Wörter u. Redensarten.]

4. Ostflandern.

[Vgl. Nr. 1201.]

1180. Winkler, J., [Über die niederländische Volkssprache von Ost-Flandern.] (Dialecticon II, S. 306—351.) [Mit Sprachpr.]

Zele.

1181. Courtmans, J. B., Zonderlinge tael te Zele. (Belg. Mus. I, 1837, S. 447—451.) [»Aenmerkingen« dazu v. J. F. Willems ebd. S. 451—453.]

5. Zeeuwsch-Vlaanderen.

[Vgl. Nr. 1389.]

1182. Willems, J. F., Overeenkomst van het Zeeuwsch en het Vlaemsch. (Belg. Mus. II, 1838, S. 48—53.)
1183. Janssen, H. Q., Verschil in taaleigen tusschen Zeeuwsch-Vlaanderen (4° distr.) en West-Vlaanderen nevens overeenkomst van het Zuid-Bevelandsche met het West-Vlaamsche. (Zeeland, jaarboekje voor 1852, S. 115.)*
1184. Roos, C. P., Woorden in Zeeuwsch-Vlaanderen in gebruik. (Navorscher XI, 1861, S. 177. 211. 276; XII, 1862,

S. 26; XV, 1865, S. 125; XVII, 1867, S. 118; XVIII, 1868, S. 427.)*

1185. O., H. M. C. v., Woorden in Zeeuwsch-Vlaanderen in gebruik. (Navorscher XI, 1861, S. 276.)

1186. Roos, C. F., Woorden en spreekwijzen uitsluitend op de Zeeuwsch Belgische grens in gebruik. (Navorscher XI, 1861, S. 214.)*

1187. Zeeuwvlaamsche woorden ook op Schouwen gebruikt. (Navorscher XI, 1861, S. 276; XVI, 1866, S. 18.)*

1188. Roos, G. P., Woorden in Zeeuwsch-Vlaanderen en op de Vlaamsch-Belgische grens in gebruik. (Navorscher XV, 1865, S. 303.)*

1189. O., H. M. C. v., Woorden in Zeeuwsch-Vlaanderen en op de Vlaamsch-Belgische grens in gebruik. (Navorscher XV, 1865, S. 368.)*

1190. Dale, J. H. van, Losse aanteekeningen op het Algemeen Vlaamsch Idioticon, met het oog op het Zeeuwschvlaamsch in het voormalig 4ᵉ district der provincie Zeeland. (De Toekomst 1868ʳ, S. 213. 309. 357. 416; 1870, S. 249—258.)

1191. Roos, C. P., Eenige Vlaamsche en Zeeuwsch-Vlaamsche woorden. (Navorscher XIX, 1869, S. 158.)*

1192. Roos, G. P., Eenige Zeeuwschvlaamsche en Vlaamsche tijd-, afstand- en zwaarte-maten. (Navorscher XXV, 1875, S. 348.)*

Aardenburg.

1193. Vorstermann van Oyen, G. A., Het dialect te Aardenburg. (Noord en Zuid II, 1879, S. 310—325. Onze Volkstaal II, 1885, S. 137—145.) [Nebst »Naschrift« der Red. auf S. 146.]

Kanton Axel.
[Vgl. Nr. 1234.]

1194. Eck, H. J., van, Over het Taaleigen der Boeren van het Kanton Axel, vijfde District van Zeeland. (Arch. v. Nederl. Taalk. II, 1849—1850, S. 53—73 u. 151—198.)

[Duiveland s. Nr. 1289.]

Kadzand.
[Vgl. Nr. 1250 f.]

1195. Dale, J. H. van, Bijdrage tot de kennis der Kadzandsche taal in het 4ᵈᵉ district der provincie Zeeland. (Mag. v. Nederl. Taalk. V, 1851, S. 211—215.)

1196. Roos, C. F., Woorden in Cadzand in gebruik. (Navorscher XI, 1861, S. 211.)*

1197. Callenfels, G. F., Woorden in Cadzand in gebruik. (Navorscher XI, 1861, S. 377.)*

Sluis.

1198. CALLENFELS, H. A., Eenige bijzonderheden van het Zeeuwsche taaleigen, voornamelijk in het district Sluis. (Mag. v. Nederl. Taalk. V, 1851, S. 21—37.) [»Nalezinge Nieuw. Ndl. Taalmagazin II, 1855, S. 205—209.]

C. Brabantisch.

1. Im ganzen.

1199. M[ONE, F. J.], Bemerkung über die Volkssprache in Brabant. (Anz. f. Kde. d. dt. Vorz. V, 1836, Sp. 215—220.) [Hauptsächl. die Lautlehre betr.]

1200. Jets over de buiging van het werkwoord in het Brabantsch dialect. (Taal-en letterk. III, 1871, S. 91—92.)

1201. M[ONE, F. J.], Notizen üb. d. Sprachgrenzen u. d. Volksverschiedenheit der Flämingen und Walen in einem Theile von Ostflandern und Brabant. (Anz. f. Kde. d. dt. Vorz. VII, 1838, S. 565—567.) [Aus einem Tagebuche von STEDMANN.]

2. Südbrabant

und Flandern südlich der Leye und Schelde.

[Hageland s. Nr. 1227.]

1202. Winkler, J., [Die Mundarten von Südbrabant.] (Dialecticon II, S. 247—278.) [Mit Sprachproben.]

1203. DELECOURT, V. en K. STALLAERT, Proeve van een [Zuid-] Brabandsch Idioticon. Z. j. e. p. 8°.*

Kortrijk.

1204. SNELLAERT, F. A., Bydragen tot de kennis van den tongval en het taeleigen van Kortryk. (Belg. Mus. VIII, 1844, S. 156—201.) [Lautlehre u. Wörterverzeichnis.]

3. Provinz Antwerpen.

1205. WINKLER, J., [Die Mundarten der Provinz Antwerpen.] (Dialecticon II, S. 279—305.) [Mit Sprachproben.]

4. Nordbrabant.

a) Im ganzen.

1206. WINKLER, J., [Über die Mundart von Nord-Brabant.] (Dialecticon I, S. 294—316.) [Mit Sprachproben.]

1207. BRABANTIUS [H. V. D. BRAND], De quantiteit in de Noord-Brabantsche Volkstaal. (Onze Volkstaal I, 1882, S. 18—26.) [Vgl. auch S. 241.]

1208. BRABANTIUS [H. V. D. BRAND], Nog eene Bijdrage tot de Klankleer van het Noord-Brabantsch. (Onze Volkstaal II, 1885, S. 153—174.)
1209. VANDENHOVE, V. H. en K. STALLAERT, Proeve van een Brabandsch Idioticon. (Arch. v. Nederl. Taalk. III, 1851—1852, S. 82—94.)
1210. BRABANTIUS [H. V. D. BRAND], Lijst van Noord-Brabantsche woorden met volkomen, doch korten klinker. (Onze Volkstaal I, 1882, S. 83—92.)
1211. Woordenlijst der Noord-Brabantsche Volkstaal. (Onze Volkstaal I, 1882, S. 193—237.)

b) Breda.

1212. HOEUFFT, J. H., Proeve van Bredaasch taal-eigen, of lijst van eenige in de stad en den lande van Breda gebruikelijke en in sommige oorden van ons vaderland min gewone woorden en spreekwijzen, verzameld en toegelicht. Breda 1836 —1837, 4 stukken. 8°.*
De Gids II, 1838, [I] S. 357—363. A. DE J[AGER]: Taalk. Mag. II, 1837, S. 217—222.
1213. ACKERSDIJK, W. C., Aanmerkingen, omtrent enkele woorden en spreckwyzen, door J. H. HOEUFFT toegelicht in De Proeve van Bredaasch taaleigen. (Taalk. Mag. III, 1840, d. 69—80.)

c) Meijerij van 's Hertogenbosch.

1214. [HANEWINKEL, S.,] Reize door de Majorij van's Hertogenbosch in den jare 1798, in brieven. Amsterdam, A. B. Sakes, 1799. M. pl. 8°.* [Darin viel üb. d. Ma. d. Meijerij.]
— Tweede Reize aldaar in den jare 1799, in brieven. Amsterdam, ebd. 1800. M. pl. 8°.*
1215. Taal der Meijerij. (Noord en Zuid-Brabandsche Faam, 's Hertogenbosch 1829, p. 1.)*

Maasland.

1216. HERMANS, C. R., Dialect der Meierij S'Hertogenbosch. (Belg. Mus. III, 1839, S. 387—391.) [Aus dem Maaslande. Sprachprobe mit allg. Bemerkungen.]
1217. LIXA, C., Lijst van eenige woorden in de Meijerij van den Bosch in gebruik. (Navorscher IX, 1859, S. 328. X, 1860, S. 347.)*
1218. Worden ook in de Meijerij gebruikelijk. (Navorscher X, 1860, S. 146.)*
1219. O., H. M. C. V., Lijst van eenige woorden in de Meijerij van den Bosch in gebruik. (Navorscher XI, 1861, S. 20. XXIV, 1874, S. 468.)*

1220. KREMER, A. J. C., Woorden in de Meijerij van den Bosch in gebruik. (Navorscher XXIV, 1874, S. 335, 416. XXVI, 1876, S. 563.)*

1221. DE VLAM, Bijdrage tot het taaleigen der Meijerij. (Taal- en letterb. VI, 1875, S. 72—73.) [Wörterverzeichnis.]

d) Nordostbrabant.

Zeeland und Uden.

1222. BRABANTIUS [H. VAN DER BRAND], Proeve eener Grammatica der Taal van oostelijk Noord-Brabant I. Klankleer. (Onze Volkstaal I, 1882, S. 162—173.) [Auf Grund der Mundart der Gemeinden Zeeland und Uden.]

e) Land van Kuik.
(Brabantisch-geldersch.)

1223. Dialect in het Land van Kuik. (De Navorscher IX, 1859, S. 61. 293. X, 1860, S. 89. XI, 1861, S. 13.)*

1224. CUUK, W. VAN, Land van Cuijk. (Noord en Zuid III, 1880, S. 178 f.) [Wörterverzeichnis.]

D. Südostniederfränkisch.

1. Limburgisch.
[Vgl. Nr. 1131, 1156 u. 1157.]

1225. WINKLER, J., [Über die Limburgische Mundart.] (Dialecticon I, S. 269—293. II, S. 234—246.) [Mit Sprachproben.]

1226. MERTENS, A. M., Het Limburgsch Dialect. (Onze Volkstaal II, 1885, S. 201—265.)

Hageland.

1227. TUERLINCKX, J. F., Bijdrage tot een Hagelandsch Idiotikon. 8. Gand. 1886. 8°. XXVIII, 758 S.*
Ndd. KorrbL XII, 1887, S. 15—16.

Heerlen.

1228. JONGENEEL, J., Een Zuid-Limburgsch taaleigen. Proeve van Vormenleer en Woordenboek der Dorpspraak van Heerle, met taal- en geschiedkundige inleiding en bijlagen. Heerlen 1884. 8°. 4 Bl., XXVII S., 1 Bl., 47 S., 1 Bl., 120 S.

Lüttich.

1229. HABETS, J., Limburgsche Woorden in den Luikschen tongval. (Taalk. Bijdr. I, 1877, S. 315—320.)

Maastricht.

1230. FRANQUINET, G. D., Proeve over het taal-eigen der stad Maastricht. (Arch. v. Nederl. Taalk. III, 1851—52, S. 251—284. 343—391.) [Laut- u. Formenlehre u. Wörterverz.]

Neeritter.

1231. CUIJPERS, J., Iets over het dialect van Neeritter. (Onze Volkstaal III, 3, 1887, S. 145—150.)

Roermonde.

1232. H[ALBERTSMA,] J. H., Roermonder tongval. (Overijss. Alm. 1846, S. 101.)*

Stramproy.

1233. CREEMERS, CH., Aanteekeningen over het dorp Stramproy. Eene bijdrage tot de geschiedenis van het voormalig rijksvorstendom Thorn. Roermond 1871. 8°. [Darin üb. d. Sprache der Teuten.]*

St. Truien.

1234. BORMANS, J. H., Lijst van Woorden en Spreekwijzen uit het Truiersch (Limburgsch) dialekt. (Arch. f. nederl. Taalk. II, 1849—50, S. 360—367.) [Verglichen mit der Ma. des Kantons Axel in Seeland.]

2. Geldern-Kempen.
[Vgl. Nr. 882.]

1235. SPEE, J., Der Flachs. Aus den Kreisen Geldern und Kempen. (Ndd. Jb. [III], 1877, S. 152—155.) [Ausdrücke bei der Bereitung des Flachses.]

1236. SPEE, J., Ausdrücke für Teile der Karre und des Pfluges im Geldernschen. (Ndd. Korrbl. III, 1878, S. 78—79.)

Krefeld.

1237. RÖTTSCHES, H., Die Krefelder Mundart und ihre Verwandtschaft mit dem Altsächsischen, Angelsächsischen und Althochdeutschen. (Dt. Maa. VII, 1877, S. 36—91.) [Auch bes.] Halle 1875. 8°. IV, 56 S. [Mit Sprachproben.]

1238. WOESTE, F., Zur Krefelder Mundart. (Dt. Maa. VII, 1877, S. 442—443.) [Zum Wortschatz.]

Süchteln.

1239. FREUDENBRRG, R., Söitelsch Plott (Süchtelner Plattdeutsch) mit Wörterverzeichnis und Dialektproben. Ein Beitrag zum Studium der niederrheinischen Mundart. Viersen 1888. 8°. VI, XI, 105 S.*

E. Bergisch.

1. Echt Bergisch.
[Vgl. Nr. 879 ff.]

Mülheim a. d. Ruhr.

1240. MAURMANN, E., Die Laute der Mundart von Mülheim a. d. Ruhr. Inaug.-Diss. Marburg 1889. 8°. 50 + 1 S. [Sonderabdr. a. d. Schrift d. Verf.: Grammatik der Mundart von Mülheim a. d. Ruhr, Leipzig 1890.]

Remscheid.

1241. HOLTHAUSEN, F., Die Remscheider mundart. (Beitr. X, 1885, S. 403—425. 546—576.) [Laut- u. Formenlehre. Sprachproben mit Erläuterungen.] — Nachträge und berichtigungen zur grammatik der Remscheider mundart. (Beitr. X, 1885, S. 599—601.)

Ronsdorf.

1242. HOLTHAUS, E., Die Ronsdorfer Mundart. (Zs. f. dt. Phil. XIX, 1887, S. 339—368, 421—439.)

2. Westfäl. Übergangsmundarten.
[Barmen s. Nr. 1482.]

Elberfeld.

1243. SCHÖNE, G., Ueber den rheinisch-fränkischen Dialekt und die Elberfelder Mundart insbesondere. Programm der Realschule 1. Ordn. in Elberfeld 1866. 4°. 12 S.*

Werden.

1244. KOCH, F., Die Laute der Werdener Mundart in ihrem Verhältnisse zum Altniederfränkischen, Altsächsischen, Althochdeutschen. (Jahresbericht üb. d. Kgl. Gymn. zu Aachen. 1879. Progr. Nr. 355. 4°. S. 3—28.) [Besonders ersch. u. d. T.: Laut- und Flexionslehre der Werdener Mundart. I.]
WEGENER: Litbl. I, 1889, S. 361.

F. Holländisch.

1. Zeeuwsch.
[Walcheren s. Nr. 1314.]
[Zeeuwsch Vlaanderen s. Nr. 1182—1198.]

a) Im ganzen.

1245. SIFFLÉ, A. F., Over het Zeeuwsche taaleigen. (Taalk. Mag. I, 1835, S. 169—174.) [»Bijvoegsel« dazu von A. d. J. ebd. S. 175—177.]

1246. Hoeufft, J. H., Taalkundige aanteekeningen II. (Taalk. Mag. I, 1835, S. 169—174.) [Nachträge zu der vorigen Nr.]

1247. Winkler, J., [Über die Zeeuwsche Mundart.] (Dialecticon II, S. 176—229.) [Mit Proben.]

1248. Osterzee, H. M. C. van, Enkele bijzonderheden van het Zeeuwsche taaleigen. (Zeeuwsche Volksalm. 1847, S. 130.)*

1249. Kousemaker, J., Zeeuwsche uitspraak.. (Noord en Zuid I, 1877, S. 135—136.)

1250. Lijst van eigenaardige woorden, die in Goedereede, Overflakkée, Schouwen en Kadzand in gebruik zijn. (Mag. v. Nederl. Taalk. V, 1851, S. 38—56.)

1251. Lijst van Woorden, in Zuid-Beveland in zwang, welke tevens in gebruik zijn in Goedereede, Overflakkee, Schouwen en Kadzand. (Nieuw Nederl. Taalmag. II, 1855, S. 212—217.)

1252. Woorden, die in de vorige lijst niet vorkomen, en welke in Zuidbeveland gebruikt worden. (Nieuw Nederl. Taalmag. II, 1855, S. 218—238.)

b) Zuid-Beveland.
[Vgl. Nr. 1183, 1198, 1251 f. und 1315.]

1253. Spreekwijzen in Zuid-Beveland gebruikelijk. (Navorscher V, 1855, S. 175 u. Bijbl. 1855, S. XC.)*

1254. Callenfels, G. T., Opmerkingen nopens het Taaleigen in Zuidbeveland, vornamelijk ten platte lande: in verband van hetgeen nopens het taaleigen in andere streken van Zeeland geplaatst is in het Magazijn van Nederlandsche Taalkunde. 4e [sic! statt 5e] jaarg., no. 1. bladz. 21 enz. [Vgl. Nr. 1198.] (Nieuw. Nederl. taalmag. II, 1855, S. 209—211.) [Vgl. III, 1856, S. 140—141.]

1255. Callenfels, G. F., Opmerkingen nopens het taaleigen en de eigenaardige woorden in Zuid-Beveland. (Navorscher X, 1860, S. 377. XI, 1861, S. 373.)*

1256. Callenfels, G. T., Zuidbevelandsche woorden, welke ook elders doch niet algemeen in gebruik zijn. (Navorscher X, 1860, S. 377.)*

1257. Kousemaker Pzn., J., Woorden op Zuid-Beveland in gebruik. (Navorscher XIII, 1863, S. 374.)*

1258. O., H. M. C. v., Woorden in Zeëland (Z. Beveland) in gebruik. (Navorscher XI, 1861, S. 15.)*

1259. O., H. M. C. v., Zuid-Bevelandsch taaleigen. (Navorscher XII, 1862, S. 54.)*

1260. Callenfels, G. F., Zuid-Bevelandsch taaleigen. (Navorscher XII, 1862, S. 123.)*

1261. Kousemaker, J., Opmerkingen over het Zuidbevelandsche taaleigen. (Taal- en letterb. IV, 1873, S. 223—235.) [Formenlehre u. eine Sprachprobe.]

1262. KOUSEMAKER P.Z., J., Zuid-Bevelandsch taaleigen. (Noord en Zuid III, 1880, S. 176f.) [Wörterverzeichnis.]

1263. KOUZEMAKER PZN., J., Klankwijziging. (Navorscher IV, 1881, S. 341.)*

1264. KOUZEMAKER PZ., J., Beantwoording der Vragen, opgegeven door de Commissie voor het ontwerpen van eene Linguistische kaart van Nederland. (Noord en Zuid III, 1880, S. 106—110.)

c) Schouwen.
[Vgl. Nr. 1187, 1250f., 1290 und 1595.]

1265. OOSTERZEE, H. M. C. VAN, Bijzonderheden over den tongval van Schouwen. (Zeeuwsche volksalm. 1846, S. 135.)*

1266. WOLTERINK, W. N., Potloodschetsen uit het »Land van Zierikzee«. Overgedrukt uit het tijdschrift »Europa«. Dordrecht 1870. 8°.*

1267. GOEMANS, J., Lijst van Woorden, die gebruikt worden op het eiland Schouwen, in den omtrek van het dorp Serooskerke. (Onze Volkstaal I, 1882, S. 27—30.) [»Aanteekeningen« dazu von *** ebd. S. 161, vgl. auch S. 242.]

d) Flakkeesch.
[Vgl. Nr. 1250f.]

1268. BOERS, B., Lijst van eenige verouderde, of in de provincie Zuid-Holland nied gebezigde Nederduitsche woorden, welke op het eiland Goedereede en Overflakkee nog heden in gebruik zijn. (Beschr. v. h. eiland Goed. en Overfl. Sommelsdijk 1844, S. 49.)*

1269. BOERS, B., Over de uitspraak van sommige klanken, dubbele klinkers, tweeklanken en eenige woorden op het eiland Goedereede en Overflakkee. (Beschrijving van het eiland Goedereede en Overflakkee. Sommelsdijk 1844, S. 48.)*

1270. WINKLER, J., [Über die Flakkeesche Mundart.] (Dialecticon II, S. 165—167.)

Bommel.

1271. GALLEE, J. H., Vergelijkend Examen te Den Bommel, eiland Overflakkee.. (Noord en Zuid IX, 1886.)*

2. Echt holländisch.

a) Südholländisch.

[Flakkeesch s. Nr. 1250f. und 1268ff.]

1273. WINKLER, J., [Über die Südholländischen Mundarten.] (Dialecticon II, S. 105—175.) [M. Sprachproben.]

Dortrecht.

1273. BISSCHOP, W., Het Dordsche taaleigen. Bijdrage tot de kennis der Hollandsche dialekten. (Taalgids IV, 1862, S. 27—48.) [Wörterverzeichnis.]

1274. LENNEP, J. VAN, Opmerkingen by de lezing van de bydrage, door Dr. W. BISSCHOP geleverd, onder den tytel van Het Dordsche Taaleigen. (Taalgids IV, 1862, S. 117—121.)

Haag.

1275. VAN DEN BERGH, L. PH. C., Eenige opmerkingen over den Haagschen tongval. ('s Gravenhaagsche bijzonderheden II, 's Gravenhage 1859. 12°. S. 71.)*

Katwijk.

1276. COSIJN, P. J., Eene vraag naar aanleiding van het Katwijksch taaleigen. (Taal- en letterb. III, 1872, S. 48—51.)

Sliedrecht.

1277. ZIJDE, K. VAN DER, Het Sliedrechtsch taaleigen. (Taal- en Letterb. V, 1874, S. 186—201.) [Grammatisches u. Wörterverzeichnis.]

Stadt Utrecht.

1278. WINKLER, J., [Über die Mundart in der Stadt Utrecht.] (Dialecticon I, S. 352—359.) [Mit Proben.]

Vlaardingen.

1279. STOLK, A. F., Het dialect te Vlaardingen. (Noord en Zuid III, 1880, S. 111—118.) [Wörterverzeichnis.]

1280. KUIJPER, TH., Opmerkingen naar aanleiding van »'t Dialect van Vlaardingen«. (Noord en Zuid III, 1880, S. 182 f.) [Lexikalisch.]

b) Nordholländisch.

α) Im ganzen.

1281. WINKLER, J., [Die Mundarten von Nord-Holland.] (Dialecticon II, S. 1—104.) [Mit Sprachproben.]

1282. Gesprek tusschen eenen Hollander en een' Graafschapper, over het wederzijdsch taal-eigen. (Geld. Volksalm. 1844, S. 152.)*

1283. BOUMAN, J., Woorden op het platte land in Noord-Holland nog gebruikelijk, maar die langzamerhand wegsterven. (De Navorscher IV, 1854, S. 193; VI, 1856, S. 196, 361;

VII, 1857, S. 39, 106, 161, 208, 258, 279, 289, 321. Idem Bijblad 1855, S. XIII, CXIV; VIII, S. 88, 183, 453; IX, S. 26, 327.)*

1284. Noordhollandsche woorden ook in het Graafschap in gebruik. (Navorscher VI, 1856, S. 197.)*

1285. KALKEN, D. VAN, Bijdrage tot de kennis der Noordhollandsche Volkstaal. (De Taalgids I, 1859, S. 102—115, 282 —307.) [Wörterverzeichnis.]

1286. KALKEN, D. VAN, Nalezing op de bijdrage tot de kennis der Noordhollandsche Volkstaal. (De Taalgids II, 1860, S. 101—124.)

1287. KASSEL, P. H. VAN, Provincialismen, in Noordholland gebruikelijk. (De nederl. Taal VI, 1861, S. 145—150, 208—212.)

1288. BOUMAN, J., De volkstaal in Noord-Holland. Inhoudende eene lijst met woorden, die in deze provincie meer of minder gebruikelijk zijn. Met een voorwoord van P. LEENDERTZ WZN. Purmerende 1871. 8°. IV, 118 S.*

1289. Noordhollandsche woorden ook op Duiveland gebruikt. (Navorscher Bijbl. 1855, S. CXIIV.)*

1290. Noordhollandsche woorden ook op Schouwen gebruikt. (Navorscher Bijbl. 1855, S. CXIIV.)*

1291. Noordhollandsche woorden, ook op de Veluwe in gebruik. (Navorscher VI, 1856, S. 197.)*

1292. WINKLER, J., Sporen der Friesche Taal in de Volkspraak van Noord-Holland. (Navorscher XXVII, 1877, S. 568.)*

β) Amstelland.

Amsterdam.

1293. HALBERTSMA, J. H., Aanmerkingen op de plat Amsterdamsche zamensprak van J. V. LENNEP. (Overijss. Alm. 1845, S. 221.)*

1294. Amsterdamsch dialect. (Navorscher VIII, 1858, S. 66, 174; IX, 1859, S. 333; X, 1860, S. 80.)*

1295. WINKLER, J., [Über die Volkssprache in Amsterdam.] (Dialecticon II, S. 84—97.)

1296. Het tegenwoordig Amsterdamsch, volgens de nasporingen van J. A. ALBERDINGK, THIJM en W. W. VAN LENNEP. (Onze Volkstaal II, 1885, S. 121—136.)

1297. NIERMEYER, J. F., De klemtoon in de Amsterdamsche onomatologie. (Noord en Zuid XII, 1889, S. 364—367.) [Zusätze v. T. H. DE BEER u. C. H. DEN HERTOG, ebd. S. 367 —370.]*

γ) Waterland mit Marken.

1298. PILGER, G., Woorden uit de Waterlandsche volkstaal. (Taalgids VI, 1864, S. 308—310.)

Marken.

1299. ALLAN, F., Eenige opmerkingen over 't Markensche dialect. (Taal- en Letterb. II, 1871, S. 62—65.)
1300. TINHOLT, L., Taal-bijzonderheden van het eiland Marken. (Taalgids IV, 1862, S. 197—207.) [Wörterbuch.]

δ) Kennemerland mit der Zaankant.

1301. BEETS, N., Noordhollandsch taaleigen. (Taalkundig Magazijn III, 1840, S. 510—515. IV, 1842, S. 365—371.) [Wörterverzeichnis, Nordkennemerland betr.]

Zaankant.
[Vgl. Nr. 1596.]

1302. GEUNS, B. v., Lijst van verouderde of nog gebruikelijke Zaanlandsche woorden en spreekwijzen. (Beschrijving v. Zaandam. Amsterdam 1842, S. 406—411.)*
1303. Toetssteentje der lijst van eenige verouderde of nog gebruikelijke Zaanlandsche woorden en spreekwijzen [voork. in v. GEUNS, Beschr. v. Zaandam.] (Zaanlandsch jaarboekje van 1843, S. 131.)*
1304. Noord-Hollandsche spreekwijzen aan den Zaankant gebruikelijk. (Kronyk van het Historisch Gezelschap te Utrecht II, 1846, S. 281—283; III, 1847, S. 188—192.)
1305. CHARANTE, N. A. VAN, Zaanlandsche woorden en spreekwijzen. (Nieuw Archief v. Nederl. Taalk. [I,] 1855/6, S. 475—478.) [Zur Vervollständigung von Nr. 1302.]
1306. EIJKMAN, C., Lijst van Zaansche woorden. (Noord en Zuid III, 1880, S. 299—320.) — KUIJPER, TH., Aanteekeningen bij de »Lijst van Zaansche woorden« van C. EIJKMAN. (Noord en Zuid IV, 1881, S. 177—180.)
1307. EYKMAN, C., Zaansche woorden. (Onze Volkstaal III, 1, 1885, S. 40—46.)
1308. Germanismen aan de Zaan. (Navorscher XXIII, 1873, S. 209—210.)*
1309. P., H., Zaansche woorden en uitdrukkingen. (Onze Volkstaal I, 1882, S. 31—45.) [Vgl. auch S. 242—243 u. die »Aanteekeningen« von J. C. GROOTHIUS, S. 177—178.] [Vgl. Nr. 1596.]

Zandvoord.

1310. M., Zandvoordiana. (Onze Volkstaal I, 1882, S. 238—240.) [Beiträge zur Lautlehre u. dem Wortschatze der Mundart dieses Orts.]

Krommenie.

1311. Woorden te Krommenie in gebruik. (Navorscher VI, 1856, S. 232; VII, 1857, S. 68; X, 1860, S. 153.)*

c) Mundart des nördl. Nordholland.

Andijk.

1312. KOOIMAN, AZN. K., Woorden te Andijk en in de omstreken en voor en gedeelte ook elders in Noord-Holland in gebruik. (Navorscher XXI, 1871, S. 529.)*

1313. Woorden te Andijk in gebruik. (Navorscher XXII, 1872, S. 42, 200, 582.)*

1314. Woorden te Andijk (ook op Walcheren) in gebruik. (Navorscher XX, 1870, S. 200.)*

1315. Woorden te Andijk (ook in Zuid-Beveland) in gebruik. (Navorscher XXII, 1872, S. 542.)*

Kolhorn.

1316. B., C. W., Kolhornsch taaleigen. (Navorscher X, 1860, S. 154.)*

[Urk und Schokland s. Nr. 1383—1386.]

Vlieland.

1317. ALLAN, F., Het eiland Vlieland en zijne bewoners geschetst. Amsterdam, Wed. Borleffs & ten Have 1857. Met Kaart. 8°. (Enth. etwas über die Ma. dieser Insel.)*

1318. WINKLER, J., [Über den Dialekt von Flieland.] (Dialecticon II, S. 20—25.) [Mit Sprachproben.]

Wieringen.

1319. ALLAN, F., Het eiland Wieringen en zijne bewoners geschetst. Amsterdam 1856. 8°. [Mit Karte. Enthält einiges üb. die Ma. dieser Insel.]*

3. Friesisch-holländisch.
[Vgl. Nr. 1383 ff.]

a) Het Bildt.

1320. ALBADA, B. L. VAN, Bijdrage tot den Bildtschen tongval. (Arch. v. Nederl. Taalk. IV, 1853—1854, S. 62—67.)

1321. Bijdrage tot de kennis van den Frieschen, vornamelijk Bildtschen, tongval. (Taalgids III, 1861, S. 279—286.)*

b) Ameland.

1322. HALBERTSMA, J. H., De Friesche eilanden Schiermonnikoog, Ameland en Terschelling (en de eigenaardigkeit der taal, die daar gesprochen wordt. (N. Friesche Volks-Alm. 1856, S. 76.)*

1323. ALLAN, F., [Über den Dialekt·von Ameland.] (Het eiland Ameland en zijne bewoner geschetst. Ameland 1857. 8°. S. 79—83.)

c) Stadtfriesisch.
Leeuwarden.

1324. WINKLER, J., De Leeuwarder tongval en het Leeuwarder taal-eigen. Eene bijdrage tot de kennis der Nederlandsche dialecten. (Taalgids IX, 1867, S. 210—226. 293—309.)

d) Holländisch in Ostfriesland.

1325. MENSINGA, J. A. M., De Nederduitsche taal in Duitschland. (Noord en Zuid II, 1879, S. 1—16.) [Handelt ab. das Holländische als Kirchensprache im südwestl. Ostfriesland und in Bentheim und Lingen.]

1326. BARTELS, J., Geschichte der holländischen Sprache in Ostfriesland. (Jb. d. Ges. f. bild. Kunst u. vaterl. Altert. zu Emden IV, 2, 1881, S. 1—19.)

4. Niederländische Kolonien.

Friedrichstadt.

1327. MENSINGA, J. A. M., De Hollandsche taal in Frederikstad. (Noord en Zuid III, 1880, S. 141—149.) [Geschichtliches; S. 148 f. Holländ. Wörter in der Eidersteder Ma.]

Kap.

1328. MANSFELT, N., Proeve van een Kaapsch-Hollandsch Idioticon, met toelichtingen en opmerkingen betreffende land, volk en taal. Kaapstadt, Stellenbosch en Utrecht, 1884. 8°. VIII, 118 S.*
H. SCHUCHARDT: Litbl. VI, 1885, Sp. 464—470.

Transvaal.

1329. BEER, T. H. DE, Het Nederlandsch in Zuid-Afrika. (Noord en Zuid V, 1882, S. 229—239.) [Allgemeines nebst Sprachprobe.]

1330. Transvaalsche Spraakkunst. (Onze Volkstaal III, 2, 1885, S. 106—134.)

1331. Woordenlijst van het Transvaalsch taaleigen. (Onze Volkstaal III, 2, 1885, S. 135—144.)

Ost-Indien.

1332. PIEPERS, M. C., Over de nederlandsche Taal in Oost-Indië. (De Gids III. S. XIII, 1875, III, S. 428—469.)

Nord-Amerika.

1333. DOSKER, N. H., De Nederlandsche Taal in de Vereenigde Staten van Noord-Amerika. (Noord en Zuid III, 1880, S. 45—48, 226—231.) [Geschichtliches.]

Neger-Holländisch.

1334. VAN DEN BERGH, L. Ph. C., Iets over het Neger-Hollandsch. (Taalk. M. III, 1840, S. 500—501.)

G. Geldersch.

[Land von Kuijk s. Nr. 1223 und 1224.]

1. Nordgeldersch.

a) Im ganzen, besonders Gelderland.

1335. SLICHTENHORST, Over de Geldersche Taal. (Geldersche Volksalmanak 1835. S. 68—80.)
1336. Lof der Geldersche taal volgens SLICHTENHORST. [1654.] (Volkalm. d. Maatsch. Tot nut van't Algemeen, 1874, S. 26.)*
1337. Opmerkingen omtrent den Gelderschen tongval. (Taalkd. Mag. II, 1837, S. 395—426.)
1338. Aanteekeningen, ter verbetering en uitbreiding der opmerkingen omtrent den Gelderschen tongval. (Taalk. Mag. III, 1840, S. 37—68.) [Mit »Ophelderingen« von A. DE JAGER. Vgl. auch M. SIEGENBEEK ebd. S. 295—302.]
1339. WINKLER, J., [Über die Mundarten in Gelderland.] (Dialecticon I, S. 317—348.) [Mit Proben.]
1340. SWAVING, H. J., Opgave van eenige in Gelderland gebruikelijke woorden welke in tet Taalkundig woordenboek van Weiland niet, of niet in de bijgevoegte beteekenis gevonden worden. (Taalk. Mag. I, 1835, S. 305—330.)
1341. SWAVING, H. J., Nalezing op mijne opgave van eenige in Gelderland gebruikelijke woorden. (Taalk. Mag. II, 1837, S. 76—80.) [Vgl. auch S. 507—508.]
1342. BUSER, T. H., Geldersch Taaleigen. (De Nederl. Taal I, 1856, S. 13—17, 163—183; II, 1857, S. 194—217; III, 1858, S. 271—278; IV, 1859, S. 186—197; VI, 1861, S. 60—68.) [Wörterverzeichnis.]
1343. GROOTERS, J. B., Een paar aanmerkingen op't Geldersche Taaleigen uit No. I van dit tijdschrift. (Nederl. Taal I, 1856, S. 76—78.)
1344. EIJKMAN, C., Geldersche woorden. (Noord en Zuid II, 1879, S. 60—62.)

b) Betuwe.

1345. KIST, N. C., Over de verwisseling van zedelijke en zinnelijke hoedanigheden in sommige Betuwsche Idiotismen. (Nieuwe Werken der Maatsch. van Nederl. Letteskunde, III, 2, 1834, S. 277—300.)
1346. GROOTHUIS, J. C., Woordenlijst van het Neder-Betuwsche Dialect. (Onze Volkstaal II, 1885, S. 73—116.)

c) Veluwe.
[Vgl. Nr. 1291.]

Hooge Veluwe.

1347. ZEGER DE BEYL, H., Van de Hooge Veluwe. (Onze Volkstaal I, 1882, S. 247—251.) [Vgl. Nr. 1593.]

1348. AARSEN, A., De Namen van het spinnewiel, in den tongval der Opper-Veluwe. (De Navorscher XXVII, 1877, S. 306.)*

Doornspijk.

1349. Doornspijksche taal. (Geld. Volksalm. 1845, S. 32.)*

Uddel.

1350. AARSEN, A., Veluwsch (Uddelsch) taaleigen. (De Taalgids VI, 1864, S. 138—140.) (Taal- en letterbode V, 1874, S. 68—71. 229—236.) (Noord en Zuid IV, 1881, S. 266—272.) [Wörterverzeichnis.]

1351. AARSEN, A., Veluwsche (Uddelsche) spreekwijzen. Eene aanteekening. (Geld. Volksalm. 1879, S. 175.)*

[Zutfen siehe Nr. 1431—1433.]

2. Südgeldersch.
[Vgl. Nr. 882.]

a) Cleve.

1352. GEERLING, J., Die Clevische Volksmundart. (Jber. d. Gymn. in Wesel 1841. 4°. S. 1—48.) [Behandelt nur die Vokale.]

1353. Klev-märkisches Provinzial-Wörterbuch. (Beyträge zu der jurist. Litt. in den preuss. Landen. V, 1780, S. 168—176.)

b) Mörs.

1354. Wie se te Mörsch stechlen, oxtrekken, dohr de Blumm spreken on achter herõm kallen. Meurs 1846. 8. 1½ Bg.*

III. Niedersächsische Mundarten.

A. Im ganzen.

Sprachgebiet.

1355. WERNEKE, Die Gränze der sächsischen und fränkischen Mundart zwischen Rhein und Weser. (Zs. f. vaterl. Gesch. hrsg. v. d. Ver. f. Gesch. Westfalens XXXII = 4. F. II, 1874, H. 2, S. 33—60.)

1356. HAUSHALTER, B., Die Sprachgrenze zwischen Mittel- und Niederdeutsch von Hedemünden an der Werra bis Stass-

furt an der Bode. Mit einer Karte. (Mittl. d. Ver. f. Erdk. z. Halle a. S. 1883, S, 31—51.) [Auch besonders ersch.] Halle a. S. 1883. 8°. 1 Bl., 21 S.
Cbl. 1583, Sp. 1713. K. WOLF: Mag. f. d. Lit. d. In- u. Ausl. CVII, 1885, S. 565—566.

Allgemeines.

1357. GÖTZINGER, M. W., Niedersächsische Mundart. (Die dtsche. Spr. u. ihre Lit. I, 1. Stuttg. 1836. 8°. § 23, S. 105—115.) [Ganz kurze, geogr. Characteristik. Sprachpr.]
1358. WINKLER, J., [Die Mundarten von Hannover,. Braunschweig, Schaumburg und Oldenburg.] (Dialecticon I, S. 122—181.)
1359. JELLINGHAUS, H., Zu den niederdeutschen Mundarten. (Ndd. Korrbl. X, 1885, S. 17—18.) [Mittl. über die Mundarten in den Grafschaften Bentheim und Lingen, in Angeln, in der Soester Niederbörde und üb. die Mundart v. Hofgeismar, sowie üb. uns u. us.]

Niedersächsisch und Hochdeutsch.
[Vgl. Nr. 1087 ff.]

1360. AEPINUS, F. A. (RAUPACH, B.), Exercitatio Academica de Linguae Saxonicae inferioris neglectu atq; contemtu injusto, Von Unbilliger Verachtung Der Plat-Teutschen Sprache... Rostochii 1704. 4°. 56 S.
Beytr. z. Crit. Hist. d. dt. Spr. St. II, 1732, S. 304—323. Crit. Versuche der dt. Ges. in Greifswald I, 3, 1742, S. 249—254.
1361. Dass es nützlich und möglich sey, die niedersächsische Sprache allmählig gar abzuschaffen. (Der Dt. Ges. in Leipz. Nachrichten St. III, 1743, S. 383—399.)
1362. STUSS, J. H., Animadversiones in consilium nonneminis de idiomate inferioris Saxoniae paullatim abrogando. Gotha 1751. 4°.*
1363. HARMS, KL., Van de plattdüütsche spraak, un worin se behter is as de hoogdüütsche. (Kieler Beytr. I, 1820, S. 292—310.)
1364. WIENBARG, L., Soll die plattdeutsche Sprache gepflegt oder ausgerottet werden? Gegen Ersteres und für Letzteres beantwortet. Hamburg 1834. 8°. 44 S.
1365. GOLDSCHMIDT, J., Ueber das Plattdeutsche, als ein grosses Hemmniss jeder Bildung. Vorgelesen im Bildungsverein zu Oldenburg. Oldenburg 1846. 8°. 1 Bg.*
1366. LÜBBEN, A., Das Plattdeutsche in seiner jetzigen Stellung zum Hochdeutschen. Oldenburg 1846. 8°. 39 S. [Laut- u. Formenlehre betr.]
1367. EYE, A. v., Der Kampf der Dialecte gegen die Schriftsprache, in besonderer Beziehung auf das Plattdeutsche. (Dt. Maa. II, 1855, S. 97—102.)
1368. SOCIN, A., Der Kampf des niederdeutschen Dialektes

gegen die Hochdeutsche Schriftsprache. Vortrag, gehalten in der Historischen und Antiquarischen Gesellschaft zu Basel, am 9. Dezember 1886. Hamburg 1887. 8°. 42 S. (= Samml. gemeinverst. wiss. Vortr. N. F. 2. Serie, Heft 20.)
Frz. Jostes: Litbl. IX, 1888, Sp. 523—527.

Mundartenforschung.
[Vgl. Nr. 1100 und 1656—1658.]

1369. Sander, Bericht über die Section für Erforschung der niederdeutschen Sprache und Literatur. (Geschichtsbll. f. Stadt u. Land Magdeburg XIII, 1878, S. 456—460.)

1370. Mielck, W. H., Over Dialectvorsching in het Nederduitsch. (Onze Volkstaal I, 1882, S. 12—17.)

Grammatik.
[Vgl. Nr. 1550.]

Lautlehre.

1371. Clement, K. J., [Über die niedersächsische Mundart.] (Reise durch Frisland, Holland und Deutschland im Sommer 1845. Kiel 1847. 8°. S. 81—84.) [Allerlei, namentlich Lautliches. Vgl. auch Nr. 1583.]

Flexion.

1372. Stosch, S. J. E., Die Niedersächsischen Declinationen. (Kleine Beiträge zur näheren Kenntniss der Deutschen Sprache III, Berlin 1782. 8°. S. 65—72.)

Wortbildung.

1373. Hoefer, A., Präpositionelle Adverbien auf -er. (Germ. XIV, 1869, S. 208—209.)

1374. Hoefer, A., Ein Stücker acht. (Germ. XIV, 1869, S. 209—211.)

1375. Krause, K. E. H., uns, us, ösek, sek. (Germ. XVI, 1871, S. 93—97.)

1376. Mielck, W. H., Das Substantiv des Verbums im Niederdeutschen. Ein kritischer Spaziergang. (Ndd. Korrbl. VIII, 1883, S. 49—63.)

1377. Seelmann, W., Deutsche Namennennung. (Ndd. Korrbl. VIII, 1883, S. 65—66.) [Vgl. auch Jellinghaus ebd. S. 92.]

Wortschatz.

1378. Vollbeding, J. C., Kurzgefasstes Wörterbuch der plattdeutschen oder niederdeutschen Mundart woraus sich die Niedersächsische gebildet hat; zum Verständniss der niederdeutschen Schriftsteller und Urkunden. Zerbst 1806. 8°. 76 S.

1379. Beytrag zum Niedersächsischen Idiotikon. (Journ. v. u. f. Dtschl. V, 1788, 6. St. S. 578.)
1380. KRAUSE, K. E. H., Niederdeutsches Allerlei. (Ndd. Korrbl. IX, 1884, S. 71—74.)
1381. HÄPKE, L., Die volksthümlichen Thiernamen im nordwestlichen Deutschland. (Abhdlgen., hrsg. v. d. naturw. Ver. in Bremen II, 1871, S. 275—319.) [Aus dem Flachlande zwischen Elbe und Ems, das sich südlich bis Hannover, östlich bis Celle u. Harburg erstreckt.]
1382. HOEFER, A., Tier- und Pflanzennamen. (Germ. XVIII, 1873, S. 9—13.) [Wesentlich niedersächsisches Material.]

B. Westniedersächsisch.

1. Friesisch-westfälisch (Nordwestniedersächsisch).
[Vgl. Nr. 1406.]

a) Westfriesisch-westfälisch.

α) Urk und Schokland.

Urk.

1383. WINKLER, J., [Über die Urker Mundart.] (Dialecticon II, S. 51—53.)
1384. KOFFEMAN, K., De vervoeging in het Urksch. (Taal- en letterbode VI, 1875, S. 220—224.)
1385. KOFFEMAN, K., Het Urker taaleigen. (Taal- en letterbode VI, 1875, S. 24—49.) [Wörterverzeichnis.]

Schokland.

1386. MEEZ AZ, G., Schokland. (Overijss. Alm. v. oudh. en letteren, 1847, Bijlage III.)

β) Westfriesland.
[Vgl. Nr. 1320—1324.]

1387. SLÓK WZN., J., Dialect in West-Friesland. (Navorscher XIV, 1864, S. 337, 373; XV, 1865, S. 45, 176.)*
1388. WINKLER, J., De Nederduitsche taal in Friesland. (Dialecticon I, S. 461—500.) [Mit Proben.]
1389. SLÓK WZN., J., Zeeuwvlaamsche woorden ook in West-Friesland in gebruik. (Navorscher XV, 1865, S. 173.)*

b) Ostfriesisch-westfälisch.

Groningsch.

[Stadt Groningen siehe Nr. 1407f.]

1390. SWAAGMAN, J. SONIUS, Comment. de dialecto Groningana etc. una cum serie vocabulorum, Groninganis propriorum. Gron. 1827.*

1391. Winkler, J., [Über die Mundart von Groningerland.] (Dialecticon I, S. 396—423.)

1392. Acker Stratingh, G., Bijdrage tot de kennis van het Groninger taaleigen. (Bijdr. tot de geschied- en oudheidkunde inzonderheid van de Prov. Groningen II, 1865, S. 163—179, 302—316. IV, 1867, S. 41—56. V, 1868, S. 51—58. VI, 1869, S. 310—316.) [Grammatik und Wortschatz.]

1393. Zum Groningischen Dialect. (Eene spelling kwestie. Weckblad voor het lager-, middelbaar en hooger onderwijs. Groningen 1876. Nr. 8.)* [Lautlehre.]

1394. Laurman, M. T., Proeve van kleine taalkundige bijdragen tot beter Kennis van den tongval in de provincie. Groningen. Groningen 1822. 8°. XII, 150 S. [Wörterbuch u. Sprachprobe.]

1395. Molema, H., Wörterbuch der Groningenschen Mundart im neunzehnten Jahrhundert. (= Wörterbücher hrsg. v. Ver. f. ndd. Sprfg. III.) Norden u. Leipzig 1888. 8°. VIII, 583 S.
M. de Vries: Onze Volkstaal I, 1882, S. 189—191. J. Scheltens: ebd. II, 1885, S. 186—200.

1396. Wester, H., Lijst van Groninger provincialismen. (Almanak voor het jaar 1814. Groningen, A. Hazelhoff.)*

1397. A., [J.,] Lijst van Groningsche woorden [welke bij Laurman en Swaagman niet voorkomen, met aanteekeningen van A. de Jager.] (Taalk. Mag. II, 3, 1837, S. 329—344.)

1398. Groningsche woorden. (Navorscher V, 1855, S. 333; VI, 1856, S. 180; IX, 1859, S. 27.)*

1399. Molema, H., Afleiding van eenige Groninger woorden. (De Nederl. Taal. I, 1856, S. 18—21. 193—208.)

1400. Raven, F., Eenige opmerkingen en korte aanteekeningen voornamelijk met betrekking tot overeenkomst tusschen den Groningerlandschen tongval en de Deensche taal. (Mag. v. Nederl. Taalk. I, 1847, S. 93—105.)

Hoogezand.

1401. Hoogenkamp, H., De Volkstaal te Hoogezand. (Onze Volkstaal III, 3, 1887, S. 205—246.)

Hunsingoo.

1402. Onnekes, J., Groningsch Dialect. (Voornamelijk in Hunsingoo.) Over de Klinkers en Medeklinkers. (Onze Volkstaal II, 1885, S. 49—72.)

1403. Ounekes, J., Bijdrage tot de kennis van het Hunsingo-Groningsch Dialect. (Taal- en Letterbode III, 1871, S. 93—109.) [Hauptsächl. Wörterbuch.]

Veenkoloniën.

1404. ANKUM, L. VAN, Het dialect der Groninger Veenkoloniën. (Noord en Zuid III, 1880, S. 369—384.)

Vriezenveen.

1405. JELLINGHAUS, H., Die Mundart in Vriesenveen. Overyssel. (Ndd. Korrbl. V, 1880, S. 2—3.)

2. Fränkisch-Westfälisch.

a) Im ganzen.

[Vgl. Nr. 1355.]

1406. GALLEE, J. H., Woordenlijst van de Taal, welke in de Saksische streken van Nederland gesproken wordt. (Onze Volkstaal I, 1882, S. 112—128, 150—161.) [Auch besonders ersch.] Utrecht 1881. 8°. 1 Bl., 28 S. [Vgl. Nr. 1594.]

b) Drentsch.

α) Stadt Groningen.

[Provinz Groningen s. Nr. 1390ff.; Hoogezand s. Nr. 1401.]

1407. BOLLAND, G. J. P. J., Het dialect der stad Groningen. (Taalk. Bijdr. II, 1879, S. 278—301.) [Vokalismus.]

1408. A., J., Groningsch taaleigen. (Taalk. Mag. IV, 1842, S. 655—690.) [Beh. die Mundart der Stadt Groningen.]

β) Drenthe.

1409. WINKLER, J., [Über die Mundarten von Drenthe.] (Dialecticon I, S. 387—395.) [Mit Proben.]

1410. Verzameling van woorden en spreekwijzen, welke in Drenthe gebezigd worden. (Drenthsche Volks-Alm. 1839, S. 185 u. 1840, S. 188.)*

1411. LESTURGEON, A. L. & R. BENNINK JANSSONIUS, Proeve van een woordenboekjen van den drenthschen tongval en't drenthsche taaleigen. (Drenthsche Volks-Alm. 1844, S. 139; 1845, S. 249; 1846, S. 255; 1847, S. 172; 1848, S. 189; 1849, S. 217.)*

1412. PAN, J., Verzameling van Drenthsche woorden en spreekwijzen. (Drenthsche Volks-Alm. 1845, S. 78.)*

1413. PAN, J., Drenthsche Woorden en spreekwijzen, verzameld en toegelicht. Eerste Verzameling. (Archief v. Nederl. Taalk. I, 1847/8, S. 231—272, 323—372.)

1414. G., V. O., Woorden en spreekwijzen in Drenthe gebruikelijk. (De Nederl. Taal VI, 1861, S. 17—22.)

c) **Overijsselsch.**

α) Im ganzen.

1415. KRONENBERGH, G. H., Betoog van de voortreffelijkheid van het Overijsselsche boven het Hollandsche Nederduitsch. (Vaderl. Letteroef. LVIII, 1878, II, S. 23. 71.)*
1416. MARLE, T. W. VAN, De moedertaal. (Overijsselsch Alm. voor oudheid en letteren 1836, S. 136.)*
1417. WINKLER, J., [Über die Mundarten von Overijssel.] (Dialecticon I, S. 360—386.)
1418. WIJNGAARDEN, W. J. C. VAN, Overijsselsch dialect. (Noord en Zuid I, 1877, S. 136—138, 215—218.) [Wörterverzeichnis.]
1419. HALBERTSMA, J. H., Woordenboekje van het Overijsselsch. (Overijss. Almanak 1836, S. 184.)*
A. DE JAGER: Taalk. Mag. II, 1837, S. 211—217.
1420. HELDERMAN, J., Overijsselsche en Twenthsche woorden en uitdrukkingen. (Overijss. Alm. 1840, S. 15.)*
1421. BUSER, T. H., Overijsselsch taaleigen. (Nieuw Nederl. Taalmag. III, 1856, S. 113—140, 217—256. IV, 1857, S. 232—262. Taalgids III, 1861, S. 134—180.)* [Hauptsächl. Wörterverz. zur Vervollständigung von Nr. 1419.]

β) Salland.

Dalfsen.

1422. COSIJN, P. J., Nieuw Saksisch. (Taalk. Bijdr. I, 1877, S. 280—285.) [Mundart von Dalfsen in Overijssel, mitgeteilt durch WESSELING.]

Twello.

1423. SUURBACH, Dialect van Twello bij Deventer. (Noord en Zuid III, 1880, S. 173—175.) [Wörter u. Sätze, nach d. Fragebogen beantwortet.]

Wijhe.

1424. Bz, B. G., Streekspraak uit den omtrek van Wijhe. (Noord en Zuid I, 1877, S. 218.) [Einzelne Sätze mit holl. Übersetzung.]

Zwolle.

1425. BUSER, T. H., Bijdrage tot den Zwolschen tongval. (De Nederl. Taal V, 1860, S. 286—294.) [Sprachprobe m. Erklärung.]

γ) Twenthe.
[Vgl. Nr. 1437 und 1450.]

1426. BEHRNS, J. H., Over de Twenthsche vocalen en klaukwijzingen. (Taalk. Mag. III, 1840, S. 329—390.)

1427. WIJNGAARDEN, W. J. C. VAN, Twentsche woorden. (Noord en Zuid I, 1877, S. 67—69.)
1428. WIJNGAARDEN, W. J. C. VAN, Uit Twenthe. (Noord en Zuid III, 1880, S. 181.) [Wörterverzeichnis.]
1429. WEELING, J., Over den oorsprong van het woord Goedbloed. (Eene bijdrage tot de Etymologie van den Oud-Twentschen of Tubantischen spraakvorm.) (Overijss. Alm. 1838, S. 1.)*

Rijssen.

1430. WIJNGAARDEN, W. J. C. VAN, Overijsselsch dialect [Rijssen.] (Noord en Zuid I, 1877, S. 136—138, 215—218.) [Wörterverzeichnis.]

[Vriezenveen s. Nr. 1405.]

d) Zutfensch.

[Vgl. Nr. 1282 und 1284.]

1431. KERN, H., Proeve eener taalkundige behandeling van het Oost-Geldersch taaleigen. (Taalgids VII, 1865, S. 231—241, 294—303. VIII, 1866, S. 125—137.)
1432. KERN, H., Over open en gesloten E, inzonderheid in het Oostgeldersch. (Tijdschr. v. ndd. taal- en letterk. IX, 1889, S. 144—153.)*
1433. K., J. C., Woorden in Gelderland, bijzonder in de zoegenoemde graafschap Zutfen gebruikelijk. (Navorscher XXIV, 1874, S. 555.)*

e) Westmünsterländisch.

[Vgl. Nr. 1355, 1436 ff. und 1454.]

1434. LANDSBERG-VELEN, F., REICHSFREIHERR VON, [Grenze zwischen Westmünsterländisch u. echt Westfälisch.] (Zs. f. Gesch. Westf. XX, 1859, S. 324.)
1435. HUMPERDINCK, G., Die Laute der Westmünsterländischen Mundart und deren Darstellung in der Schrift. (Ndd. Korrbl. IX, 1884, S. 66—71.) [Mundart in den Kreisen Ahaus, Borken, Bochold.]

3. Echt westfälische Mundarten.

a) Im ganzen.

Allgemeines.

[Vgl. Nr. 1355.]

1436. [Über die westfälischen Mundarten.] (Ndd. Korrbl. IV, 1879, S. 60.) [Referat über einen Vortrag von WORMSTALL, Sprachgebiet betr.]
1437. JELLINGHAUS, H., Grenzen westfälischer Mundarten. (Ndd. Korrbl. VI, 1881, S. 74—75.) [Behandelt Twenthe,

Westmünsterland und die Grenze des Münsterländ.-Osnabr. gegen das Engr.-Westfäl. und Hannöversche.]

1438. WESMÖLLER, [F.], Grenzen westfälischer Mundarten. (Ndd. Korrbl. VII, 1882, S. 2—3.)

1439. GÖTZINGER, M. W., Westfälische Mundart. (Die dtsche. Spr. u. ihre Lit. I, 1. Stuttgart 1836. 8°. § 24, S. 115—118.)

1440. KÖNE, J., Werth der westfälischen Sprache. Gelesen im Verein für Geschichte und Alterthumskunde Westfalens in der Versammlung am 15. April 1852. 8°. 11 S.

1441. WINKLER, J., [Die westfälischen Mundarten.] (Dialecticon I, S. 217—238.)

Grammatik.

1442. HONCAMP, F. C., Die Vokale der westfälisch-niederdeutschen Mundart. (Herrigs Arch. IV, 1848, S. 157—171, 401—412.)

1443. HONCAMP, F. C., Die Konsonanten der westfälisch-niederdeutschen Mundart. (Herrigs Arch. XVII, 1855, S. 371—386.)

1444. JELLINGHAUS, [H.], Zur Syntax der westfälischen Volkssprache. (Zs. f. dt. Phil. XVI, 1884, S. 88—96.)

Wortschatz.

[Vgl. Nr. 1111 u. d. Rec. von 1577.]

1445. WEDDIGEN, P. F., Westphälisches Idiotikon. Lfg. (1)—6. (Weddigens Westphälisches Magazin IV, 1787, S. 33—44 [M. d. Tit.: Beytrag zu einem Westph. Id., u. S. 35: Provinzialwörter der Grafschaft Ravensberg und der angränzenden Provinzen]; S. 154—157 [Lfg. 2, Bielefeld]; S. 158—168 [M. d. T.: Lfg. 3, Ostfriesisches Wörterbuch]; S. 244—245 [Lfg. 4, fälschl. als 3 bezeichnet: Paderborn]; S. 301—305 [Lfg. 5: Dortmund]; Weddigens Neues Westph. Mag. I, 1789, S. 267—279 [Lfg. 6. I. Bemerkung zu den im 13. Heft des Westph. Mag. enth. Provinzialwörtern der Grafschaft Ravensberg. (Lfg. 1.) Osnabrück den 28. Oct. 1788. II. Bemerkung zu den im 14. Stück des Westph. Mag. angegebenen Provinzwörtern der Grafschaft Ravensberg und der angränzenden Provinzen (Lfg. 2.) III. Wörter u. Ausdrücke aus der im 14. St. des Mag. enthaltenen Probe eines Ostfries. Wörterbuches (Lfg. 3), die auch hier im Osnabrückschen gebräuchlich sind. IV. Bemerkungen zu Nicolais Verzeichniss einiger Nürenbergischer Provinzialwörter, worunter einige auch im Osnabrückischen vorkommen; vid. dessen Reise durch Dtschld. u. d. Schweiz B. I. Beil. XI, 9. V. Einige Wörter und Redensarten, die auch hier gebräuchlich sind, aus H. Nicolais Versuch eines Oesterreichschen Idiotikon.

Vide dessen Reise durch Dtschld. u. d. Schw. B. 5. Beyl. 14];
S. 279—280 [Lfg. 7: Lemförde. Unterz. Müller.])

1446. EYE, A. v., Einige Synonyme des Plattdeutschen in Westphalen. (Dt. Maa. I, 1854, S. 113—116.)

1447. EYE, A. v., Über einige Wörter der Schriftsprache, welche im (nordwestfälischen*)) Plattdeutschen fehlen. (Dt. Maa. II, 1855, S. 133—136; 204—209. 312—317. 506—510. III, 1856, S. 379—384. IV, 1857, S. 25—36.) [Dazu Bemerkungen v. FROMMANN ebd. II, S. 209—211. 317—320. 510—513. Vgl. dazu C. TANNEN ebd. III, 1856, S. 374—376. K. A. JORDAN ebd. III, S. 377—379. Ferner vgl. ebd. V, 1858, S. 375—376. VI, 1859, S. 86.]

1448. JELLINGHAUS, H., Eigentümliche Adverbien des Niederdeutschen. (Aus Westfalen.) (Ndd. Korrbl. XIII, 1888, S. 84.)

1449. JELLINGHAUS, H., Niederdeutsche Gewerksausdrücke in Westfalen. (Ndd. Korrbl. XI, 1886, S. 37—39.) [Nr. 1—11 aus Wallenbrück im Kreise Herford, 12—19 aus dem Paderbornschen und dem Kreise Ahaus, Regierungsbez. Münster.]

b) Bentheim und Lingen.
[Vgl. Nr. 1325 und 1359.]

1450. JELLINGHAUS, H., Mundart in den Grafschaften Bentheim und Lingen. (Ndd. Korrbl. VIII, 1883, S. 84—85.) [Lautliches.]

c) Grafschaft Diepholz.

1451. MÜLLER, Westfälisches Idiotikon aus der Grafschaft Diepholz. (Annalen der Braunschw.-Lüneb. Churlande VIII, 1794, S. 590—603.)

d) Osnabrück.
[Vgl. Nr. 1102 und 1445.]

1452. STRODTMANN, J. C., Idioticon Osnabrugense. Leipzig u. Altona 1756. 8°. XVI, 391 + 1 S.

1453. JELLINGHAUS, H., Aus einem ungedruckten Wörterbuche der Osnabrücker Mundart [von J. G. KLÖNTRUP.] (Bezzenbergers Beitr. II, 1878, S. 214—244.)

e) Münsterland.
[Vgl. Nr. 1102.]
[Westmünsterländisch s. Nr. 1434 f.]

1454. KAUMANN, J., Entwurf einer Laut- und Flexionslehre der Münsterischen Mundart in ihrem gegenwärtigen Zustande. 1. Teil: Lautlehre. Diss. Münster 1884. 8°. 62 S.
F. HOLTHAUSEN: Ndd. Korrbl. X, 1885, S. 62—63.

---
*) Dieser Zusatz zuerst Dt. Maa. III, S. 379.

1455. KEMPER, J., Der Bonenjäger, eine Forschung auf dem Gebiete der münster'schen Mundart. Münster 1881. 8°. 51 + 1 S. [Handelt neben mytholog. Untersuchungen über o im Neumünsterschen.]
EZD.: Cbl. 1881, Sp. 1035—1036.

f) Südwestfälisch-märkisch einschliesslich des engrischen Teiles.

a) Im ganzen.

Grammatik.

1456. SCHULZE, W., Der vokalismus der westfälisch-märkischen mundart auf grund des gotischen und altsächsischen und mit möglichster berücksichtigung der ihr angehörenden mittelniederdeutschen laute. (Beiträge zur Gesch. Dortmunds u. d. Grafsch. Mark. II—III, 1878, S. 1—80.)
1457. WOESTE, F., Wechsel zwischen labialen und gutturalen [in der märkisch-niederdeutschen mundart]. (Zs. f. vgl. Spr. II, 1853, S. 479—480.)
1458. WOESTE, F., Wandel des anlautenden alten h(w) in p; nachdrückliches und emphatisches p, besonders im niederdeutschen. (Zs. f. vgl. Spr. III, 1854, S. 79—80.)
1459. WOESTE, F., Ueber anlautendes n und t. (Dt. Maa. VI, 1859, S. 79.) [Erklärt durch das n des Artikels oder der Conj. un (und)].
1460. WOESTE, F., Ueber -en als nominativendung schwacher declination. (Dt. Maa. VI, 1859, S. 77—78.) [Ueber d. südwestfäl. ċiren od. åren.]
1461. WOESTE, F., Zur syntax: accusativ für dativ. (Dt. Maa. IV, 1857, S. 363.)
1462. SCHÄFFER, Der märkische Dativ. (Rheinische Blätter f. Erz. u. Unterr., 1885, Nr. 3.)*

Wortschatz.

1463. WOESTE, J. F. L., Volksüberlieferungen in der Grafschaft Mark nebst einem Glossar. Iserlohn 1848. 8. VI, 112 S. [Das Glossar ist ein Auszug aus dem vom Herausgeber gesammelten märkisch-niederdeutschen Wörterbuche.]
CORNELIUS: Herrigs Arch. VI, 1849, S. 103—105.
1464. WOESTE, F., Wörterbuch der westfälischen Mundart. [Nach d. Tode d. Verf. hg. v. CRECELIUS u. LÜBBEN.] (Wörterbücher, hrsg. v. d. Verein f. niederdeutsche Sprachforschung, I.) Norden und Leipzig 1882. 8°. 4 Bl., 331 S. [Bezieht sich vorwiegend auf die märkische Mundart.]
J. FRANCK: Anz. f. dt. Alt. IX, 1883, S. 360—363. BUSCH: Litztg. III, 1882, Sp. 1821—1822. O. BEHAGHEL: Litbl. III, 1882, Sp. 455. Onze Volkstaal I, 1882, S. 188.

1465. JELLINGHAUS, H., Bemerkungen zu FR. WOESTES Wörterbuch der westfälischen Mundart nebst Briefen desselben. (Ndd. Jahrb. IX, 1883, S. 65—74.)
1466. WOESTE, F., Südwestfälische Schelten. (Ndd. Jb. [III], 1877, S. 110—126.)
1467. WOESTE, F., Südwestfälische ausdrücke für Ameisse (Dt. Maa. VI, 1859, S. 226—229.)
1468. WOESTE, F., Die Biene und was damit zusammenhängt. Aus dem berglande südlich der Ruhr. (Dt. Maa. VI, 1859, S. 45—49.)
1469. WOESTE, F., Ausdrücke für schmetterling im südl. Westfalen und Berg. (Dt. Maa. VI, 1859, S. 76—77.)
1470. WOESTE, F., Märkische ausdrücke für »schlagen.« (Dt. Maa. III, 1856, S. 365—370.)
1471. WOESTE, F., Kürzere mittheilungen aus der grafschaft Mark. (Dt. Maa. IV, 1857, S. 504—507.)
1472. WOESTE, F., Beiträge zum niederdeutschen Wörterbuch. (Dt. Maa. V, 1858, S. 345—361.)
1473. WOESTE, F., Zu Zeitschr. II, 38. 221. (Dt. Maa. V, 1858, S. 374 f.) [Südwestfälische Wörter betreffend.)
1474. WOESTE, F., Einige lexikalische bemerkungen, veranlasst durch Stürenburg's ostfriesisches wörterbuch. (Dt. Maa. V, 1858, S. 75—77.) [Bringt vorz. westphälisches Material. Vgl. dazu ebd. VI, 1859, S. 86.]
1475. WOESTE, F., Spaltstock für früchte. (Dt. Maa. VI, 1859, S. 78—79.) [Südwestfälische Ausdrücke dafür.]
1476. WOESTE, F., Genten, genden. (Dt. Maa. VI, 1859, S. 80.)
1477. WOESTE, F., Südwestfälische süss, ümmesüss (Dt. Maa. VI, 1877, S. 425—427.)
1478. WOESTE, F.. Kürzere Mittheilungen. (Dt. Maa. VII, 1877, S. 446—447.) [Zum südwestfäl. Wortschatz.]

β) Nördliche Mundart.

Dortmund.

[Vgl. Nr. 1445.]

1479. KÖPPEN, H., Verzeichniss der Idiotismen in plattdeutscher Mundart, volksthümlich in Dortmund und dessen Umgegend. Veröffentlicht von seinen Freunden und Verehrern. Als Manuscript gedruckt. Dortmund 1877. 8°. 67 S.

γ) Sauerländisch.

1480. WOESTE, F., Zur Lautlehre des Niederdeutschen im märkischen Süderlande, Konsonanten. (Zs. f. vgl. Spr. IV, 1855, S. 131—138. 175—187.)

1481. Woeste, F., Mundartliches. (Süderland.) (Herrig's Arch. X, 1852, S. 114—115.) [1. Weibl. Geschl. = Suff. te. 2. Zwerg-Sage.]

[Altena s. Nr. 1484.]

Barmen.

1482. Bauerfeind, Einige sprachliche Eigenthümlichkeiten aus dem Wupperthale. (5. Jahresber. u. Progr. d. Realsch. II. O. zu Barmen-Wupperfeld. 1876. Progr. 373. 4°. 1 Bl. S. 1—23.) [Sprachliche Unterschiede zwischen östl. und westl. Stadtteilen Barmens und Wörterverzeichnis.]
Herrigs Arch. LVIII, 1877, S. 98—99.

[Elberfeld s. Nr. 1243.]

Hönne-Tal.

1483. Humpert, Ueber den sauerländischen Dialect im Hönne-Thale. I. (Programm d. Königl. Gymn. zu Bonn 1876. Progr. Nr. 338. 4°. Sp. 1—48.) [Mit einer Karte.] II. (Dgl. 1878. Progr. Nr. 351. 4°. Sp. 1—36.) [Laut- und Flexionslehre.]
E. Sievers: Jen. Litztg. IV, 1877, S. 647.

Iserlohn.

1484. Woeste, F., Vokale der niederdeutschen mundarten in den kreisen Iserlohn und Altena. (Zs. f. vgl. Spr. II, 1853, S. 81—101. 190—209.)

1485. Woeste, F., Niederdeutsche Ausdrücke für »trunken sein« zumeist aus dem Kreise Iserlohn. (Dt. Maa. V, 1858, S. 67—74.)

C. Engrisch.
[Vgl. Nr. 1436 ff.]

1. Südengrisch.
[Sauerland s. Nr. 1456 ff. und 1480 f.]

a) Soest.
[Vgl. Nr. 1359.]

1486. Holthausen, F., Vocalismus der Soester Mundart. Halle a/S. 1885. 8°. 1 Bl., 37 S. [Heidelberger Habilitationsschrift.]

1487. Holthausen, F., Die Soester mundart. Laut- und formenlehre nebst texten. (Forschungen, hrsg. vom Verein f. ndd. Sprfg. I.) Norden u. Lpz. 1886. 8°. XIII + 1 S., 1 Bl., 117 + 1 S.

Joh. Franck: Anz. f. dt. Alt. XIII, 1887. S. 211—223. C. Nörrenberg: Litztg. VIII, 1887, Sp. 759—790. R. K.: Lit. Cbl. 1887, Sp. 755

—756. F. KAUFFMANN: Litbl. VIII, 1887, Sp. 57—62, 192—194. TECHMER: Intern. Zs. f. Sprw. IV, 1889, S. 229—231. A. BAUER: Revue crit., N. S. XII, 1886, S. 341.

b) Waldeck.
[Vgl. Nr. 782 und 1356.]

1488. CURTZE, L., Volksüberlieferungen aus dem Fürstenthum Waldeck. Märchen, Sagen, Volksreime, Räthsel, Sprichwörter, Aberglauben, Sitten und Gebräuche, nebst einem Idiotikon. Arolsen 1860. 8°. XVI, 518 S.
A. K.: Cbl. 1860, S. 461.

c) Paderborn.
[Vgl. Nr. 1445 u. 1449.]

1489. JELLINGHAUS, H., Zu mik und mi. (Ndd. Korrbl. III, 1878, S. 89—90.) [Das Süderländisch-Paderbornische betr.]

Büren.

1490. WOESTE, F., Mundart in der Gegend von Büren: A. Zur Lautlehre, B. Volksräthsel und Räthselfragen. (Dt. Maa. VII, 1877, S. 427—432.)

d) Grafschaft Ravensberg.
[Vgl. Nr. 1445 und 1449.]

1491. JELLINGHAUS, H., Die Flexionen der Ravensbergisch-Westfälischen Mundart. Norden 1877. 1 Bl. + S. 71—102. [Jenens. Diss. Ausschnitt aus dem Folgenden.]

1492. JELLINGHAUS, H., Westfälische Grammatik. Die Laute und Flexionen der Ravensbergischen Mundart mit einem Wörterbuche. Bremen 1877. 4°. VIII, 156 + 1 S. — 2. Aufl. Norden 1885. De Bode 1877, Nr. 2.* SIEVERS: Jen. Litztg. IV, 1877, S. 647.

1493. Beyträge zu einem Westfälischen Idiotikon, und zwar für die Ravensbergischen und benachbarten Gegenden. (Journ. v. u. f. Dtschl. V, 1788, 5. St. S. 466—468.)

1494. WEDDIGEN, P. F., Ravensbergisches Idiotikon. (Weddigens histor.-geogr.-statist. Beschreibung d. Grafsch. Ravensberg II, Leipzig 1790, S. 269—332.)

e) Lippe-Detmold.

1495. HOFFMANN, E., Die Vocale der lippischen Mundart. Hannover 1887. 2 Bl., 69 S. 8°. [Berner Inaug.-Diss.]
K. KOCH: Litbl. VIII, 1887, S. 384—386.

1496. GREVERUS, Lippische Wörter und Ausdrücke. (Herrigs Archiv VIII, 1851, S. 344—351.)

1497. ECHTERLING, J. B. H., Eigenthümliche wörter der plattdeutschen sprache im fürstenthum Lippe. (Dt. Maa. VI, 1859, S. 49—69. 207—218. 351—368. 477—494.)

f) Göttingen-Grubenhagen.

1498. W., O., Beytrag zu einem Niedersächsischen Idiotikon, und zwar aus den Fürstenthümern Göttingen und Grubenhagen. (Journ. v. u. f. Dtschl. IV, 1787, 3. St. S. 249—250.)

1499. QUENTIN, Sammlung einiger plattdeutschen oder niedersächsischen Wörter, welche vorzüglich im Fürstenthume Göttingen gebräuchlich sind. (Annalen der Brnschw.-Lünebg. Churlande III, 1789, S. 217—225. IV, 1790, S. 89—100.)

1500. Einige Idiotismen in Niedersachsen. (Journ. v. u. f. Dtschl. VII, 1790, 4. St., S. 331—332.)

1501. SCHAMBACH, G., Wörterbuch der niederdeutschen Mundart der Fürstenthümer Göttingen und Grubenhagen oder Göttingisch-Grubenhagen'sches Idiotikon. Hannover 1858. 8°. XVI, 323 S.
SACHSE: Herrig's Arch. XXVI, 1859, S. 208—211. L. DIEFENBACH: Zs. f. vgl. Spr. VIII, S. 236—238. E. HEKTOR: Dt. Maa. V, 1858, S. 496.

1502. SPRENGER, R., Nachträge zu Schambachs Göttingisch-Grubenhagenschem Idiotikon. (Ndd. Jb. VIII, 1882, S. 27—32.) [Nach Aufzeichnungen von Fricse.]

1503. KRAUSE, K. E. H., Flachsbereitung im Göttingenschen. (Ndd. Jb. [III,] 1877, S. 156—159.) [Ausdrücke dabei.]

Duderstadt.

1504. Ein Beytrag zur Kenntniss der platdeutschen Sprache. (Journ. v. u. f. Dtschld. VIII, 1791, St. 10, S. 879.) [Vorzüglich Provinzialismen aus Duderstadt.]

2. Nordengrisch.

a) Im ganzen.
[Vgl. Nr. 1437.]

1505. BABUCKE, H., Über Sprach- und Gaugrenzen zwischen Elbe und Weser. (Ndd. Jb. VII, 1881, S. 71—79.) [Mit einer Sprachkarte üb. mi und mik. Erweitert im Bericht üb. d. Altstädt. Gymn. in Königsberg in Pr. 1886. Progr. Nr. 9. 4°. S. 1—9.]
Herrigs Arch. LXXVII, 1887, S. 223—224.

1506. BABUCKE, H., Weiteres über Dialekt- und Gaugrenzen. (Ndd. Jb. XIV, 1888, S. 9—13.)

b) Schaumburg.
[Vgl. Nr. 1358.]

1507. SCHROEDER, [Referat. üb. e. Vortrag von Babucke über die mi- und mek-Grenze im Fürstentum Schaumburg-Lippe.] (Zs. f. dt. Phil. XIII, 1882, S. 490.)

c) Hoya.

1508. KLBG., Einige Idiotismen in der Grafschaft Hoya, vorzüglich im nordwestlichen Theile derselben. (Hannöv. Mag. XXVI, 1788, Sp. 1441—1444.)

d) Calenberg.

Hannover und Umgegend.
[Vgl. Nr. 1358.]

1509. ROCCA, O., Das platdeutŝe der umgegend fon Hannover. (Reform, Zs. d. allg. Ver. f. vereinf. dt. Rechtschr. VIII, 1884, S. 57—59.)

1510. M-KE, Beiträge zu einem plattdeutschen Idioticon für die Umgegend der Residenzstadt Hannover. (Hannöv. Mag. 1821, S. 139—142.)

D. Ostfälisch.
[Vgl. Nr. 1356 u. 1537.]
[Altmark s. Nr. 1671 ff.]

1. Hildesheimisch.

1511. MÜLLER, JOH., Einiges über die hildesheimische Mundart. (Dt. Maa. II, 1855, S. 39—41.) [Mit Sprachproben, nebst Worterklärung von Frommann.]

1512. MÜLLER, JOH., Andeutungen zu einer Lautlehre der hildesheimschen Mundart. (Dt. Maa. II, 1855, S. 118—132. 193—204.)

1513. Einige im Hochstift Hildesheim gebräuchliche Wörter und Redensarten. (Journ. von u. für Dtschld. VI, 1789, 3. St., S. 257—258.) [Wieder abgedruckt Ndd. Korrbl. X, 1885, S. 41—44.]

1514. MÜLLER, JOH., Bemerkenswerthe Ausdrücke hildesheim'scher Mundart. (Dt. Maa. II, 1855, S. 42—44.)

2. Braunschweigisch.
[Vgl. Nr. 1046, 1358, 1505 f. und 1518 ff.]

1515. SCHMELZKOPF, E., Ein Wort über das niederdeutsche Sprachidiom im Herzogthum Braunschweig. (Herrig's Arch. II, 1847, S. 88—92.) [Handelt üb. den sprachwiss. Wert des Idioms u. seine Brauchbarkeit für die Poesie.]

Fallersleben.

1516. HOFFMANN VON FALLERSLEBEN, [H.], Mundartliche Sprache in und um Fallersleben. (Vaterländ. Archiv od. Beiträge

zur allseit. Kenntn. d. Kgr. Hannover IV, 1821, S. 171—189. V, 1821, S. 1—31. Neues vaterld. Arch. IV, 1823, S. 152 —158.) [Idiotikon.]
1517. HOFFMANN V. FALLERSLEBEN, [H.], Mundart in und um Fallersleben. (Dt. Mas. V, 1858, S. 41—57. 145—161. 289—302.) [Lautlehre u. Idiotikon. Auch besonders:] Nürnberg 1858. 8°. 1 Bl. 46 S.

3. Niederdeutscher Harz.
[Vgl. Nr. 938 ff. und 1526 f.]

1518. HAUSHALTER, B., Die Mundarten des Harzgebietes. (Zs. d. Harzver. XVI, 1883, S. 231—248.)
1519. HAUSHALTER, B., Die Mundarten des Harzgebietes. Nebst einer Karte. Vom Verein f. Erdk. z. Halle am 28. Febr. 1884 gekrönte Preisschrift. (Mittl. d. V. f. Erdk. z. Halle 1884, S. 66—85.) [Auch besonders ersch.] Halle 1884. 8°. 21 S.
Cbl. 1884, Sp. 1606. W. SEELMANN: Ndd. Korr.-Bl. IX, 1884, S. 93—96. R. JECHT: Zs. d. Harzv. XVII, 1884, S. 306—310.
1520. DAMKÖHLER, E., Zur Charakteristik des niederdeutschen Harzes. Mit einer Karte. Halle a. S. 1886. 8°. 25 S.
C. NÖRRENBERG: Litztg. IX, 1888, Sp. 1074—1075.
1521. DAMKÖHLER, E., Zur Charakteristik des niederdeutschen Harzes, besonders des Blankenburger Dialektes. (Ndd. Korrbl. XI, 1886, S. 22—23.)
1522. Zur Kunde des Harzdialects. (Spiel u. Spangenberg's neues vaterld. Arch. 1831, S. 276—293.) [Kurze Probe mit vielen Anmerkungen. Auszugsweise entlehnt aus dem Harzfreunde 1831, Nr. 10* u. 16*.]
1523. DAMKÖHLER, E., Die pronominalen Formen für »uns« und »unser« auf dem niederdeutschen Harze und in dem nördlich sich anschliessenden Gebiete. Mit einer Karte. Wolfenbüttel 1887. 23 S.*
C. NÖRRENBERG: Litztg. X, 1889, Sp. 343—344. F. JOSTES: LitbL X, 1889, Sp. 251. W. S[EELMANN]: Ndd. Korrbl. XIII, 1888, Sp. 78—79.
[Blankenburg s. Nr. 1521.]

Cattenstedt.
1524. DAMKÖHLER, E., Mundartliches aus Cattenstedt am Harz. (Progr. des herzogl. Gymn. zu Helmstedt 1884. Progr. Nr. 631. 4°. S. 3—22.)
[H.]: Ndd. Korrbl. IX, 1684, S. 78—79.
1525. DAMKÖHLER, E., Gebrauch des Wortes ārs in Cattenstedt. (Ndd. Korrbl. VIII, 1883, S. 76—77.)

4. Magdeburgisches Gebiet.
[Vgl. Nr. 1042.]

1526. WINKLER, J., [Der Dialekt der preussischen Provinz Sachsen.] (Dialecticon I, S. 33—45.)

1527. Wegener, Ph., Zur Charakteristik der niederdeutschen Dialekte, besonders auf dem Boden des Nordthüringergaus. (Geschichtsbll. f. Magdebg. XIII, 1878, S. 1—30. 167—177.)

1528. Loewe, R., Die Dialektmischung im Magdeburgischen Gebiete. Mit einer Karte. (Ndd. Jb. XIV, 1888, S. 14—52.) [Erweitert als Leipziger Inauguraldissertation.] Norden 1889. 8°. 3 Bl. 52 S. [Mit einer Karte.]

1529. Wegener, P., Idiotische Beiträge zum Sprachschatze des Magdeburger Landes. (Geschichtsbl. f. Stadt u. Ld. Magdebg. XIII, 1878, S. 416—443. XVIII, 1883, S. 381—399.)

1530. Rabe, [A.], Idiotismen aus der Magdeburger Gegend, welche turanischen Ursprungs sind. (Am Urdhs-Brunnen II, 1883—1885, S. 54—56.)

1531. Weferling, H., Zu den »Idiotismen aus der Magdeburger Gegend, welche turanischen Ursprungs sind«. (Am Urdhs-Brunnen II, 1883—1885, S. 131—133.)

1532. Knoop, Zu den »Idiotismen aus der Magdeburger Gegend, welche turanischen Ursprungs sind«. (Am Urdhs-Brunnen II, 1883—1885, S. 189—190.)

1533. Rabe, A., Noch einmal »die Idiotismen aus der Magdeburger Gegend, welche turanischen Ursprungs sind«. (Am Urdhs-Brunnen II, 1883—1885, S. 216—218. 237—240.)

1534. Winter, F., Die Volkssprache in der Landschaft am Zusammenflusse von Bode, Saale und Elbe. (Geschichtsblätt. f. Stadt u. Land Magdebg. IX, 1874, S. 97—121.)

E. Nordniedersächsisch.

1. Im ganzen.
[Vgl. Nr. 1042 und 1381.]

1535. Focke, W. O., Die volksthümlichen Pflanzennamen im Gebiete der unteren Weser und Ems. (Abhdlgen. des naturw. Ver. Bremen II, 2, 1870, S. 223—274.) Zweites Verzeichniss. (Ebd. V, 2, 1877, S. 413—450.)

1536. Winkler, J., [Die niederdeutsche Sprache in Lübeck, Hamburg und Bremen u. Umgegend.] (Dialecticon I, S. 103—121.)

1537. Seelmann, W., Der Zetacismus und seine Verbreitung in Niedersachsen. (Ndd. Jb. XII, 1886, S. 64—74.)

2. Wesernordniedersächsisch.

a) Nordöstliches Ostfriesisch.
[Vgl. Nr. 1325 f., 1445 und 1562 f.]

1538. Henrici, E., u. Brandes, [H.], Friesisch [einschliessl. des ostfriesischen Platt.] (Jahresbericht über die Erscheinungen

auf dem Gebiete der germanischen Philologie I, 1879, S. 196—
198. II, 1880, S. 246—247. III, 1881, S. 239—240. IV, 1882,
S. 230—231. V, 1883, S. 241. VI, 1884, S. 319. VII, 1885,
S. 295. VIII, 1886, S. 260—261. IX, 1887, S. 265. X, 1888,
S. 306—308. XI, 1889, S. 330.) [Die betr. Artikel in Jber. I
u. VI—VIII sind ohne Unterschrift.]

1539. Winkler, J., [Die Mundarten von Ost-Friesland.]
(Dialecticon I, S. 182—215.)

1540. Willems, H. L., Die zehn Gebote der Orthographie
der ostfriesisch-plattdeutschen Sprache. (Ostfries. Monatsblatt II,
1874, S. 20—24.)

1541. Ostfriesisches Wörterbuch. (Beyträge zu der jur. Lit.
in den Preuss. Landen II, 1778, S. 219—239.)

1542. Stürenburg, C. H., Ostfriesisches Wörterbuch.
Aurich 1857. 8°. XII, 355 + 1 S.
    A. Lübben, E. Hektor u. [F.] Woeste: Dt. Maa. IV, 1857, S. 509
—513. [F.] Sachse: Herrig's Arch. XXVI, 1859, S. 207—211. L. Diefen-
bach: Zs. f. vgl. Spr. VII, 1858, S. 442—445. [Vgl. Nr. 1474.]

1543. ten Doornkaat-Koolmann, Auszug aus einem ost-
friesischen Wörterbuch. 8°. Norden [1875.]*

1544. ten Doornkaat-Koolmann, J., Wörterbuch der
Ostfriesischen Sprache. Etymologisch bearbeitet. I. A—gütjen.
Norden 1879. XX, 710 S. II. H—pûtwater. Ebd. 1882. 2 Bl.,
781 S. III. Q—Z nebst Nachtrag und Indices. Ebd. 1884.
2 Bl., 635 S.
    H. Buchholtz: Herrig's Arch. LXIV, 1880, S. 120. Jber. I, 1879,
S. 196—197. Hyde Clarke: Athenaeum 1885, II, Nr. 3019, S. 298,
3020, S. 336. H. Jellinghaus: Zs. f. Völkerpsych. XIV, 1883, S. 214
—222. H. Kern: De Gids III. S. XVI, 1878, III, S. 157—160. Techmers
Zs. I, 1884, S. 426—427. L. Freytag: Centralorg. f. d. Int. d. Realschw.
VI, 1878, S. 247—248. XIII, 1885, S. 104. W. B.: Cbl. 1877, Sp. 1658
Sonntagsbeil. z. N. pr. Ztg. 1878, Nr. 1.* Dtsche. Rdschau. XIV,
1878, S. 163—164. Europa 1878, Nr. 5.* Nordwest I, 1878, Nr. 4.*
De Bode 1, 1878, Nr. 4.* Ndd. Korrbl. X, 1885, S. 15. A. Pannenberg:
Gött. gel. Anz. 1879, St. 35. S. 1113—1118; Ostfries. Monatsbl. VII,
1879, S. 239, 335.* E. Henrici: Zs. f. d. Gymn.-W. XXXIV, 1880,
S. 327—331. M. Heyne: Litbl. I, 1880, Sp. 288—291.

1545. Hektor, E., Wie die ostfriesische mundart das Un-
bestimmte und Ungefähre ausdrückt. (Dt. Maa. IV, 1857,
S. 475—481.)

1546. Hektor, E., Herzens- und Blutsfreundschaft in der
Ostfriesischen Mundart. (Dt. Maa. IV, 1857, S. 347—361.)

1547. Sundermann, Fr., Volksthümliche Thiernamen in
Ostfriesland. (Ostfries. Jahrb. I, 1870, 2. Hft.)*

1548. Willms, W. J., Benennungen für die Hausthiere in
Ostfriesland und den angrenzenden Landestheilen. (Dt. Sprwt.
N. F. II, 1867, S. 28. 87.)

1549. ten Doomkaat-Koolmann, J., Tier- und Pflanzennamen aus Ostfriesland. Mit Nachtrag von METZGER. (Ndd. Jb. XI, 1885, S. 111—127.)

Emden.

1550. KRÜGER, E., Uebersicht der heutigen Plattdeutschen Sprache (besonders in Emden). Emden 1843. 8°. 72 S. [Abriss einer Gramm. und Wörterbuch.]

Greetsiel.

1551. HOBBING, J., Die Laute der Mundart von Greetsiel in Ostfriesland. Mit Einleitung: Zur Charakteristik der Mundart. Ein lautphysiologischer Versuch. [Jenenser Inaug.-Diss.] Emden 1879. 4°. 26 S. 1 Bl. [Auch als Beil. zum Progr. d. höh. Bürgerschule zu Nienburg a. W., m. d. Titel: Ueber die Mundart von Greetsiel in Ostfriesland. Ein lautphysiologischer Versuch. I. Einleitung. Ueber die einzelnen Sprachlaute.]
J. F. KRÄUTER: Anz. f. dt. Alt. VI, 1880, S. 245. Academy XVII, 1880, S. 254. WEGENER: LitbL I, 1880, S. 360—361.

b) **Oldenburgisch.**
[Vgl. Nr. 1358.]

1552. GOLDSCHMIDT, J., Das Plattdeutsch im Herzogthum Oldenburg. (Kleine Lebensbilder. Aus der Mappe eines deutschen Arztes. III. [Auch m. d. bes. Tit.:] Der Oldenburger in Sprache und Sprüchwort. Skizzen aus dem Leben. Oldenburg 1847. 8°. S. 10—45.) [Grammatik u. Wörterbuch.]

1553. WINKLER, J., De nederduitsche taal in Oldenburg. (Dialecticon I, S. 145—155.)

1554. STRACKERJAN, K., Die Namen der Hausthiere im Herzogthum Oldenburg. (Dt. Maa. III, 1856, S. 490—502.)

1555. GOLDSCHMIDT, J., Skizzen aus der Mappe eines Arztes. A. u. d. T.: Volksmedicin im nordwestlichen Deutschland. Bremen 1854. 8°. VII, 157 S.* [Enth. viele volksthüml. Bezeichnungen von Krankheiten u. Heilmitteln, auch Redensarten u. Sprichwörter in Oldenburger Ma.]
CbL 1854, Sp. 715.

Jever.

1556. STRACKERJAN, K., Das Plattdeutsche als Hilfsmittel für den Unterricht. (Progr. XXIII der Vorschule u. höh. Bürgersch. zu Oldenburg 1866. 8°. S. 3—51.) [Plattdtsch. von Jever.]

1557. STRACKERJAN, K., Niederdeutsche Mundart aus der Umgegend von Jever. Orthographische Vorbemerkung. (Dt. Maa. III, 1856, S. 34—37.)

c) Nördliches Hoya.
[S. Nr. 1508.]

d) Bremen.
[Vgl. Nr. 1536.]

1558. LEIBNIZ, G. W., Ad glossarii Chaucici specimen notae. (Collectanea etymologica Hannover 1717. 8°. S. 33—56.) [Das specimen ist ein Auszug aus einem handschriftlichen Idiotikon von J. J. KELP.]
Beitr. z. crit. Hist. d. dt. Spr. 3. St. 1732, S. 362.

1559. [TILING und DREYER,] Versuch eines Bremisch-Niedersächsischen Wörterbuchs, worin nicht nur die in und um Bremen, sondern auch fast in ganz Niedersachsen gebräuchliche eigenthümliche Mundart nebst den schon veralteten Wörtern und Redensarten in bremischen Gesetzen, Urkunden und Diplomen, gesammelt, zugleich auch nach einer behutsamen Sprachforschung, und aus Vergleichung alter und neuer verwandter Dialekte, erkläret sind: herausgegeben von der bremischen deutschen Gesellschaft. I. II. Bremen 1767. 8°. 8 Bl., 903 S.; III. IV. ebd. 1768. 1770. 8°. 4 Bl., 1132 S.; V, ebd. 1771. 8°. 1 Bl. 467 S.; VI. [a. m. d. T.:] Versuch eines Bremisch-Nieders. Wtbchs. ... VI. 2. Nachtrage nthaltend Zusätze und Verbesserungen, ebd. 1869. 8°. VII, 424 S. — Neue [Titel-]Auflage von VI: ebd. 1881. 1886. [Die Bearbeitung von I—V besorgten EBERHARD TILING u. dessen Bruder, der Pastor TILING. Vgl. Bd. VI, Vorrede S. V. Den VI. Bd. bearb. der Lehrer DREYER.]
C. S—R: Cbl. 1870, Sp. 894—895. G. H.« Mag. f. d. Lit. d. Ausl. LXXV, 1869, S. 181. Allg. Lit. Anz. III, 1870, Nr. 4.*

1560. WALTHER, C. H. F., Zur Geschichte des Wortes priölken. (Brem. Jahrb. VII, 1874, S. 310—317.)

e) Unter-Weser-Mundart.
[Vgl. Nr. 1535.]

Beverstedt.

1561. WIEDEMANN, Beiträge zum niedersächsischen Wörterbuche aus der jetzigen Sassensprache. (Vaterl. Arch. f. Hannöv.-Braunschw. Gesch. 1833, S. 640—644.) [Aus Beverstedt, Landdrostei Stade.]

Land Wursten.

1562. [PRATJE,] Verzeichniss einiger friesischen, im Lande Wursten noch gebräuchlichen Wörter. (Altes und neues aus den Herzogthümern Bremen u. Verden. V, 1772, S. 314—316.)

1563. BREMER, O., [Friesisch-plattdeutsche Wörter in RENNER's Glossarium Frisico-Saxonicum.] (Beitr. XIII, 1888, S. 561—565.)

3. Stadisch.

1564. MARAHRENS, A., Grammatik der Plattdeutschen Sprache. Zur Würdigung, zur Kunde des Characters und zum richtigen Verständniss derselben. Altona 1858. S. I—IV, 5—126, 1 Bl. [Allgemeines, Grammatik, Sprachproben u. Wortregister.]

4. Lüneburg-Uelzener Mundart.
(Vgl. Nr. 1505 f.]

1565. Beitrag zur Kenntnis der mek und mi Grenze. Bearbeitet in der Sackmannsgilde. [Karte. Grenze in der Gegend von Hitzacker.] (Ndd. Korrbl. VIII, 1883, S. 66.)

1566. RAPP, K. M., Plattdeutsch. (Versuch einer Physiologie der Spr. III, 1840. 8°. S. 294—307.) [Lautlehre u. Probestücke der Ma. im Flachlande zwischen Weser u. Elbe.]

1567. SPRENGELL, Auffallende Wörter der niederdeutschen Sprache der Stadt- und Landdrostei Lüneburg. (Ndd. Korrbl. V, 1880, S. 66.) [Vgl. LATENDORF u. A. ebd. S. 78—79. 95—96.]

1568. DIETZ, Framsis und Kramsis. (Jb. d. Berl. Ges. f. dt. Spr. I, 1820, S. 217—218.) [Lünebg. Ausdr. f. »Danke«.]

Suderburg.

1569. RINGELMANN, H., Über die vokališen lautferhältnisse der lüneburgišen mundart, vi difelbe in meinem geburtsorte Suderburg gesprohhen virt. (Reform, Zs. des allg. Ver. f. vereinfachte dtsche Rechtschrbg. VII, 1883, S. 185—190.)

Lüneburger Wendenland.

1570. JACOBI, V., Ueber die Bedeutung einiger Grundstückbenennungen im Lüneburgischen Wendenlande. (Journ. f. Landwirtsch. III, 1855, S. 1—8.)

5. Schleswig-Holsteinisch
mit Ausnahme des östlichen Holstein.

a) Im ganzen.

1571. MÜLLER, MAX, On the language and poetry of Schleswig-Holstein. (Macmillans Magazine, Sept. 1864. Nr. LIX, Art. 1.)*
Das Ausland XXXVII, 1864, S. 978—982.

1572. SCHÜTZE, JOH. FRDR., Holsteinisches Idiotikon, ein Beitrag zur Volkssittengeschichte; oder Sammlung plattdeutscher, alter und neugebildeter Worte, Wortformen, Redensarten, ... der alten und neuen Holsteiner. Mit Holzschnitten. I. nebst Einleitung über den Plan und die Grundideen des Werkes. Hamburg 1800. 8°. XXIV, 342 S. II. ebd. 1801. 2 Bl. 370 S.

III. ebd. 1802. 1 Bl. 346 S. IV. und letzter Theil, Altona 1806.
4 Bl. 391 S.
Allg. Litztg. 1801, I, Sp. 662—664. ADK.: N. allg. dt. Bibl. LXV,
1801, S. 496—497. Erlanger Litztg. 1801, I, S. 65—70.* Leipz. Jb. d.
neusten Lit. 1800, II, S. 438—442.*
1573. [POPOWITSCH, J. S. V.,] Erklärung einiger, meistentheils Platteutscher Wörter. (Untersuchungen vom Meere, Frankfurt u. Lpz. 1750. 4°. S. 103—107.)
1574. BIRLINGER, A., Einige Holsteinische Ausdrücke [aus dem Landwirtschaftlichen Erzähler 1818, Nr. 2]. (Ndd. Korrbl. X, 1885, S. 90—91.)

b) Hamburgisch.
[Vgl. Nr. 1042, 1536 u. 1572.]

1575. BÄRMANN, JÜRGEN NIC., De lütje Plattdüütschmann, or'r pragmatsch Lehrbook der nedderdüütschen o'r plattdüütschen Mundaard, as see in Hamborg un wyd üm Hamborg herüm spraken ward un schräwen warden mutt. In veer Avdeelungen. Hamburg 1859.*
1576. MIELCK, W. H., Verkleinerungsformen des Hauptworts im Niederdeutschen. (Ndd. Korrbl. IV, 1879, S. 62—64.) [Besonders aus der Hamburger Mundart.]
1577. RICHEY, M., Idioticon Hamburgense sive Glossarium vocum Saxonicarum quae populari nostra dialecto Hamburgensi maxime frequentantur. . . . Hamburgi 1743. 4°. XIV, 47 + 1 S.
Hamburg. Berichte 1743.* [Zusätze aus preuss., westf. u. holst. Maa.] Hamburg. Beyträge S. 356.* Hamburg. Correspondent N. XI*. Kaeuffelini Comment. Hamb. Libell. I.*
1578. RICHEY, M., Idioticon Hamburgense oder Wörterbuch zur Erklärung der eigenen, in und üm [sic!] Hamburg gebräuchlichen, Nieder-Sächsischen Mund-Art. Jetzo vielfältig vermehret, und mit Anmerckungen und Zusätzen Zweener berühmten Männer, nebst einem Vierfachen Anhange, ausgefertiget. Hamburg 1754. 8°. 5 Bl., LII, 480 S. — [Dasselbe. Mit dem Bilde des Verfassers. Ebd.] 1755. [Die Ausgabe von 1755 ist ohne die Anhänge wieder abgedruckt in: Thesaurus iuris provincialis et statutarii illustrati Germaniae I, Giesen (sic!) 1756. 4°. S. 129—424. Die 4 Anhänge enthalten: I. Dialectologia Hamburgensis oder Versuch einer regelförmigen Bemerkung des Eignen, wodurch sich unsere Mund-Art von andern, insonderheit von der Obersächsischen, unterscheidet. (S. 377—404. Hauptsächlich Lautlehre.) II. HINRICH FRIEDRICH ZIEGLERS Sammlung einiger Wörter und Redensarten, die grösstentheils nur allein in Ditmarschen gebräuchlich sind. (S. 405—430.) III. Nachricht von einem alten und raren Nieder-Rheinischen, Teutsch-Lateinischen und Lateinisch-Teutschen Wörter-Buche; sammt einer daraus gezogenen Anzahl merckwürdiger Wörter (S. 431—448.) IV.

Von Joannis Januensis Catholico, und dessen unterschiedlichen Ausgaben. (S. 449—480.)]
1579. BIRLINGER, A., Zur sprache der Hamburger im vorigen jahrhundert. (Zs. f. dt. Phil. XVIII, 1886, S. 382.) [Zeugnis aus dem vorigen Jahrhundert über die Hamburger Mundart.]
1580. CHEMNITZ, E. u. W. H. MIELCK, Die niederdeutsche Sprache des Tischlergewerkes in Hamburg und Holstein. (Ndd. Jb. [I,] 1875, S. 72—92.)

c) Mittelholsteinisch.
[Vgl. Nr. 1575, 1580 und die Rec. von 1577.]
1581. WINKLER, JOH., [Über die Mundarten in Holstein.] (Dialecticon I, S. 54—61.)
1582. HARMS, KL., Uebungen zum Uebersetzen aus der plattdeutschen Sprache in die hochdeutsche. Auch als Lesebuch zu gebrauchen bei der Lautmethode. Kiel 1813. 8°. 32 S. Neue Aufl. 1817. 8°.*

Blankenese.
1583. WALTHER, C., Blankeneser Sprache vor achtzig Jahren. (Ndd. Korrbl. VIII, 1883, S. 85—87.) [Beh. einzelne Wörter, anknüpfend an CLEMENT, Reise durch Friesland etc. S. 83. Vgl. Nr. 1371.]

Cremper Marsch.
1584. Beiträge zu einem Holsteinischen, vorzüglich Kremper, Idiotikon. (Schlesw.-Holst. Provinzialberichte 1797. Heft 1. 2. 4.)*

d) Ditmarsch.
[Vgl. Nr. 1572 und 1581.]
1585. EGGERS, K., Klaus Groth und die plattdeutsche Dichtung. Berlin 1885. 8°. 36 S. (= Dt. Zeit- u. Streitfr. XIV, H. 215, S. 253—288.)
1586. ZIEGLER, H. F., Sammlung einiger Wörter und Redens-Arten, die grösstentheils nur allein in Ditmarschen gebräuchlich sind. (RICHEY's Idioticon Hamb. [Vgl. Nr. 1578.] Anhang II, S. 405—430.)
1587. OUTZEN, N., Ueber die Friesische Abstammung der alten Dithmarscher. (Kieler Bll. 1819, II, S. 65—127.) [Auf S. 106—127 ein Verzeichnis fries. Wörter in der Dithmarschen Mundart.]
1588. OUTZEN, N., Ausführliche Erhärtung des Beweises von der Friesischen Abstammung der Dithmarscher, hauptsächlich aus den noch übrigen zahlreichen Spuren in der Sprache. (Staatsbürgerl. Magazin, mit bes. Rücks. auf Schleswig, Holstein u. Lauenbg. I, 1821, S. 238—288. II, 1823, S. 758—773. III,

1823, S. 99—118. 441—469.) [Hauptsächlich Wörterverzeichnis.]
1589. WALTHER, C., Friesisches im Ditmarschen? (Ndd. Jb. [II], 1876, S. 134—144.)
1590. TAMM, H. C., Friesische Spuren in Ditmarschen. (Zs. d. Ges. f. Schleswig-Holstein-Lauenburgische Geschichte VI, 1876, S. 1—93 u. 233.)
1591. MÜLLENHOFF, K., Glossar nebst Einleitung zu Klaus Groths Quickborn. (Kl. Groth, Quickborn; zuerst in der 3. Aufl. Hamburg 1854. Dann in Aufl. 6. 7. 8. ebd. 1856. 1857. 1860, und in der Quartausgabe von 1856.)*
1592. PIENING, T., Glossar [nebst Einleitung.] (Snack un Snurren ut de Spinnstuv. Plattdeutsche Dorfgeschichten in ditmarscher Mundart. Hamburg 1858. 8°. S. 271—325.)
1593. [CARSTENS, H.,] Beiträge aus Schleswig-Holstein zu der Wortliste »van de Hooge Veluwe«. (Onze Volkstaal III, 1887, S. 159—160.) [Ditm. Wörter. Vgl. Nr. 1347.]
1594. [CARSTENS, H.,] Beiträge aus Schleswig-Holstein zu der Wortliste Van de taal, welke in de Saksische streken van Nederland gesproken wordt. (Onze Volkstaal III, 3, 1887, S. 161—178.) [Vgl. Nr. 1406.]
1595. [CARSTENS, H.,] Einige Belege aus Ditmarschen zu der Lijst van Woorden, die gebruikt worden op het eiland Schouwen, in den omtrek van het dorp Serooskerke. (Onze Volkstaal III, 3, 1887, S. 199—200.) [Vgl. Nr. 1267.]
1596. [CARSTENS, H.,] Einige Belege aus Ditmarschen zu den Zaansche woorden en uitdrukkingen. (Onze Volkstaal III, 3, 1887, S. 200—202.) [Vgl. Nr. 1309.)

e) **Schleswigisch.**
[Vgl. Nr. 1571.]

1597. KOHL, J. G., Bemerkungen über die Verhältnisse der deutschen und dänischen Nationalität und Sprache im Herzogthume Schleswig. Nebst einem Anhange: »Ueber die scandinavischen Sympathieen.« Stuttgart und Tübingen 1847. 8°. XII, 384 S.
1598. Statistik der deutschen und dänischen Sprache in Schleswig. (Stricker's Germania I, 1847, S. 249—256.) [Auszug aus dem Buche von KOHL.]
1599. CLEMENT, K. J., Ueber die Sprachverhältnisse im Herzogthum Schleswig und die Grenzen seiner deutschen und dänischen Nationalität. (Stricker's Germania II, 1848, S. 338—357.)
1600. ALLEN, C. F., Ueber Sprache und Volksthümlichkeiten im Herzogthum Schleswig oder Südjütland. Kopenhagen 1848. 8°. 1 Bl. 173 S. [Mit Sprachkarte.] (= Antischleswigholsteinische Fragmente auf Verfügung des akad. Senats zu

Kopenhagen hg. von A. F. KRIEGER. Heft 6.) [Auch dänisch und englisch erschienen.)

1601. CLEMENT, K. J., Das wahre Verhältniss der süderjütschen Nationalität und Sprache zur deutschen und frisischen im Herzogthume Schleswig. Eine historische und ethnographische Beleuchtung des 6. Heftes der anti-schleswigholsteinischen Fragmente. Hamburg 1849. 8°. 3 Bl., 121 S.

1602. Das plattdeutsche Element im Schleswigschen. (Bll. f. lit. Unterh. 1854, Nr. 15.)*

1603. [Zum Sprachgrenzgebiet in Schleswig.] (Augsb. allg. Ztg. 1857, ausserord. Beil. Nr. 77, S. 2—3.)

1604. HANSEN, M. MÖRK, Beiträge zur Beurtheilung der Sprachverhältnisse des Herzogthums Schleswig oder Südjütlands. Anmeldung der »Erlebnisse eines Schleswigschen Predigers in den Friedens- u. Kriegsjahren 1838—1850, von Fr. Petersen. 2. Aufl. 1856.« Aus dem Dänischen. Flensburg 1857. 8°. 56 S.

1605. Schleswigsche Beleuchtung einer Preussischen angeblich Offiziellen Denkschrift, schleswigsche Verhältnisse betreffend. Kopenhagen 1862. 8°. 2 Bl., 170 S. 1 Bl. [Mit 3 lithogr. Sprachkarten.]

1606. JOHANSEN, C., Über das Verhältniss des Nordschleswigschen Dialects zum Ostdänischen, Nordfriesischen und Plattdeutschen. (Jbb. f. Landesk. d. Herzogth. Schleswig, Holst. u. Lauenb. VII, 1864, S. 346—370.)

1607. BIERNATZKI, H., Nationalitäten- und Sprachenkarte des Herzogthums Schleswig. Hamburg 1864. Fol.*

1608. CLEMENT, K. J., Die Dänische Schriftsprache und die nordschleswigsche Volkssprache, als zwei in Natur und Ursprung von einander sehr verschiedene, wenn auch mindestens zur Hälfte aus deutschen Sprachelementen bestehende Mundarten. Hamburg, Altona u. Leipzig 1869. 8°. 55 S.

1609. Die Schleswigsche Sprachfrage. (Flensburger norddtsche Ztg. 1869. 14. Jan. Nr. 11. vgl. ebd. 24. Jan. unter Hadersleben.)*

1610. ANDREE, R., Deutsch-dänische Sprachgrenze. (R. ANDREE u. O. PESCHEL, Physikal.-stat. Atl. d. dt. Reichs I, Bielefeld u. Leipzig 1876. Fol. S. 27.)

1611. MENKE, TH., Sprachgrenze in Schleswig [Karte]. Massstab 1 : 5000000. (K. v. Spruners Hand-Atlas f. d. Gesch. d. M.-A. u. d. n. Z. 3. Aufl. bearb. von TH. MENKE. Gotha 1880. Fol. Nr. 13, Nebenkarte.)

1612. LAURIDSEN, P., Efter 20 Aar Fremmedherredom. En geografisk-sproglig Undersögelse. Tilskueren, Nov. 1884. Kopenhagen, S. 825—845.* [Vgl. Flensburger Nachrichten 1886, Nr. 11.*]

1613. Die Fortschritte des Deutschen im Herzogthum Schleswig. (Flensburger Nachrichten 1886. Nr. 51.)*

1614. Clausen, H. N., Sprogkårt over Sönderjylland. Mit Text. Beilage zu Flensburg Avis 1889, Nr. 168 u. zu Vestslesvigs Tidende Aabenraa Avis Vort Forsvar, Politiken.* [Ergänzungen dazu Flensburg Avis 1889, Nr. 168.*]

1615. Die Sprachverhältnisse in Nordschleswig. (Flensburger Nachrichten 1889, Nr. 210.)*

1616. Winkler, J., De nederduitsche taal in Sleeswyk. (Dialecticon I, S. 63—69.)

1617. Filskow, J. P., Die nordschleswigsche Mundart. (Grenzboten XLVIII, 3, 1889, S. 315—326. 461—470.) [Sucht die Ma., als aus Angel- u. Niedersächsisch, Mittel- u. Nhd., Alt- u. Neudänisch gemischt zu erweisen.]

Angeln.
[Vgl. Nr. 1359.]

1618. Tuxen, L. R., Det Plattyske Folkesprog i Angel tilligemed nogle sprogpröver. Kjöb. 1857. 8°. 2 Bl., 97 S., 1 Bl.

[Eidersted s. Nr. 1327.]

Föhr.

1619. Bremer, O., Föhringer Plattdeutsch. (Ndd. Jb. XII, 1886, S. 123—129.)

Hollingstedt und Eggebek.

1620. Lyngby, K. J., Plattysk i Slesvig. udgivet ved. F. Dyrlund. (Nord. tidskrift f. filol. Ny R. IV, 1879—80, S. 135—149.) [Giebt die Lautverhältnisse und Flexionen der Mundarten von Hollingstedt u. Eggebek.]

6. Nordostniedersächsisch.

a) Wagrisch.
[Vgl. Nr. 1571, 1572 und 1581.]

Probstei.

1621. [Über die Sprache der Probsteier.] (Neue Holst. Provinzialber. 1813, S. 17—26.)*

Fahrenkrug.

1622. Jellinghaus, H., Mundart des Dorfes Fahrenkrug in Holstein. (Ndd. Jb. XIV, 1888, S. 53—58.)

b) Lübisch.
[Vgl. Nr. 1042 u. 1536.]

1623. Jellinghaus, H., Hochdeutsche Worte, welche im Jahre 1715 einem Lübecker Schulknaben durch plattdeutsche erklärt werden mussten. (Ndd. Korrbl. XI, 1886, S. 4—5.)

c) Mecklenburgisch-Vorpommersch.

α) Im ganzen.

1624. M., E. W., Briefe über niederdeutsche Schriftsprache. 1—4. (Das ljebe Pommerland II, 1865, S. 135—138, 200—203, 222—224, 254—259.)
1625. WIGGERS, J., Grammatik der plattdeutschen Sprache. In Grundlage der Mecklenburgisch-Vorpommerschen Mundart. 2. Aufl. Hamburg 1858. 8°. XV, 111 S.
Dt. Maa. VI, 1859, S. 246—247.
1626. LÖFSTRÖM, S. A., Über die Zusammensetzungen im Plattdeutschen. [Dissertation v. Upsala.] Lund 1875. 8°. 37 + 1 S. [Mecklenburgisch-vorpommersche Ma.]
1627. MI [SIBETH, C. G.], Wörterbuch der Mecklenburgisch-vorpommerschen Mundart. Leipzig 1876. 8°. 2 Bl. 110 S.

β) Mecklenburgisch.

1) Im ganzen.

1628. WINKLER, J., [Die Volkssprache in Mecklenburg.] (Dialecticon I, S. 46—53.)
1629. Verdient die plattdeutsche Sprache in Mecklenburg beibehalten oder abgeschafft zu werden? (Monatsschrift von u. für Mecklenburg 1791, Sp. 161—174.)*
1630. Ueber das von Herrn E. in Vorschlag gebrachte plattdeutsche Wörterbuch, nebst einem Beitrage zum mecklenburgisch-plattdeutschen Wörterbuch. (Mschr. v. u. f. Mecklenbg. 1795, S. 121—125. 146—154.)*
.1631. Einige Bemerkungen über die genaue und ausschliessliche Verwandtschaft der plattdeutschen mecklenburgischen Sprache, mit der englischen zur Erklärung einiger plattdeutschen Wörter, welche aus keiner andern als der englischen Sprache zu erklären stehen. (Monatsschr. v. u. f. Mecklenburg 1789, Sp. 1043—1050. 1790, Sp. 51—57. 691—698.)*
1632. WOSSIDLO, R., Synonyme aus Meklenburg für 'schelten'. (Ndd. Korrbl. IX, 1884, S. 74—75.)
1633. SIEMSSEN, Beitrag zur Naturkunde Mecklenburgs. (Mschr. v. u. f. Mecklbg. 1790, Sp. 623—636. 815—852.) Nachtrag. (Ebd. 1791, Sp. 329—340.) [Plattdeutsche Benennungen der ganzen mecklenbg. Fauna.]*
1634. WOSSIDLO, R., Volksthümliches aus Mecklenburg I—XII. (Rostocker Ztg. 1886. 1888.)*
K. E. H. KRAUSE: Ndd. Korrbl. XIII, 1888, S. 14.
1635. SCHILLER, K., Zum Thier- und Kräuterbuche des mecklenburgischen Volkes. Drei Hefte. Schwerin 1861—1864. 4°. 32, 34 u. 42 S.*
Herrigs Arch. XXIX, 1861, S. 458—459. XXXIV, 1863, S. 460.

J. V. Zingerle: Germania VI, 1861, S. 384. A. K.: Cbl. 1861, Sp. 247
—248. 1862, Sp. 610. 1865, Sp. 479—480.

2) Mecklenburg-Schwerin.

1636. Ritter, J. G. C., Grammatik der mecklenburgischplattdeutschen Mundart. Rostock und Schwerin 1832. 8°. 137 + 4 S.
1637. Wigger, F., Hochdeutsche Grammatik, mit Rücksicht auf die plattdeutsche Mundart zunächst für mecklenburgische Schulen bearbeitet. Schwerin 1859. 8°. VI, 150 S.*
1638. Nerger, K., Grammatik des mecklenburgischen Dialektes älterer und neuerer Zeit. Laut- und Flexionslehre. Gekrönte Preisschrift. Leipzig 1869. 8°. XII, 194 S., 1 Bl.
Cbl. 1869, Sp. 588—589. Hamb. Nachr. Nr. 139.*
1639. Velde, A. v. d., Zu Fritz Reuter! Praktische Anleitung zum Verständniss des Plattdeutschen an der Hand des ersten Kapitels des Fritz Reuterschen Romanes: »Ut mine Stromtid«. — 2. Aufl. Leipzig 1881. 8. 63 S.*
1640. Nerger, K., Ueber die tonlangen Vokale des Niederdeutschen. (Germania XI, 1866, S. 452—457.) [Mundart von Mecklenburg-Schwerin.]
1641. Freuse, F., Wörterbuch zu Fritz Reuters sämmtlichen Werken. Wismar, Rostock und Ludwigslust 1867. 8°. 2 Bl., 94 S.
Cbl. 1867, Sp. 1084.
1642. Mantzel, E. J. F., Dissertatio continens idiotici Mecklenburgensis iuridicopragmatici specimen I. 1757.* [Im Auszuge in dess. Bützow'sche Ruhestunden I, S. 55. X, S. 4. Erste bis 8te Fortsetzung ebd. I, II, III, IV, VII, VIII, IX, XV.]*
1643. Wossidlo, R., Einige beachtenswerthe Wortbedeutungen im Mecklenburger Platt. (Festschrift zur Feier des 50 jährigen Dienstjubiläums des Gymnasialdirektors Dr. Nölting, hg. vom Lehrerkollegium der Grossen Stadtschule zu Wismar. Wismar 1886. 8°. S. 167—172.)*
1644. Latendorf, F., Altvil noch am Leben. (Ndd. Korrbl. V, 1880, S. 17 f.) [Ein Wort aus dem Sachsenspiegel in der heutigen Volkssprache von Mecklenburg-Schwerin nachgewiesen.)

Rostock.

1645. Nerger, K., Der Rostocker Dialekt. (Eggers, F. u. K., Tremsen. Plattdeutsche Dichtungen in meklenburger Mundart. Hg. mit sprachl. Erläuterungen und vollständigem Wörterbuche von Karl Nerger. Breslau 1875. 8°. S. 227—336.) [Grammatik und Wörterbuch.]
1646. [Chytraeus, N.,] Nomenclator Latinosaxonicus. Rostochii 1582. 8°. Lemgo 1596. 8°. Rostochii 1625. 8°. u. ö.*

[Chytraeus hat sein Augenmerk in diesem Wörterbuche besonders auf die Mecklenburger Mundart gerichtet. Ueber die verschiedenen Ausgaben desselben vgl. LISCH in Jbb. d. Ver. f. Meckl. Gesch. XXIII, 1858, S. 139—142.]

3) Mecklenburg-Strelitz.

1647. MUSSÄUS, J., Versuch einer plattdeutschen Sprachlehre mit besonderer Berücksichtigung der Mecklenburgischen Mundart. Neu-Strelitz u. Neu-Brandenburg 1829. 8°. VIII, 85 S.

1648. LATENDORF, F., Über Allitteration und Assonanz im Plattdeutschen. (Dt. Maa. II, 1855, S. 35—39. 221—232.) [vgl. ebd. V, 1858, S. 374—375.]

1649. LATENDORF, F., [Unorganisches n vor vocalisch anlautenden Wörtern im Mecklenburgischen.] (Dt. Maa. VI, 1859, S. 230—231.)

1650. LATENDORF, F., [Mecklenburgische Namen für Zugtiere.] (Dt. Maa. VI, 1859, S. 229.)

1651. LATENDORF, F., [Mecklenburgische Ausdrücke für Ameise.] (Dt. Maa. VI, 1859, S. 232.)

1652. LATENDORF, F., [Sich rålen.] (Dt. Maa. VI, 1859, S. 231.)

γ) Vorpommersch-Rügensch.

Allgemeines.

1653. Unsere pommersche Volkssprache und ihre Rechtschreibung. (Das liebe Pommerland I, 1864, S. 75—81.)

1654. KOSEGARTEN, J. G. L., Die Mundarten der Pommerschen Sprache. (Balt. Studien XI, 1845, S. 143—146.)

1655. WINKLER, J., [Über die Mundart von Pommern.] (Dialecticon I, S. 20—27.)

1656. BÖHMER, W., Sammlung der niederdeutschen Mundarten in Pommern. (Balt. Stud. II, 1, 1833, S. 139—172.) [Giebt Nachrichten über die Erfolge in der Erforschung dieser Mundarten, verzeichnet auf Aufforderung geschehene Uebersetzungen u. giebt Sprachproben.]

1657. KOSEGARTEN, J. G. L., [Das in Pommern gesprochene Niederdeutsche.] (Balt. Stud. III, 2, 1836, S. 172—179.) [Ähnlichen Inhalts wie Nr. 1656.]

1658. REIFFERSCHEID, AL., Über Pommerns Anteil an der niederdeutschen Sprachforschung. Vortrag, geh. am 1. Juni 1887 auf d. 13. Jahresvers. d. ndd. Sprachv. zu Stettin. (Ndd. Jb. XIII, 1887, S. 33—42.)

Grammatik.

1659. GILOW, C., Leitfaden zur plattdeutschen Sprache, mit besonderer Berücksichtigung der südwestlich-vorpommerschen Mundart... Anclam 1868. 8°. 4 Bl., 115 S.

1660. HÖFER, A., Die neuniederdeutschen Lautverhältnisse besonders Neuvorpommerns. (Zs. f. d. Wiss. d. Spr. III, 1851, S. 375—396.)

1661. HÖFER, A., Das Verbum der neuniederdeutschen Mundart Neuvorpommerns. (Zs. f. d. Wiss. d. Spr. I, 1846, S. 379—392.)

Wortschatz.

1662. MÜLLER, [J. E.,] Probe eines pommerschen Wörterbuchs. (JOH. CARL DÄHNERT's Pomm. Bibl. V, Greifswald 1756. 4°. S. 172—177.)*

1663. DÄHNERT, J. C., Platt-Deutsches Wörterbuch, nach der alten und neuen Pommerschen und Rügischen Mundart. Stralsund 1781. 4°. 4 Bl., 562 S.

1664. GILOW, C. F., De Diéré, as man to seggt un wat's seggen. Anclam 1871. 8°. VI, 776 S.* [Ein mundartliches (niederdeutsches) Wörterbuch von Thiernamen.]

1665. GILOW, Ch., De Planten as man to seggt un wat's seggen. 1. Deil. A bet brakt. Anclam 1872. 8°. V, 384 S.* [Mehr nicht im Druck erschienen. Vgl. aber Ndd. Jb. XIII, 1887, S. 41.]

Greifswald.

1666. KOSEGARTEN, J. G. L., Substantive in er mit passiver Bedeutung. (Höfers Zs. IV, 1883, S. 201—206.)

1667. KOSEGARTEN, J. G. L., Der Plural in es oder s. (Höfers Zs. IV, 1853, S. 207—210.)

Stettin.

1668. FRITSCHE, H., Böle. Pröbe. (Zs. f. dt. Sprache II, 1889, S. 120—122.)

Rügen.

1669. KOSEGARTEN, J. G. L., Das Verbum wafeln, spuken. (Höfers Zs. I, 1846, S. 375—378.)

IV. Ostniederdeutsche Mundarten.
(Niederfränk.-niedersächs. Mischmundarten.)

A. Im ganzen.

1670. HAUSHALTER, B., Die Grenze zwischen dem Hochdeutschen und dem niederdeutschen Sprachgebiete östlich der Elbe. Mit 2 Sprachkarten. (Progr. d. Fürstl. Gymn. u. Realprogymn. in Rudolstadt 1886. Progr. Nr. 653. 4°. S. 1—50.) [Auch besonders.] Halle a. S. 1886. 8°. 50 S.
A. BACHMANN: Anz. f. dt. Alt. XIII, 1887, S. 190—191. R. ANDREE: Mitth. d. anthr. Ges. in Wien XVII, 1887, S. 73. C. NÖRRENBERG: Litztg. IX, 1888, Sp. 1074—1075. Herrigs Arch. LXXVII, 1887, S. 223—224. Jb. VIII, 1886, S. 251. BECK: Zs. f. d. Gesch. d. Prov. Posen IV, 1888, S. 107—108.

B. Nordmärkisch.

1. Altmärkisch.
[Vgl. Nr. 1526.]

1671. DANNEIL, J. F., Wörterbuch der altmärkisch-plattdeutschen Mundart. Salzwedel 1859. 4°. (8°.) X S. 1 Bl., 299 S.
SACHSE: Herrigs Arch. XXX, 1861, S. 429—431. L. DIEFENBACH: Zs. f. vgl. Spr. IX, 1860, S. 390—394. Dt. Maa. VI, 1859, S. 498—499. CbL 1860, S. 75.

1672. PARISIUS, L., Zusätze zu J. F. DANNEIL's Wörterbuch der altmärkisch-plattdeutschen Mundart. (Jahresber. d. altm. Ver. f. vaterl. Gesch. u. Industrie. Abthl. f. Gesch. XIX, 1879, S. 37—80.) [Sprachproben u. lexikalische Beitrr.]

1673. GLIEMANN, W., Etymologische Lese aus dem Plattdeutschen. (Herrigs Arch. VII, 1850, S. 262—282. VIII, 1851, S. 184—189.) [Vgl. dazu ZYRO, ebd. VIII, 1851, S. 227—229 und LEMCKE, ebd. IX, 1851, S. 471—472.]

2. Brandenburgisch.
[Vgl. Nr. 1049 und 1526.]

1674. WINKLER, J., [Die niederdeutschen Mundarten von Brandenburg.] (Dialecticon I, S. 28—32.)

1675. [FRISCH?] Was für Wörter in jeder Provintz und Gegend von Teutschland, sonderlich in der Mark Brandenburg zusammeln sind. Zur Beförderung des nöthigen Allgemeinen Teutschen Wörter Buchs, Sonderlich was die Wörter sind, die nur von einigen und nicht von allen, an allen Oertern, gebraucht werden. (Der erste Auszug von einigen Die Teutsche Sprache betreffende Stücken, welche der Königlichen Preussischen Societät der Wissenschaften, In der Dazu verordneten Abtheilung Nach und nach übergeben worden. Berlin 1734, S. 3—5.)

1676. HÖFER, A., Ueber Märkische Glossare und Märkische Spracheigenthümlichkeiten. — (Märkische Forschungen I, 1841, S. 147—164.)

1677. Beitrag zu einer Sammlung Märkischer Idiotismen. (Denkwürdigkeiten u. Tagesgeschichte der Mark Brandenburg. IV, 1797, S. 1227—1240.)*
[Berlin s. Nr. 1050 ff.]

C. Mundarten zwischen Elbe und Havel und in der nddt. Neumark.

1. Zwischen Elbe und Havel.
[Vgl. Nr. 1047 f. und 1526.]

1678. WINTER, F., Die Sprachgrenze zwischen Platt- und Mitteldeutsch im Süden von Jüterbog. (Neue Mittheilungen aus dem Gebiete hist.-ant. Forschungen IX, 2, 1860, S. 1—21.)

1679. STIER, [G.], Ueber die Abgrenzung der Mundarten im Kurkreise. (Progr. d. Gymn. zu Wittenberg 1862. 4°. S. 1—20.) [Mit einer Karte.]
Zs. f. vgl. Spr. XII, 1863, S. 72.

2. Oderbruch.

1680. RUBEHN, Beiträge zu einem Idiotikon des Oderbruchs und der angrenzenden Gegend. (Mitth. d. hist. Ver. z. Frankfurt a. O. Heft 9—12, 1873, S. 49—61.)*

1681. JÄNICKE, O., Neue Beiträge zu einem Idiotikon des Oderbruches. (Mittl. d. hist. V. f. Heimatsk. z. Frankf. a. O. Heft 15—17, 1885, S. 86—89.) [Aus d. Nachl. d. Verf.]*

D. Hinterpommersch-Pomerellische-Netze-Mundarten.
[Vgl. Nr. 1653 ff. und 1697 ff.]

1. Im ganzen.

1682. H[AKEN], Hinweisung auf einige Idiotismen und Sprüchwörter der plattdeutschen Mundart in Hinter-Pommern. (Koch's Eurynome I, Stettin und Leipzig 1806. 8°. S. 28—47.)

2. Küstenmundarten.

1683. KNOOP, O., Plattdeutsche Wörter aus Hinterpommern. (Ndd. Korrbl. XIII, 1888, S. 52—54. 69—72. 84—87.) [Aus Carzin (Kr. Stolp) u. Wusseken (Kr. Bütow.)]

3. Binnenmundarten.

1684. KNOOP, [O.], Hinterpommersche Idiotismen. (Ndd. Korrbl. VIII, 1883, S. 75.) [Vgl. dazu FRISCHBIER ebd. IX, 1884, S. 57.]

Kreis Flatow.

1685. SCHMITT, F. W. F., Der Kreis Flatow. Bromberg 1855.* [Enth. ein Idiotikon.]

Kreis Konitz.

1686. SCHWEMINSKI, I., Materialien zur Geschichte deutscher Mundarten. (Herrigs Arch. XIII, 1853, S. 1—19. XIV, 1853, S. 134—148.) [Beh. die ndd. Maa. im südöstlichen Teile des Konitzer Kreises.]

[Posen s. Nr. 1021.]

E. Preussisch.

1. Im ganzen.
[Vgl. d. Rec. von Nr. 1577.]

Allgemeines.

1687. ANDREE, R., Deutsch-litauische Sprachgrenze. (R. ANDREE u. O. PESCHEL, Physikal.-stat. Atl. d. dt. Reichs I, Bielefeld u. Leipzig 1876. Fol. S. 27.)

1688. LEHMANN, J. A., Die Volksmundarten in der Provinz Preussen. (Preuss. Provbll. XXVII, 1842, S. 5—63.) [Auch besonders.] Königsberg 1841. 8°. 59 S.

1689. LILIENTHAL, Ein Beitrag zu der Abhandlung »Die Volksmundarten der Provinz Preussen«. (Preuss. Provbll. XXVII, 1842, S. 193—209.)

Wortschatz.

1690. BOCK. J. G., Idioticon Prussicum oder Entwurf eines Preussischen Wörterbuches, Darin die deutsche Redensarten und Ausdrücke die allein in hiesigem Lande gebräuchlich sind, zusammen getragen und erörtert werden sollen. Königsberg 1759. 8°. 4 Bl., 86 S.

1691. HENNIG, G. E. S., Preussisches Wörterbuch, worinnen nicht nur die in Preussen gebräuchliche eigenthümliche Mundart und was sie sonst mit der niedersächsischen gemein hat, angezeigt, sondern auch manche in preussischen Schriftstellern, Urkunden, Documenten und Verordnungen vorkommende veraltete Wörter, Redensarten, Gebräuche und Alterthümer erklärt werden, im Namen der Königlichen Deutschen Gesellschaft zu Königsberg herausgegeben. Königsberg 1785. 8°. 8 Bl. 340 S.

Allg. Litztg. 1786, III, Sp. 437—440. Allg. dt. Bibl. LXXVIII, 1788, S. 262—264.

1692. MÜHLING. Proben aus einem Preussischen Provinzial-Wörterbuche. (Neue preuss. Provbll. Andere Folge VII, 1855, S. 435—441.)
1693. FRISCHBIER, H., Preussisches Wörterbuch. Ost- und westpreussische Provinzialismen in alphabetischer Folge. I. A—K. Berlin 1882. 8°. XV, 1 u. 452 S. II. L—Z. Nachträge und Berichtigungen. Ebd. 1883. 6°. 1·Bl., 355 S. C. MAROLD: Altpreuss. Mschr. XIX, 1882, S. 132—134. XXI, 1884, S. 166—171, L. FREYTAG: Mag. f. d. Lit. d. In- u. Ausl. CI, 1882, S. 302. DERS.: Ctlorg. f. d. Int. d. Realschw. XII, 1884, S. 364. G. KOSSINNA: Litztg. III, 1882, Sp. 1644—1646. V, 1884, Sp. 834—835. C. MAROLD: Litbl. III, 1882, Sp. 257—258. D. SANDERS: Bll. f. lit. Unterh. 1882, S. 604—606. E. SACK: Die Gegenwart XXIII, 1883, S. 153—155.
1694. FRISCHBIER, H., Zur volksthümlichen Naturkunde. Beiträge aus Ost- u. Westpreussen. (Altpreuss. Monatsschr. XXII, 1885, S. 218—334.) [Bringt allerlei Provinzialnamen für Pflanzen u. Tiere.]
1695. FRISCHBIER, H., Das Wirkgestell und das Wirken. (Wiss. Mtsbll. VII, 1879, S. 124—128.)
1696. FRISCHBIER, H., Der Wocken und das Spinnen. (Wiss. Mtsbll. VII, 1879, S. 205—207.) [Dabei in der Provinz Preussen vorkommende Ausdrücke.]

2. Westpreussisch.
[Vgl. Nr. 391, 1685 und 1686.]

1697. WINKLER, J., [Über die west-preussische Mundart.] (Dialecticon I, S. 12—19.)
1698. SCHMITT, F. W. F., [Über die Mundart in Westpreussen.] (Zs. f. preuss. Gesch. u. Ldskde. VII, 1870, S. 219—229.)
1699. FÖRSTEMANN, E., Slavische Elemente in deutschen, namentlich westpreussischen volksmundarten. (Zs. f. vgl. Spr. I, 1852, S. 412—429.) [Bemerkungen dazu von ZYRO ebd. II, 1853, S. 306—308. Vgl. auch L. DIEFENBACH ebd. II, 1853, S. 48—55.]
1700. TREICHEL, A., Volksthümliches aus der Pflanzenwelt, besonders für Westpreussen. I—VII. (Schriften der naturforsch. Ges. zu Danzig. N. F. V, 1881, S. 16—21. VI, 1884—86.* Altpreuss. Mschr. XXIV, 1887, S. 513—607.) [Bringt westpreuss. Pflanzennamen.]
1701. TREICHEL, A., Polnisch-westpreussische Vulgärnamen von Pflanzen. (»Schriften der naturf. Ges. zu Danzig« V, 1, 1881, S. 22—35.) [Auch bes.] Danzig 1881. 8°. 14 S.*

Danzig.
[Vgl. Nr. 1056.]

1702. FÖRSTEMANN, E., Die niederdeutsche Mundart von Danzig. (Germania. N. Jb. d. Berl. Ges. f. dt. Spr. IX, 1850, S. 150—170.) [Lautlehre. Auch besonders ersch.*]

1703. SEIDEL, W., Ueber die Danziger Mundart, nebst Zusätzen zu HENNIG's Preussischem Wörterbuche. (Neue Preuss. Provbll. And. F. I, 1852, S. 27—36.)

[Elbing vgl. Nr. 1057.]

Frische Nehrung.

1704. WINKLER, J., [Über die Mundart, welche auf der Frischen Nehrung gesprochen wird.] (Dialecticon I, S. 18—19.)

3. Ostpreussisch.
[Vgl. Nr. 1111.]

[Ostpreuss. Hochdeutsch s. Nr. 1058 f.]

1705. WINKLER, J., [Über die Mundart von Ost-Preussen.] (Dialecticon I, S. 6—11.)

1706. S[CHADE], O., Ostpreussisch pède gotisch paida. (Wiss. Mtsbll. V, 1877, S. 56—64.)

Litauen.

1707. KRÜGER, Ueber den Dialect und einige eigenthümliche Wortfügungen der Deutschen in Litthauen. (Preuss. Arch. V, 1794, S. 331—341.)*

F. Niederdeutsche Mundarten der Ostseeprovinzen.

1708. WINKLER, J., Die niederdeutsche Mundart der russischen Ostseeprovinzen. (Dialecticon I, S. 1—2.)

ANHANG.
Mundarten der deutschen Kolonie in Süd-Russland.

1709. BAUMANN, W., Mundarten der deutschen Ansiedler an den Ufern des Molotschnajaflusses im taurischen Gouvernement im südlichen Russland. (Firmenich, Germaniens Völkerstimmen III, Berlin 1854. 4°. S. 434—435. 441—442.)

NACHTRÄGE UND BERICHTIGUNGEN.

Allgemeines.

16ª. GERMANIA. Archiv zur Kenntniss des deutschen Elements in allen Ländern der Erde. Im Vereine mit Mehreren herausgegeben von W. STRICKER. I. Frankfurt a. M. 1847. 8º. VIII, 467 S. II. Ebd. 1848. 8º. VI, 504 S. III. Ebd. 1850. 8º. VI, 514 S.* [Fortgesetzt u. d. T.:] Der deutsche Auswanderer oder Zeitschrift zur Kenntniss des deutschen Elements in allen Ländern der Erde. IV. Ebd. 1850. 4º. 52 Nrn.*

19. [Vgl. Oesterreich. Bll. f. Lit. u. Kunst II, 1845. Nr. 23—25*.]

19ª. STRICKER, W., Die Verbreitung des deutschen Volkes über die Erde. Ein Versuch. Leipzig 1845. 6º. XII, 180 S.

26ª. KIEPERT, H., Übersichtskarte der Verbreitung der Deutschen in Europa. Für den deutschen Schulverein zusammengestellt. Massstab 1:3.000.000. Berlin 1887. 1 Bl. Fol. in 8º gef., mit Umschl.

32ª. Das deutsche Sprachgebiet in Frankreich. (Allg. Ztg. 1870, S. 3401—3403.)

32ᵇ. STRICKER, W., Die deutsch-französischen Grenzbezirke in historischer und nationaler Beziehung. Zwei Vorträge, gehalten im Frankfurter Verein für Geographie und Statistik am 2. und 9. November 1870. Frankfurt 1871. 8º. 40 S.

33ª. [KIEPERT, H.,] Die deutsch-französischen Grenzländer. Berlin 1871. Fol. 1 Bl. [Mit bes. Berücksichtigung der Sprachgrenze.]

33ᵇ. KIEPERT, H., Karte der neuen deutschen Reichsgrenze gegen Frankreich nach dem Friedensvertrag von Frankfurt a. M. Mit Angabe der sprachlichen und historischen Grenzen. 1:750.000. Berlin 1871.*

33ᶜ. MEYER, L., [Über die deutsch-slavische Sprachgrenze.] (Sitzungen der gelehrten estn. Gesellschaft 1873, S. 11.)

33⁴. KIEPERT, H., Die Sprachgrenze in Elsass-Lothringen. 1 Karte. (Zs. d. Ges. f. Erdk. z. Berlin IX, 1874. S. 307 Mit —316.) [Vgl. auch Peterm. Mittl. XXI, 1875, S. 321—322 u. Taf. 17.]
35ª. DU PREL, FRHR. M., Die Sprachgrenze [in Elsass-Lothringen]. (Die deutsche Verwaltung in Elsass-Lothr. 1870—1879. Strassburg 1879. 8°. S. 96—109.)
35ᵇ. RUDOLF, L., Von der deutsch-französischen Sprachgrenze. (Deutsche illustr. Ztg. III, 1887, S. 39.)*
47. Wiener Jbb. d. Lit. LXXX, 1837, S. 241—266.
81ª. PSICHARI, J., Quelques observations sur la phonétique des Patois et leur influence sur les langues communes. (Revue des Patois Gallo-Romans II, 1888, S. 7—30.) [Auch besonders.] Paris 1888. 8°. 42 S.* [Behandelt an der Hand des Neugriechischen methodische Fragen der Dialektforschung.]
W. MEYER: Litztg. X, 1889, S. 383—384.
93ª. KELLER, A. v., Thesen über die Lautbezeichnung nichtschriftmässiger Dialekte für die Germanistenversammlung in Wiesbaden aufgestellt. Tübingen 1877. 8°. 4 S.

Grammatik.

98ª. GESNER, C., [Über die Unterschiede einiger deutscher Dialekte von einander.] (Mithridates, Tiguri 1855. 8°. S. 37ᵇ—41ª.)
101ª. VIETOR, W., Beiträge zur Statistik der Aussprache des Schriftdeutschen. (Phonet. Stud. I, 1888, S. 95—114, 209—226. II, 1889, S. 243—258.)

Wortschatz.

136ª. JACOBI, V., Die Entstehung und Bedeutung von Brache, Dreesch, Wiese, der Getreide- und verschiedener Obstnamen. (Jbb. f. Volks- und Landwirthsch. VIII, 1864, S. 285—308).
145ª. WALPERT, H., Alphabetisch-synonymisches Wörterbuch der deutschen Pflanzennamen, sowie der pflanzlichen Erzeugnisse, mit Angabe der systematischen Namen der Pflanzen. Magdeburg 1852. 8°. VIII, 72 S., 1 Bl. u. S. 73—205.

Oberdeutsch.

S. 16 zu »Sprachgrenzen« [vgl. Nr. 35.]
S. 16 zu »Sprachinseln« [vgl. Nr. 38.]
176ª. GÖTZINGER, E., Entwurf einer Geschichte der oberalemannischen Mundart. (Hebels alemann. Gedichte, hrsg. u. erläut. v. E. GÖTZINGER. Aarau 1873. 8°. S. VII—XXIX.)

212ᵃ. D., B. J., Versuch über Stalder's Schweizerisches Idiotikon. (Teutoburg, Zs. f. d. Gesch., Läuterung und Fortbildung der dt. Spr. Heft II, 1815, S. 116—129.)

S. 28 lies: a) Vorarlberg. [Vgl. Nr. 466 ff.]

356. [Auch bes. gedruckt m. d. Bezeichnung] Erste Hälfte. Reutlingen 1889. 4°. 82 S. [Mit 3 graphischen Tafeln.]*

S. 37 lies: [Crailsheim s. Nr. 722].

S. 38 Z. 1/2 v. u. lies statt »Ostmitteldeutsche Mundarten«: Nr. 1027—1038.

402. Zeile 2/3 lies: Teutoburg, Zs. f. Gesch., Läuterung u. Fortbildg. d. dt. Spr.

430. Massstab 1:864.000.

431ᵃ. FICKER, A., Bevölkerung der Österreichischen Monarchie in ihren wichtigsten Momenten statistisch dargestellt. Gotha 1860. 8°. 2 Bl. 56 S. [Mit 12 Tafeln.]

537. [Vgl. Bote für Tirol und Vorarlberg 1886, Nr. 189—199.]*

S. 62 Z. 18 v. o. lies statt »Ostmitteldeutsche Mundarten«: Nr. 1027—1038.

S. 64. 4. Oberpfalz ist die Verweisung auf Nr. 794 zu streichen.

Mitteldeutsch.

S. 67 lies: Ostfränkisch. [Vgl. Nr. 392—425 und 647 ff.]

S. 72 lies: Rheinfränkisch. 1. Im ganzen. [Vgl. Nr. 31 ff. und 392 ff.]

S. 77 lies: D. Moselfränkisch. [Vgl. Nr. 31 ff., 826 f. und 882 ff.

S. 85 lies: E. Ripuarisch. [Vgl. Nr. 31 f. und 796.]

S. 91 sind unter Nordböhmisch die Worte: »a) Im ganzen« zu streichen.

946ᵃ. RAINER VON REINÖHL, Der heutige Verlauf der Sprachgrenze Böhmens und die Verluste an derselben. (Deutsche Ztg. 5439 und 5440. Febr. 1887.)*

1043 lies: Anendung st. Anwendung.

Niederdeutsch.

Schleswigisch.

1596ᵃ. WERLAUFF, E. C. und OUTZEN, N., Preissschriften die dänische Sprache im Herzogthum Schlesswig betreffend. Kopenhagen 1819 = WERLAUFF, E. C. og OUTZEN, N., Priisskrifter angaaende det danske Sprog i Hertogdømmet Slesvig. Kjøbenhavn 1819. 8°. XII, VIII, 140, 153 S. [Enthält: »WERLAUFF, Forsøg til det danske Sprogs Historie i Hertogdømmet Slesvig« und »OUTZEN, Versuch einer gründlichen und unpartheyischen Beantwortung der merkwürdigen Preisaufgabe über die dänische Sprache im Schleswigschen, enthaltend die Geschichte derselben mit allen den wichtigeren Umständen und Vorfällen in einem jeden der vergangenen Zeitalter, von dem ersten an bis auf gegenwärtige Zeit, nach Anleitung der Haupt- und Neben-Fragen.«

1600. [Im Auszuge wieder abgedruckt in: Skandinavisches Portfolio. Nr. 4. (A. m. d. bes. Tit.:) Die sprachlichen Verhältnisse des Herzogthums Schleswig in vier Abhandlungen nach ALLEN, PAULSEN, WERLAUFF und OSTWALD. Leipzig 1849. 8°. S. 1—24.]

REGISTER.*)

I. Autoren-Register.

(Mit Präfixen beginnende Namen suche man unter dem Hauptwort des Namens.)

A. 85.
A., F. 694.
A., J. 1397. 1408.
Aarsen, A. 1348. 1350. 1351.
Ab Hortis 1034.
Ackersdijk, W. C. 1213.
AckerStratingh, G.1392.
Adelung, F. 40. 605.
Adelung, J. C. 1. 43. 44. 57. 123. 125. Seite 4, Anm.
Aepinus, F. A. 1360.
Aichele 348.
Albada, B. L. van 1320.
Alberdingk, J. A. 1296.
Albrecht, K. 926. 927. 928.
Allan, F. 1299. 1317. 1319. 1323.
Allen, C. F. 1600 u. Nachtr. 1600.
Andreae, J. G. R. 264.
Andreae, W. 902.
Andree, R. 24. 26. 34. 35. 38. 186. 433. 434. 506. 680. 765. 941. 943. 971. 1124. 1610. 1687.
Andresen, K. G. 1107. 1110.
Angerer, J. 507.
Ankum, L. van 1404.
Anton, K. G. 963. 964. 965.
Arnold, G. 663.
Arnold, H. 933.
Arvin 975.
Aspling, H. 134.

Attlmayr, F. v. 497.
Atzler, F. 111.
Aurbacher, L. 125.
Autenrieth 755.

B., C. W. 1316.
B—n 821.
Bz, B. G. 1424.
Babucke, H. 1505. 1506. 1507.
Bachmann 190.
Bachmann, A. 206.
Bärmann, Jürgen N. 1575.
Bahder, K. v. 13. 684.
Balassa 644.
Banner, J. G. Toskano del', s. Toskano del Banner, J. G.
Bartels, J. 1326.
Bartsch, C. 12.
Bauer, H. 727.
Bauer, K. 782.
Bauerfeind 1482.
Baumann, F. L. 177.
Baumann, W. 1709.
Bech, F. 250. 784.
Bechstein, L. 896.
Bechstein, R. 713.
Beck 371.
Becker, Fr. 208.
Becker, J. N. 794.
Beer 1011.
Beer, J. K. 556.
Beer, Taco H. de 1119. 1121. 1297.
Beets, N. 1301.
Beheim-Schwarzbach, M. 391.

Behrns, J. H. 1426.
Bergh, L. Ph. C. van den 1073. 1275. 1334.
Berghaus, H. 21. 1109.
Bergmann, F. W. 311.
Bergmann, G. F. 1064.
Bergmann, J. 237. 282— 284. 482. 525. 526. 532.
Bergström 80.
Bernd, C. S. F. 1021.
Berndt, J. G. 990.
Bernhardi, K. 19. 33.
Bertleff, A. 867.
Bertleff, G. 865. 866.
Bertrand, E. 187.
Beyl, H. Zeger de, s. Zeger de Beyl, H.
Bidermann, H. J. 468.
Biernatzki, H. 1607.
Binder 355.
Binder, J. 820.
Binz, G. 265.
Birlinger, A. 173. 175. 179. 180. 183. 252. 343—345. 360. 361. 384. 386. 387. 397. 406. 683. 719. 1574. 1579.
Bisschop, W. 1273.1274.
Bleul, J. H., Freiherr v. 793.
Bochmann, E. 939.
Bock, J. G. 1690.
Böckh, R. 29. 30. 679.
Böhme, O. 692.
Böhmer, W. 1656.
Boers, B. 1268. 1269.

*) NB! ä, ö und ü sind behandelt als ae, oe, ue.

Bohnenberger, K. 331. 334.
Bolland, G. J. P. J. 1407.
Bolte 15.
Bolte, J. 323.
Bôn, F. 1129.
Bormans, J. H. 1234.
Borsert 728.
Bosshart, J. 210.
Bouman, J. 1283. 1288.
Brabantius 1207. 1208. 1210. 1222.
Brämer, K. 1125.
Brand, H. v. d. 1207. 1208. 1210. 1222.
Brandes, H. 1074. 1118. 1538.
Brandstetter, R. 225.226.
Branky, F. 959.
Braun-Wiesbaden 71.
Braune, F. A. 553.
Braune, W. 920. 930.
Bredetzky, S 1036.
Bremer, O. 1563. 1619.
Bronisch 960.
Brückner, G. 136. 704. 706. 709. 712. 715.
Bruppacher, H. 214.
Bruvne, K. de 1174.
Bucher, J. 92. 197.
Buck 346.
Budy, F. 60.
Bühler, V. 238.
Büsch, Th. 814. 892.
Buser, T. H. 1342. 1421. 1425.

C*** 545.
Callenfels, G. F. 1197. 1255. 1260.
Callenfels, G. T. 1254. 1256.
Callenfels, H. A. 1147. 1198.
Capilleri, W. 447.
Carnel, D. 1161.
Carstens,H.1593—1596.
Casteele, A. de Meynne van de, s. Meynne van de Casteele, A. de.
Castelli, J. F. 584. 586.
Charante, N. A van 1305.
Chemnitz, E. 1580.
Christ, K. 745. 748.
Chytraeus, N. 1646.
Cipolla, C. 529. 530.
Cipolla F. 529.

Classen, J. 1078.
Clausen, H. N. 1614.
Clement, K. J. 234. 1079. 1371. 1593. 1599.1601. 1608.
Cosijn, P. J. 1276. 1422.
Collitz, H. 1100.
Cort, F. de 1136.
Courtmans, J. B. 1181.
Courtois, M. 1167.
Coussemaker, E. de 1162. 1164.
Crecelius, W. 880. 1464.
Creemers, Ch. 1233.
Crenius 54.
Cuijpers, J. 1231.
Curtze, L. 1488.
Cuuk, W. van 1221.
Czoernig, K. Frhr. v. 164. 430. 431. 437. 494. 536. 630—632. 639. 642. 646. 942.

D. 137. 223.
D., B. J. 212a.
D., E. 28.
Dähnert, J. C. 1663.
Dalpozzo, A. 515.
Dale, J. H. van 1190. 1195.
Damköhler. E. 1046. 1520. 1521. 1523—1525.
Dannehl, G. 1084.
Danneil, J. F. 1671.
Davin, K. H. G. 53.
de Beer, TacoH., s. Beer, Taco H. de.
de Beyl, H. Zeger, s. Zeger de Beyl, H.
De Bo. L. L., s. Bo, L. L. de.
De Casteele, A. de Meynne van s. Meynne van de Casteele, A. de.
De Flou, K., s. Flou, K. de und Deflou, K.
Deflou, K. (vgl. auch Flou, K. de) 1177.
De Jager, A., s. Jager, A. de.
Deibl, J. 595.
De la Roière, C., s. La Roière, C. de.
Del Banner, J. G. Toskano, s. Toskano del Banner, J. G.
Delecourt, V. 1203.

Delitsch, O. 503. 512.
Delling, J. v. 419.
De Luca, s. Luca, J. de.
De Montfort, P. Denys, s. Denys de Montfort, P.
den Bergh, L. Ph. C. van, s. Bergh, L. Ph. C. van den.
den Hertog, C. H., s. Hertog, C. H. den.
Denys de Montfort, P. 124.
der Zijde, K. van, s. Zijde, K. van der.
Devantier, F. 1095.
de Vlam, s. Vlam, de.
Diederichs, A. 110.
Diefenbach, L. 127.
Diehl 749. 756.
Dietz 1568.
Dollfuss-Ausset 246.
Doornkaat - Koolmann, J. ten 1543. 1544. 1549.
Dornick 965.
Dosker, N. H. 1333.
Dragan, V. 140.
Dreyer 1559.
Dunger, H. 691.
Dunkel, J. W. G. 1048.
Du Prel, Frhr. M., s. Prel, Frhr. M. du.
Durheim, K. J. 221.
Dyrlund, F. 1620.

E. 1630.
E., C. J. 798.
Echterling,J.B.H.1497.
Eck, H. J. van 1194.
Eggers, F. 1645.
Eggers, K. 1585. 1645.
Ehrhardt, S. J. 989.
Eijkman, C. 1306. 1307. 1344.
Elze, T. 636.
Emil ** 565.
Eschenhagen, H. 1090.
Estor, J. G. 779.
Ettm. 1033.
Eye, A. v. 1367. 1446. 1447.
Eykman, C., s. Eijkman, C.

Faber, K. W. 744.
Falck, P. T. 1061.
Fallersleben, A. H. Hoff-

mann von, s. Hoffmann v. Fallersleben, A. H.
Fechner, C. A. 148.
Fentsch, E. 657.
Felsberg, O. 696.
Fester, J. 1122.
Ficker, A. 431ª.
Filskow, J. P. 1617.
Finger, F. A. 773.
Finger, L. F. 772.
Fischbach 893.
Fischer, H. 113. 322. 333. 347. 378.
Fischer, K. 439. 443.
Flou, K. de (vgl. auch Deflou) 1133.
Focke, W. O. 1535.
Förstemann, E. 1056. 1699. 1702.
Follmann, F. M. 800. 801.
Fontaine, Ed. de la, s. La Fontaine, Ed. de.
Franke, C. G. 919.
Franke, F. 966. 967.
Franquinet, G. D. 1230.
Frehse, F. 1641.
Freimund 1091.
Freudenberg, R. 1239.
Freybe, A. 501.
Frickhinger, A. 318.
Frisch 1675.
Frischbier, H. 88. 159. 1693—1696.
Fritsche, H. 1668.
Fröbing, J. C. 1040. 1041.
Fröhlich, R. A. 429.
Fromm 723.
Frommann, G. K. 10. 17. 59. 136. 239. 420. 664. 698. 699. 953. 1447.
Fulda, F. K. 42. 129. 337. 514.
Fuss, M. 861. 686.

G., V. O. 1414.
Galanti, A. 521.
Gallee, J. H. 1271. 1406.
Gallenstein, J. G. v. 628.
Gangler, J. F. 810.
Gartner, T. 91.
Gayler 335.
Gebbel, F. 854.
Gedike, F. 1096.

Geerling, J. 1352.
Gehre, M. 629.
Gelbe, P. 109.
Gelbe, Th. 929.
Geldner 348.
Genersich, J. 1035.
Gerland, G. 112ª.
Gesner, C. 98ª.
Geuns, B. v. 1302. 1303.
Gezelle, G. 1160.
Giese, van der 893.
Gilow, C. 1659. 1664. 1665.
Giovanelli, C. B. 516.
Gliemann, W. 1673.
Gloden 806.
Gochlert, V. 610.
Goemans, J. 1267.
Goepfert, E. 931. 934— 936.
Götzinger, E. 176ª.
Götzinger, M. W. 46. 47. 48. 168. 325. 403. 686. 917. 1080. 1126. 1357. 1439.
Goldschmidt, J. 1365. 1552. 1555.
Goor, G. A. C. van 1099.
Grabow, F. 64.
Gradl, H. 106. 118. 651. 652. 666. 668.
Gräter, F. D. 724. 726.*)
Graff 523.
Grandjean, J. M. 120.
Grassl, W. 589.
Grassmann, H. 147.
Graupe, B. 1052.
Gredler, V. M. 479.
Gredt, N. 803.
Greverus 1496.
Grimm, Gebr. 127.
Grimm, J. 50. 51.
Gröber, G. 36. 37.
Groos 160. 874.
Grooters, J. B. 1343.
Groothuis, J. C. 1309. 1346.
Gross, R. 1060.
Groth, Kl. 70. 1088. 1585. 1591.
Grotius, H. 54.
Grünwald, A. 595.
Günther, F. 939.
Gutbier, A. 22. 61.
Gutzeit, W. v. 1065.

Habets, J. 1229.
Häpke, L. 1381.
Häslein, J. H. 660.
Häufler, J. V. 428.
Hagen, v. d. 7.
Haken 1682.
Halbertsma, J. H. 1128. 1232. 1293. 1322. 1419.
Haldeman, S. S. 757.
Haltrich, J. 848. 849. 851. 854. 858—860.
Hanewinkel, S. 1214.
Hansen, C. J. 808. 1139.
Hansen, M. M. 1604.
Hardt 811.
Harms, Kl. 1363. 1582.
Hartmann 270. 271.
Haug, J. 359.
Haupt 687.
Haupt, K. 1000.
Haushalter, B. 907. 909. 1356. 1518. 1519. 1670.
Hebel, J. P. 176ª.
Heckelmüller 273.
Hedinger 509.
Heigel, K. T. 464.
Heimbrod 1019.
Heimburger, K. 314.
Heinzerling, J. 789—791.
Heinzmann, Seite 5 Anm.
Heitger, J. 533.
Hektor, E. 1545. 1546.
Held, F. 1003.
Helderman, J. 1420.
Hemmer, J. 741.
Hennig, G. E. S. 1691. 1703.
Henrici, E. 15. 1538.
Herbst, E. 946.
Heremans, J. F. J. 1142. 1143.
Hermann, B. F. 615. 620.
Hermann, J. F. 309.
Hermans, C. R. 1216.
Herrmann, A. 295.
Hertel, L., 693. 904.
Hertog, C. H. den 1297.
Heumann, J. 414. 452.
Heunisch, A. J. V. 248.
Heusler, A. 182. 261. 262.
Heusler, M. 558.
Heynatz, J. F. 83. 84.
Heyss, C. 440.
Hildebrand, H. R. 921.

---

*) An dieser Stelle irrtümlich F. G. genannt.

Hildebrand, R. 739.
Hildenbrand, T. 112. 398.
Hintner, V. 76. 469. 491.
Hirsch, F. 955.
Hirschig, F. K. G. 721.
Hobbing, J. 1551.
Höfer, A. 138. 315. 1104. 1373. 1374. 1382. 1660. 1661. 1676.
Höfer, F. 591. 592. 593. 594.
Höfer, M. 455. 579.
Hönig, F. 894.
Hoeufft, J. H. 1212. 1246.
Hofer, A. 460.
Hofer, A. J. 476.
Hoff, K. E. A. 900.
Hoffheinz, G. T. 1058.
Hoffmann, E. 1495.
Hof(f)mann, Friedr. 68. 68ᵃ.
Hoffmann, K. Fr. V. 46.
Hoffmann v. Fallersleben, H. A. 6. 135. 813. 998. 1516. 1517.
Hoheisel, C. 1067.
Holl, F. 143.
Holthaus, E. 1242.
Holthausen, F. 1241.
Holthausen, H. 1486. 1487.
Honcamp, F. C. 72. 1442. 1443.
Hoogenkamp, H. 1401.
Hormayr, J. Frhr. v. 522.
Horne, A. R. 759.
Hortis, ab, s. Aḥ Hortis.
Huber, N. 538.
Hueber, J. B. 570.
Hübner, L. 544. 552. 557. 562. 566—568. 571. 576—578.
Hügel, F. S. 609.
Hürbin, J. V. 244.
Huhn, E. H. Th. 766.
Humperdinck, G. 105. 1435.
Humpert 1483.
Hunziker, J. 227.
Hupel, A. W. 1062.
Hupfeld 102.
Huss, H. 1044.

Jacobi, V. 136ᵃ. 1570.
Jacobs, C. W. 900.
Jänicke, O. 1094. 1681.
Jager, A. de 1141. 1397.
Janssen, H. A. 1170. 1183.
Janssonius, R. B. 1411.
Jarisch, A. 950.
Jecht, R. 922. 923.
Jellinghaus, H. 1077. 1103. 1359. 1405. 1437. 1444. 1448. 1449. 1450. 1453. 1465. 1489. 1491. 1492. 1622. 1623.
Jespersen, O. 967.
Jessen, C. 152.
Jirasek, F. A. 423. 424. 425. 549.
Jocham, M. 382.
Joerres 692.
Johansen, C. 1606.
Jongeneel, J. 1228.
Joos, A. 1134. 1158.
Jordan, K. A. 1447.
Jostes, F. 1102.
Jülg, B. 5.
Jurende, K. J. 1007.
Just, J. 956.
Justi, J. H. G. v. 453.

K., J. C. 1433.
K., J. S. 643.
Klbg. 1508.
Kaiser 15.
Kalckhoff, J. G. C. 1146.
Kalken, D. van 1285. 1286.
Kaltschmidt, J. H. 126.
Karajan, T. G. v. 845.
Kassel, P. H. van 1287.
Kauffmann 81.
Kauffmann, F. 16. 82. 181. 352.
Kaumann, J. 1454.
Kayser, G. H. 402.
Kehrein, J. 774.
Keintzel, G. 829. 831. 835. 837. 895.
Keinz 462.
Keller, A. v. 89. 93ᵃ. 319. 320. 321. 330.
Keller, J. H. 910.
Keller, L. 891.
Kelp, J. J. 1558.
Kemper, J. 1455.
Kern, H. 1144. 1154. 1431. 1432.
Kerner, A. 590.
Kiessling, G. 962.
Kiepert, H. 23. 26ᵃ. 33ᵃ. 33ᵇ. 33ᵈ. 432.
Kikinger, J. 517.

Kinderling, J. F. A. 58.
Kinzel 15.
Kirchmayr 1004.
Kisch, K. 854.
Kist, N. C. 1345.
Kleemann, S. 912.
Klein, Anton Edler von 130.
Klein, Peter 807.
Klesse, A. 1013. 1015.
Kletke, K. 678.
Klinge, E. F. S. 513.
Kluge, F. 27. 510.
Klun, V. F. 635.
Knauss, L. Th. 354.
Knötel, A. 1001. 1002. 1017. 1023. 1025. 1026.
Knonau, Meyer von, s. Meyer von Knonau.
Knoop 1532.
Knoop, O. 1683. 1684.
Knothe 1012.
Koch, F. 1244.
Koch, M. 555.
Koch-Sternfeld, J. E. Ritter von 540. 563.
Köne 144.
Köne, J. 1440.
Köppen, H. 1479.
Köppen, P. v. 515.
Köstlin 362.
Koffeman, K. 1384. 1385.
Kohl, A. 664. 669.
Kohl, J. G. 520. 1597.
Kohler, J. M. 243.
Kooiman Azn, K. 1312.
Kornheisl, F. 602.
Kosch, T. 874.
Kosegarten, J. G. L. 1108. 1654. 1657. 1666. 1667. 1669.
Kousemaker, J. 1249. 1261.
Kousemaker Pz., J. 1150. 1257. 1262—1264.
Kräuter, F. 241.
Kräuter, J. F. 63. 94. 95. 96. 202. 298.
Kramer, F. 869. 870.
Krassing, J. 625.
Krause, K. E. H. 154. 1116. 1375. 1380. 1503.
Krauss 358.
Kremer, A. J. C. 1220.
Kronenbergh, G. H. 1415.
Krones von Marchland, F. 1027.
Krüger 1707.

Krüger, E. 104. 1550.
Kuen, D. 369.
Künssberg 422.
Kürsinger, J. von 573. 575.
Kuijper, Th. 1280.
Kupferschmid, A. 618.
Kurtz, F. 302.

L., J. W. 871.
La Fontaine, Ed. de 805.
Lambin 1179.
Landsberg - Velen, F. Reichsfrhr. v. 1434.
Langsdorf, K. F. 777.
Lansens, P. 1159.
La Roière, C. de 1165.
Latendorf, F. 1644. 1648—1652.
Lauchert, F. 269.
Lauridsen, P. 1612.
Laurman, M. T. 1394. 1397.
Learned, M. D. 760.
Lechner, K. 537.
Leck, H. 508.
Lehmann, H. L. 287.
Lehmann, J. A. 1698.
Leibniz, G. W. 1559.
Le Monnier, F. Ritter von 435. 436. 438.
Lennep, J. van 1155. 1274.
Lennep, W. W. van 1296.
Lenz, P. 750.
Lesturgeon, A. L. 1411.
Lettmüller, J. 128.
Lewi, H. 441.
Lexer, M. 623. 626.
Libloy, F. Schuler von, s. Schuler von Libloy, F.
Liebich, L. 291. 292. 293. 294. 306.
Lienhart, H. 300. 313.
Lilienthal 1689.
Lindenberg, P. 1055.
Lindner, J. G. 1063.
Liza, C. 1217.
Lochmann, J. M. 695.
Löfström, S. A. 1626.
Loewe, R. 1528.
Lohmeyer, E. 108.
Lorinser 604.
Loritza, C. 609.
Lotz, G. 700.
Luca, J. de 470.

Lübben, A. 1085. 1086. 1366. 1464.
Luick, K. 107. 170. 596.
Lundell 80.
Lyngby, K. J. 1620.

M. 1310.
M., E. W. 1624.
M-ke 1510.
Maass 1049.
Maeder, Adam 247.
Mätz, J. 878.
Maister, A. 485.
Malm, Jac. Joh. 1061.
Mankel, K. 300.
Mankel, W. 307. 308.
Mannl, O. 675.
Mansfelt, N. 1328.
Mantzel, E. J. F. 1642.
Marahrens, A. 1564.
Marchland, Krones von, s. Krones von Marchland.
Mareta, H. 459.
Marienburg, G. F. 826. 828. 846. 863.
Marle, F. W. van 1416.
Martin, E. 300. 312.
Maurmann, E. 1240.
Mayr, S. 582.
Meersseman, D. G. 1173.
Meez Az, G. 1386.
Meiner, J. S. 132.
Meiners, C. 189.
Meisner, Chrn. 973.
Memminger 274.
Menke, Th. 25. 162. 1123. 1611.
Mensch, E. 117.
Mensinga, J. A. M. 1152. 1166. 1325. 1327.
Merkel, K. L. 924. 925.
Mertens, A. M. 1226.
Mertens, H. A. 385.
Metzger 1549.
Meyer, A. 804. 806.
Meyer, Joh. 251. 257—260.
Meyer, K. 913.
Meyer, Karl 139.
Meyer, L. 33c.
Meyer von Knonau 184.
Meynne van de Casteele, A. de 1178.
Mi 1627.
Michaelis, G. 97.
Mieck 115. 795. 796. 885.

Mielck, W. H. 1042. 1112. 1370. 1376. 1576. 1580.
Mörikofer, J. C. 193.
Mohr, L. 289.
Molema, H. 1395. 1399.
Moll, K. E. Frhr. v. 546. 547. 551.
Moltke, M. 440.
Mone, F. J. 762. 1199. 1201.
Monnier, s. Le Monnier.
Montfort, P. Denys de s. Denys de Montfort, P.
Montmorency, V. 1156.
Moritz, K. P. 1050.
Moser, P. 550.
Mosner, H. 658.
Muchar, A. v. 564.
Mühling 1692.
Müllenhoff, K. 1591.
Müller 1451.
Müller, J. E. 1662.
Müller, Joh. 1511. 1512. 1514.
Müller, Jos. 884. 889.
Müller, K. W. 228.
Müller, M. 877.
Müller, Max 1571.
Mussäus, J. 1647.
Muth, R. v. 77. 392.
Mutzl, S. 404.

N., G. J. 39.
Nabert 32.
Nagl, Joh. W. 393. 450. 597—599.
Nassl, J. 673. 674.
Nast, J. 327.
Nerger, K. 1638. 1640. 1645.
Neubauer, J. 670—672.
Neumann, J. W. 969.
Neumann, L. 163.
Nicolai, F. 310. 324. 375. 383. 401. 416. 442. 454. 661. 665. 1445.
Niermeyer, J. F. 1297.
Niethammer 332.
Noë, H. K. 1005.
Nörrenberg, K. 883.
Nolet, J. 1171.

O., H. M. C. v. 1185. 1189. 1219. 1258. 1259.
Obermaier, N. 410.
Obst, H. 767.

Autoren-Register.

Onneken, J. 1402. 1403.
Oosting, J. 249.
Osterzee, H. M. C. van 1248. 1265.
Osthoff, H. 65.
Ostwald, Nachtr. 1600.
Outzen, N. 1587. 1588. 1596[a].
Oyen, G. A. Vorstermann van, s. Vorstermann van Oyen, G. A.

P., H. 1309.
Pachelbel 667.
Pan, J. 1412. 1413.
Pangkofer, J. A. 17. 52. 69. 103.
Parisius, L. 1672.
Pasch, E. 905.
Patigler, J. 277. 509.
Paula Schrank, F. von, s. Schrank, F. von Paula.
Paulsen, Nachtr. 1600.
Pauly, von 374.
Perathoner, V. 280.
Perkmann, R. 496.
Perger, A. R. v. 146.
Peschel, O. 24. 34. 35. 38.
Petit, L. D. 1117.
Peters, J., s. Petters, J.
Petri, J. C. 1062.
Petters, J. 477. 527. 664. 948. 901. 953. 954. 957. 997. 1037.
Pezzo, M. 513.
Pfaff, F. 98.
Pfeiffer, Franz 317. 677.
Pfeiffer, Friedrich 11. 982.
Pfister, H. v. 165. 740. 770. 771. 785. 786.
Pflugk-Harttung, J. v. 266.
Pick, R. 887.
Piening, T. 1592.
Piepers, M. C. 1332.
Pilger, G. 1298.
Pillwein, B. 541. 580.
Popowitsch, J. S. V. 74. 128. 394. 1573.
Pott, A. F. 14.
Prasch, J. L. 413. 414.
Pratje 1562.
Prel, Frhr. M. du 35[a].
Preusker, K. 961.
Prinzinger, A. 396. 561.
Pritzel, G. 152.

Prochazka, A. 944.
Pröhle, H. 940.
Prugger v. Pruggheim, K. 481.
Psichari, J. 81[a].

Quentin 1499.

R., J. 892.
Rabe, A. 1530. 1533.
Rackwitz, R. 913.
Radics, P. v. 637.
Radlof, J. G. 67. 114. 122. 172. 174. 408. 411. 656. 662. 688. 751. 752. 1043.
Rainer von Reinöhl 946[a].
Rank, J. 676.
Rapp, K. M. 100. 169. 198. 199. 268. 296. 328. 329. 407. 451. 657. 682. 738. 918. 986. 1051. 1148. 1566.
Rauch, E. H. 759.
Raupach, B. 1360.
Rauschenfels, C. v. 478. 490.
Raven, F. 1400.
Regel, K. 897. 903. 1113.
Reifferscheid, Al. 1658.
Reinöhl, Rainer von, s. Rainer von Reinöhl.
Reinwald, F. W. H. 99. 707. 711. 718.
Reinsberg-Düringsfeld, Frhr. v. 484.
Reiser, F. 372.
Reisigl zu Neukirchen 559.
Reissenberger, K. 816.
Rhiner, J. 222.
Ribeaud 242.
Richey, M. 1048. 1577. 1578.
Richter 633.
Riehl, W. H. 753.
Rigoni, G. 534.
Ringelmann, H. 1569.
Ritter, J. G. C. 1636.
Rocca, O. 1509.
Rochholz, E. L. 155.
Rockinger, L. 421.
Roesch, Louis 302.
Rössler, R. 979.
Röttsches, H. 1237.
Roière, C. de la, s. La Roière, C. de.
Roos, C. F. 1186. 1196.

Roos, C. P. 1184. 1191.
Roos, G. P. 1172. 1188. 1192.
Rosa, G. 519.
Rosegger 614.
Roth, J. 819. 823. 830. 839. 842. 854. 856. 876.
Rovenhagen 890.
Rubehn 1680.
Rudesh v. 633.
Rudolf, L. 35[a].
Rücker, J. 1020.
Rückert, H. 62. 75. 978.
Rüdel, K. 659. 664.
Rüdiger, J. C. C. 2. 726. 916.
Rütte, A. von 219.
Rumi, K. G. 1038.

S., N. N. 1149. 1153.
S*r, C. F. 914.
Saalborn 970.
Sachse, F. 1092.
Sack, E. 89.
Sallmann, K. 1068-1072.
Salomon, C. 150.
Salzmann, J. 797.
Sander 1369.
Sartori, F. 574. 616.
Sartorius, J. B. 720.
Sauermann, J. W. 994.
Schade, O. 1706.
Schädel, L. 297.
Schäffer 1462.
Schambach, G. 1501.
Schandein, L. 754.
Scharold, C. G. 717.
Scheiner, A. 875. 876.
Schemionek, A. 1057.
Schenkel, J. J. 217.
Scheuchenstuel, C. v. 461.
Schierenberg 1113.
Schiller, K. 611. 1635.
Schinz, H. R. 188.
Schleicher, A. 701. 702. 703. 949.
Schlenker 349.
Schlesinger, L. 945.
Schlutter, H. 908.
Schmeller, J. A. 167. 400. 405. 420. 475. 518. 524. 525. 610.
Schmelzkopf, E. 1515.
Schmid, J. Ch. v. 341. 342.
Schmidl, M. 4.
Schmidt, A. 73.

Autoren-Register. 175

Schmidt, Jul. 690. 970.
Schmidt, Karl Christian Ldw. 792.
Schmidt, Samuel 231.
Schmidt-Göbel 137.
Schmitt, F. W. F. 1685. 1698.
Schmitz, J. H. 612.
Schnell, E. 176.
Schneller, C. 390. 495. 498. 499. 505.
Schnepf 463.
Schoch, R. 214.
Schön, J. 952.
Schöne, G. 1243.
Schönwerth, F. X. v. 412. 648. 649. 650.
Schöpf, J. B. 467. 471. 473. 475. 476. 488.
Schott, A. 232. 233.
Schottel, J. G. 41.
Schottky 235.
Schottky, J. M. 444. 474.
Schrank, F. von Paula 389.
Schreiber, H. 316.
Schroeder 1507.
Schröer, K. J. 93. 142. 601. 617. 638. 640. 641. 1028—1032.
Schuchardt, H. 448. 449.
Schütz, H. 768.
Schütze, J. F. 1572.
Schuler von Libloy, F. 847.
Schuller, J. K. 817. 822. 825. 827. 845. 850. 855. 857. 876.
Schullerus, A. 836. 841.
Schultze, G. 940.
Schultze, J. D. 968.
Schultze, M. 911.
Schulze, W. 1456.
Schurtzfleisch, C. S. 973.
Schuster, F. 872. 873.
Schwalb 763.
Schwandner 366.
Schweminski, J. 1666.
Scioppius, Casp. 54.
Seelmann, W. 1074. 1086. 1103. 1377. 1537.
Seidel, W. 1703.
Seiler, G. A. 245.
Sengschmitt, B. 446.
Serz, G. Th. 131.
Seyvert, J. 844.
Sibeth, C. G. 1627.
Siemssen 1633.

Sifflé, A. F. 1245.
Sippell, C. 781.
Slichtenhorst 1335. 1336.
Slok Wzn, J. 1387. 1389.
Snellaert, F. A. 1204.
Socin, A. 66. 195. 263. 1368.
Söhns, F. 153. 1115.
Soltau, W. 123.
Sonnleithner, J. v. 606.
Spaun, A. Ritter von 581. 583.
Spaur, F. Graf 560.
Spee, J. 1235. 1236.
Speier 729.
Sperber-Niborski, L. 1059.
Spiess, B. 705. 713. 714.
Spreng, Joh. Jak. 263.
Sprengell, 1042. 1567.
Sprenger, R. 1502.
Spruner, K. v. 20.
Stalder, F. J. 191. 212.
Stallaert, K. 1203. 1209.
Staub, F. 87. 201. 213. 214. 215. 216. 224.
Stegmann, H. 141.
Stellwagen, A. W. 1157.
Stengel, A. 654.
Sterzing, F. G. 708.
Steub, L. 466. 500.
Steyrer, J. 409. 588.
Stickelberger, H. 254. 255.
Stiehler, E. 937.
Stier, G. 1679.
Stöber, A. 247. 299. 301. 303. 304. 305.
Stolk, A. F. 1279.
Storch, F. 554.
Stosch, S. J. E. 59. 119. 1106. 1372.
Strackerjan, K. 1554. 1556. 1557.
Strass, K. F. H. 133.
Stratingh, G. Acker, s. Acker Stratingh, G.
Stricker, W. 16a. 19. 19a. 31. 32b.
Strodtmann, J. C. 1452.
Stronck, M. 602.
Strusche, H. 976.
Studer, J. 236.
Stürenburg, C. H. 1542.
Stuss, J. A. 1362.
Suchier, H. 37.
Sulzer 493.
Sundermann, Fr. 1547.

Suurbach 1423.
Swaagman, J. S. 1390. 1397.
Swaving, J. H. 1340. 1341.
Sweet, H. 78.

Tamm, H. C. 1590.
Tannen, C. 1447.
Teipel 1130.
Ten Doornkaat-Koolman J., s. Doornkaat-Koolman, J. ten.
Ternest, K. L. 1137.
Te Winkel, L. A., s. Winkel, L. A. te.
Textor, L. 612.
Thaler, J. 472. 483. 488.
Thiess, J. O. 1039.
Thijm 1296.
This, C. 290. 769.
Tiling 1559.
Tiling, E. 1559.
Tinholt, L. 1300.
Titzenthaler, F. 634.
Tobler, L. 116. 121. 192. 194. 203. 206. 209. 213. 214. 216. 218.
Tobler, T. 207. 231. 276.
Toskano del Banner, J. G. 426.
Trachsel, C. F. 1053.
Treichel, A. 1700. 1701.
Trimmel, E. 565.
Trömel, P. 8. 9. 10. 11. 427.
Tschischka, F. (vgl. Ziska) 585.
Tschumpert, M. 288.
Tuerlinck, J. F. 1227.
Türk 932.
Tuxen, L. R. 1618.

U.* 1022.
Überfelder, A. 622.
Ulfilas 1018.
Ulrich 151.
Unruh, T. 1099.
Unterforcher, A. 489.

Van den Bergh, L. Ph. C. s. Bergh, L. Ph. C. van den.
v. d. Brand, H., s. Brand, H. v. d.
Vandenhove, V. H. 1209.
Vandenhoven, H. 1127.

van der Zijde, K., s. Zijde, K. van der.
Vater, J. S. 5. 627.
Veith, H. 157.
Velde, A. v. d. 1639.
Vercoullie, J. 1175.
Vernaleken, T. 1097.
Vierling 665.
Viertbaler, F. M. 548.
Vietor, W. 101a. 775.
Vigelius, W. 1138.
Vilmar, A. F. C. 780. 783. 786.
Vlam, de 1221.
Vloten, J. van 1132.
Vötsch 732.
Vogelmann, A. 378. 379. 380.
Voigt, J. C. W. 156.
Vollbeding, J. C. 1378.
Vonbun, J. 239. 279. 281. 285.
Vorstermann von Oyen, G. A. 1193.

W., v. 90. 1023.
W., O. 1498.
Wäber, A. 161.
Wäschke, H. 1047.
Wagenseil, J. 388.
Wagner 356.
Wagner, H. 603.
Wagner, J. G. 716.
Wagner, J. M. 427. 953.
Wagner, Jos. 621.
Wahlenberg, F. W. 881. 894.
Wallbrühl, W. v. 145.
Waldfreund, J. E. 480. 550.
Wallner, J. 1006.
Walpert, H. 145a.
Walther, C. 1113. 1114. 1583. 1589.
Walther, C. H. F. 1560.
Wander, K. F. W. 977. 983.
Waniek, G. 1005.

Weber, B. 487.
Weber, F. B. 158.
Weddigen, P. F. 1445. 1494.
Weeling, J. 1429.
Weferling, H. 1531.
Wegeler, J. 797. 799.
Wegener, P. 79. 1527. 1529.
Weinberger, G. 49.
Weinhold, K. 178. 395. 972. 974. 981. 987. 995. 996. 997 und Seite 7, Anm.
Weise, O. 906.
Weitz, W. 688. 889.
Wendel, 697.
Wenker, G. 681. 882.
Werfer 370.
Werlauff, E. C. 1596a. Nachtr. 1600.
Werneke 1355.
Wesmöller, F. 1438.
Wesseling 1422.
Westenrieder 415.
Wester, H. 1396.
Wiedemann 1561.
Wiedemann, F. J. 1066.
Wienbarg, L. 1364.
Wienbarg, L. C. 1091.
Wigger, F. 1637.
Wiggers, J. 1625.
Wijngaarden, W. J. C. van 1418. 1427. 1428. 1430..
Willems, F. 1151.
Willems, H. L. 1540.
Willems, J. F. 1101. 1181. 1182.
Willemsen, G. J. 86.
Willmann, A. 267.
Willms, W. J. 1548.
Winder, E. 278.
Windisch, von 600.
Winkel, L. A. te 1145.
Winkler, E. G. 898. 899.
Winkler, J. 879. 1081 —1083. 1120. 1131. 1140. 1163. 1169.

1180. 1202. 1205. 1206. 1225. 1247. 1270. 1272. 1278. 1291. 1292. 1295. 1318. 1324. 1339. 1358. 1383. 1388. 1391. 1409. 1417. 1441. 1526. 1536. 1539. 1553. 1581. 1616. 1628. 1655. 1674. 1697. 1704. 1705. 1708.
Winteler, J. 211. 240. 241.
Winter, F. 1534. 1678.
Wirth, K. 220.
Wocher, M. 101.
Woeste, F. 1111. 1238. 1457-1461. 1463. 1464. 1466-1478. 1480. 1481. 1484. 1485. 1490.
Wolf 1009.
Wolff, J. 832—834. 838. 840. 843. 852. 853. 861. 863. 887.
Wolterink, W. N. 1266.
Wormstall 1436.
Wossidlo, R. 1632. 1634. 1643.
Wülcker, E. 127.
Wurm, F. 958.
Wurth, J. 587. 592.

Zacher, J. 149.
Zapf, L. 689.
Zaupser, A. 417.
Zechlin 1093.
Zeger de Beyl, H. 1347.
Zeynek, G. 645.
Ziegler, H. F. 1578. 1586.
Ziegler, J. 662.
Zijde, K. van der 1277.
Zillner, F. V. 542. 543.
Zingerle, J. V. 486. 501. 503. 511. 535.
Ziska, F. (vgl. Tschischka) 456. 457. 458.
Zöllner, R. 502.
Zuccalmaglio, W. v. 145.
Zwanziger, G. A. 624.
Zyro, F. 229. 230.

II. Geographisches Register.

Aachen 888—891.
Aalen 377.
Aardenburg 1193.
Aargau 244.
Abtenau 562.
Adige (Etsch) 483. 516.
Ahaus 1435. 1449.
Ahrgau 892.
Aix-la-Chapelle(Aachen) 890.
Allgäu 272. 273.
Alpen 160—163. 504. 517—519.
Alpen, Venedische 504. 518. 519.
Alpen, Veroneser 517.
Alpen, Vicentiner 517.
Altena 1484.
Altenburg 905. 906.
Altmark 1671—1673.
Altmühl 654.
Ameland 1322. 1323.
Amerika 757—760. 1333.
Amstelland 1293—1297.
Amsterdam 1293—1297.
Andijk 1312—1315.
Angeln 1359. 1618.
Anhalt 1047. 1048.
Ansbach 653. 654.
Antwerpen 1205.
Appenzell 275. 276.
Arl, Gross- 567.
Augsburg 383—387.
Axel, Kanton 1194.1234.

Baar 266. 267.
Backnang 362.
Baden 248.
Balderschwang 283.
Balingen 349.
Banat 630. 645.
Barmen 1482.
Baselland 245.
Baselstadt 31. 261—265.
Bassano 497.
Bentheim 1325. 1359. 1450.
Berg 1469.
Berlin 1050—1055.
Bern 228—231.
Bero-Münster 225.
Besigheim 731.
Betuwe 1345. 1346.
Beverstedt 1561.

Biala 1008.
Bielefeld 1445.
Bildt, het. 1320. 1321.
Bistritz (Nösen) 865—873.
Blankenburg a. H. 1521.
Blankenese 1583.
Bochold 1435.
Bode 1356. 1534.
Böblingen 363.
Böhlen 907.
Böhmen 666—676.941— 959. 946ª. 1012.
Böhmerwald 676.
Bommel 1271.
Borken 1435.
Bozen 488.
Brabant 1199—1204. 1206—1224.
Brackenheim 732.
Brandenburg, Provinz 1049—1055. 1674—1677.
Brandenburg (Stadt) 1049.
Braunschweig 1046. 1358. 1515.
Breda 1212—1213.
Bregenzer Wald 282—284.
Breisgau 248—253. 315. 316.
Bremen 1536. 1556—1560.
Brenta 516.
Breslau 1020. 1022—1025.
Büren 1490.
Bütow 1683.
Bukowina 646.
Burggrafenamt (Meran) 484—486.

Cadzand s. Kadzand.
Calenberg 1509. 1510.
Carzin 1683.
Cattenstedt 1524. 1525.
Celle 1381.
Chatten 740. 770. 771.
Chauken 1558.
Cleve 1352. 1353.
Coblenz 795. 797—799.
Comuni, VII. 497. 518.

519. 522. 523. 525. 531 —534.
Comuni, XIII. 497. 518. 519. 522. 523. 525. 528—530. 610.
Crailsheim 722.
Crempe 1584.
Cuijk s. Kuik.

Dalfsen 1422.
Danzig 1056. 1702. 1703.
Davos 238.
Debrata 1007.
Defereggental 491.
Den Bommel s. Bommel.
Deutschruth 632.
Deventer 1423.
Diepholz 1451.
Ditmarschen 1585— 1596.
Doornspijk 1349.
Dortmund 1445. 1479.
Dortrecht 1273. 1274.
Drenthe 1409—1414.
Duderstadt 1504.
Dünkirchen(Dunkerque) 1165.
Düren 893.
Düsseldorf 796.
Duiveland 1289.
Dunkerque 1165.

Egerland 667—672.
Eggebek 1620.
Eiderstedt 1327.
Eifel 812—814.
Eisak 483.
Elbe 1381. 1505. 1534. 1566. 1670. 1678. 1679.
Elberfeld 1243.
Elbing 1057.
Ellwangen 378—380.
Elsass 246. 247. 289—313. 33ᵈ. 35ª.
Elsass-Lothringen 33ᵈ. 35ª.
Emden 1550.
Ems 1381. 1535.
Erfurt 902.
Ermland 1022—1026.
Erzgebirge. 931—938.
Estland 1061. 1062. 1066—1072.
Etsch (Adige) 483. 516.

Fahrenkrug 1622.
Fallersleben 1516. 1517.
Fersinatal 511. 512.
Fichtelgebirge 667. 689.
Flandern 1159—1198.
1202—1204.
Flatow 1685.
Flieland s. Vlieland.
Föhr 1619.
Franken 681—689. 711.
718—720.
Frankenstein 1017.1018.
Frankfurt a. M. 772. 773.
Frankreich 32a. 1140.
1164.
Französisch-Flandern
1161—1167.
Freiamt (Aargau) 244.
Freiburg 316.
Freudenthal 1007.
Friaul 536.
Friedrichstadt 1327.
Frische Nehrung 1704.

Gailtal 625.
Galtür 482.
Gastein 563—565.
Gelderland 1335—1344.
1431—1433.
Geldern 1235. 1236.
Gera 908.
Gerabronn 723.
Gesenke 1007.
Giessen 776.
Glarus 240. 241.
Glatz 1013—1016.
Gmünd 364.
Goedereede 1250. 1251.
Gömör Comitat 1033.
Göttingen 1498—1503.
Goldeck 566.
Gottschee 164. 633— 641.
Graubünden 237. 286— 288.
Greetsiel 1551.
Greifswald 1666—1667.
Greiz 693.
Groningen, Prov. 1390 —1404.
Groningen, Stadt 1407. 1408.
Gross-Arl 567.
Grossthiemig 930.
Grubenhagen 1498.1501. 1502.
Gründner 1038.

Haag 1275.
Hadad 874.
Hageland 1227.
Hall (schwäb.) 724—726.
Halle 916.
Hamburg 1048. 1536. 1575—1580.
Hanau 778.
Handschuchsheim 750.
Hannover 1044. 1045. 1358.1381.1437.1509. 1510.
Harburg 1381.
Hart 914. 938—940. 1518—1525.
Hausen 251.
Havel 1678. 1679.
Hazebrouck 1165.
Heanzen 619.
Hedemünden 1356.
Heerlen 1228.
Hegau 254. 255.
Heidelberg 751. 752.
Heilbronn 733. 734.
Helmegau 913.
Henneberg 704—716. 718.
Herford 1449.
Herrenberg 350.
Hersfeld 787.
Hertogenbosch 1214— 1221.
Hildesheim 1511—1514.
Hinterpommern 1682— 1684.
Hitzacker 1565.
Hönnetal 1483.
Hof 1007.
Hofgeismar 1359.
Hohenlobe 721.
Hohen-Schwangau 369.
Hohenstein 915.
Hohenzollern 372.
Hollingstedt 1620.
Holstein 1572. 1574. 1577. 1581—1596. 1621. 1622.
Hoogezand 1401.
Horb 351. 352.
Horn 595.
Hoya 1508.
Hüttenstein 576.
Hunsingoo 1402. 1403.

Jägerndorf 1009.
Jever 1556. 1557.
Iglau 1005. 1006.
Iseltal 492.

Iserlohn 1484. 1485.
Italien 493—536.
Jüterbog 1678.
Jütische Mundarten 1103.
Jütland 1600.1601.1604.

Kadzand 1195 — 1197. 1250. 1251.
Kärnten 620—628.
Kap 1328.
Karpatenland 1027.
Katwijk 1276.
Kaufbeuern 388.
Kempen 1235.
Kennemerland 1301.
Kerenz 240—241.
Kitzbühel 481.
Klettgau 254. 255.
Koburg 695—699.
Köln 31. 894. 895.
Kolhorn 1316.
Konitz 1686.
Kortrijk 1204.
Krain 164. 631—642.
Krefeld 1237. 1238.
Kroatien 630.
Krommenie 1311.
Künzelsau 727. 728.
Kuik 1223. 1224.
Kurkreis 1679.

Laupheim 373.
Lausitz 960—970.
Lavantal 628.
Lechtal 390.
Leeuwarden 1324.
Leipzig 924—928.
Lemförde 1445.
Leonberg 365.
Lesachtal 626.
Lessach 575.
Leuskirch 374.
Limburg 1225—1234.
Lingen 1325. 1359.1450.
Lippe-D. 1495—1497.
Litauen 1687. 1707.
Livland 1061—1065.
Lombardisch-venetianisches Königreich 520.
Lothringen 761 — 769. 800. 801.
Ludwigsburg 367.
Lübeck 1536. 1623.
Lüneburg 1565—1570.
Lüttich 1229.
Luik s. Lüttich.

Geographisches Register. 179

Lungau 555. 556. 570—574.
Luserna 535.
Luxemburg 800. 802—811.
Luzern 226.
Maasland 1216.*)
Maastricht 1230.
Mähren 537. 942. 1003—1006.
Magdeburg 1526—1534.
Mansfeld 922. 923.
Marbach 366.
Marchfeld 596.
Mark, Grafschaft 1456—1485.
Marken 1299. 1300.
Mattsee 577.
Maulbronn 746.
Mecklenburg 1624 — 1652.
Mecklenburg-Schwerin 1636—1646.
Mecklenburg - Strelitz 1647—1652.
Mediasch 875. 876.
Meijerij van's Hertogenbosch 1214—1221.
Meiningen 706.
Meissen 920. 929.
Meran 484—486.
Mergentheim 729.
Meurs s. Mörs.
Militärgrenze 630.
Mörs 1354.
Molotschnaja 1709.
Montavon 285.
Monte-Rosa 232. 234.
Mosel 795. 796.
Moseldepartement 794.
Moselland 793—799.
Mülhausen (Els.) 246. 247.
Mülheim a. d. Ruhr 1240.
München 464.
Münster 1449.1454.1455.
Münsterland 1434. 1435. 1437. 1454. 1455.
Münstertal 307. 308.
Mupperg 700.

Nagold 353.
Nassau 774. 775.

Neckarsulm 735.
Neeritter 1231.
Neger-Holländisch 1334.
Nellingsheim 354.
Neresheim 381.
Neuenbürg 747.
Neunkirchen 597—599.
Niederbaiern 404. 462.
Niederhessen 783—787.
Niederlausitz 960. 966—970.
Niederösterreich 584—612.
Nieuwport 1178.
Nösen (Bistritz) 865—873.
Noordholland 1281-1319.
Nordamerika 1333.
Nordbrabant 1206-1224.
Nordholland 1281-1319.
Nordostbrabant 1222.
Nordthüringgau 1527.
Nürnberg 655 — 664. 1445.

Oberbaiern 404. 463—465.
Oberharz 938—940.
Oberhessen 779—781.
Oberitalien 493—536.
Oberkärnten 625. 626.
Oberlausitz 960—965.
Oberndorf 355.
Oberösterreich 579 — 583.
Oberpfalz 417. 647 — 652. 665.
Oberpinzgau 559.
Obersachsen 916—921. 924—937.
Obersaxen 238.
Oberschlesien (poln.) 1019.
Oberschwaben 336. 369—371.
Odenwald 749.
Oder 1020.
Oderbruch 1680. 1681.
Oehringen 730.
Oesterreich ob der Enns 579—583.
Oesterreich unter der Enns 584—612.

Ohlau 1020.
Oldenburg 1358. 1552—1557.
Oppenheim 756.
Ortenau 314.
Osnabrück 1437. 1445. 1452. 1453.
Ostflandern 1159. 1180. 1181. 1201.
Ostfriesland 1325. 1326. 1445.1474.1538-1551.
Ostindien 1332.
Ostpreussen 1058. 1059. 1111.1694.1705-1707.
Ostseeprovinzen, russ. 1060—1072. 1708.
Ottenheim 314.
Overflakkée 1250. 1251. 1268—1271.
Overijssel 1405. 1415—1430.

Paderborn 1445. 1449. 1489. 1490.
Passau 462.
Passeier 487.
Pennsylvania 757—760.
Pfalz (bair.) 741—745. 753—755.
Piemont 164. 233. 234.
Pinzgau 555—561.
Pössneck 694.
Polen 1021.
Pommern 1624 — 1627. 1653 — 1669. 1682—1684.
Pongau 555. 556. 562—569.
Posen 697. 1021.
Pressburg 600. 601.
Preussen, Prov. 1024. 1026. 1056 — 1059. 1577. 1687—1707.
Probstei 1621.
Pustertal 489. 490.

Rauris 568.
Ravensberg 1445. 1491—1494.
Ravensburg 274.
Remscheid 1241.
Retzat, schwäb. 654.
Reutlingen 356.
Rhein 1355.

---

*) Nr. 1217—1221, die mit unter der Überschrift »Maasland« stehen, behandeln nicht bloss den Dialekt dieser Gegend, sondern den der Meijerij überhaupt.

12*

Geographisches Register.

Rhön 717.
Riesengebirge 1012.
Rijssen 1430.
Rimella 235.
Rœrmonde 1232.
Rötteln 253.
Ronsdorf 1242.
Rostock 1645. 1646.
Rottweil 268. 269.
Rudolstadt 909.
Rüfensberg 284.
Rügen 1669.
Ruhla 903.
Ruhr 1468.
Russland 1060—1072. 1708. 1709.

Saale 1534.
Saar 762. 763.
Saarwerden*) 761.
Salland 1422—1425.
Salzburg 396. 425. 538. —578.
Salzburggau 575—578.
Salzungen 904.
St. Omaar 1167.
St. Truien 1234.
Sauer 811.
Sauerland 1480. 1481.
Sauris 536.
Sausenburg 253.
Schaas 877.
Schässburg 878.
Schaffhausen 254. 255.
Schaumburg 1358.
Schaumburg-Lippe 1507.
Schiermonnikoog 1322.
Schlesien 920. 950. 966. 971—1026.
Schleswig 1597—1620. 1596a. Nachtr. 1600.
Schleswig-Holstein 1571—1574.
Schmalkalden 716.
Schokland 1386.
Schouwen 1187. 1250. 1251. 1265 — 1267. 1290. 1595.
Schwaben 317—391.
Schwarzatal 910.
Schwarzwald 315.
Serooskerke 1267. 1595.
Siebenbürgen 630. 815 —878. 887.

Siegerland 788—791.
Slavonien 630.
Sliedrecht 1277.
Sluis 1198.
Soest 1359. 1486. 1487.
Sonneberg 701—703.
Sorau 970.
Spachendorf**) 1007.
Spaichingen 270.
Stade 1561. 1564.
Stassfurt 1356.
Steiermark 394. 613— 619.
Stettin 1668.
Stolp 1683.
Stramproy 1233.
Strassburg 309—312.
Stuttgart 368.
Suderburg 1569.
Süchteln 1239.
Süd-Beveland 1183. 1252 —1264. 1315.
Südbrabant 1202—1204.
Südholland 1268. 1272— 1280.
Südjütland 1600. 1601. 1604.
Süd-Russland 1709.
Südtirol 164. 493—535.
Sulz 357.

Tauern, die 561.
Taurisches Gouvernement 1709.
Tepl 673. 674.
Terschelling 1322.
Tessin 164.
Teuten 1233.
Thalgau 578.
Theusing 675.
Thiemig, Gross- 930.
Thorn (rijksoorstendom) 1233.
Thüringen 702. 715. 896 —915.
Thüringerwald 702. 715. 900. 901. 910.
Tirol 277. 279. 425. 466—535.
Transvaal 1329—1331.
Trient 497. 513.
Trier 795.
Tübingen 358.
Tuttlingen 271.
Twello 1423.

Twenthe 1420. 1426— 1430. 1437.
Uddel 1350. 1351.
Uden 1222.
Uechtland 232.
Uelzen 1565—1570.
Ulm 375. 376.
Ungarn 630. 643. 644. 815. 1027—1038.
Unterkärnten 627. 628.
Unterpfalz 743.
Unterpinzgau 559.
Urk 1383—1385.
Utrecht, Stadt 1278.

Vaihingen 736.
Vaud [Waadt] 187.
Veenkoloniën 1404.
Veluwe 1291. 1347— 1351. 1593.
Venetien 505.
Verona 497.
Vicenza 533.
Vlaardingen 1279. 1280.
Vlieland 1317. 1318.
Voigtland 690—694.
Vorarlberg 237. 239. 277 —285.
Vorpommern 1624— 1627. 1653—1669.
Vriesenveen 1405.

Waadt 187.
Walcheren 1314.
Waldeck 782. 1488.
Wallenbrück 1449.
Wallis 232.
Waterland 1298.
Wechsel 602.
Weinsberg 737.
Wendenland, Lüneburger 1570.
Werden 1244.
Werdenfels 465.
Werfen 569.
Werra 1356.
Werschetz 645.
Weser 1355. 1505. 1535. 1566.
Westerwald 792.
Westfalen 1111. 1434— 1487. 1489—1494. 1577.

*) Nicht Saarwenden, wie vorn fälschlich gedruckt ist.
**) Nicht Sprachendorf, wie fälschlich im Text steht.

Geographisches Register.

Westflandern 1159. 1168 —1179. 1183.
Westfriesland 1387—1389.
Westmünsterland 1434. 1435. 1437.
Westpreussen 391. 1056. 1057. 1694. 1697—1704.
Wetterau 777.
Wien 603—612.
Wieringen 1319.
Wijhe 1424.
Wojwodschaft 630.
Würzburg 718. 720.
Wuppertal 1482.

Wurmlingen 359—361.
Wursten 1562. 1563.
Wusseken 1683.

Ypre 1179.

Zaankant 1302—1309. 1596.
Zandvoord 1310.
Zarz 642.
Zeeland(Gemeinde)1222.
Zeeland (Prov.) 1190. 1194. 1195. 1234. 1245 —1271.
Zeeuwsch - Vlaanderen 1182—1198. 1389.

Zele 1181.
Zierikzee 1266.
Zips 829. 1027. 1034—1038.
Zornthal 313.
Zürich 243.
Zug 242.
Zuidbeveland 1183. 1252 —1264. 1315.
Zuidholland 1268. 1272 —1280.
Zutphen (Grafschaft) 1282. 1284. 1431—1433.
Zwolle 1425.